누구나 성공적인 투자자가 되게 하는

퀀트투자 처음공부

홍용찬 지음

퀀트투자
처음공부

누구나 성공적인 투자자가 되게 하는

이레미디어

퀀트투자의 관점을 만드는 표본 같은 책

투자에 발을 들인 사람 대부분은 실패한 투자자로 경력을 마무리한다. 부정적인 결과를 기대하고 투자를 시작하는 사람은 없다. 그들이 그러한 성적표를 받아든 이유는 전장에 나가면서 전장에서 행동하는 방법, 전장의 특성, 이런 것들을 거의 모르고 낙관적 기대로 시작했기 때문이다. 내가 강연과 책에서 이런 투자자들을 코믹스럽게 표현하려고 '공익투자자'라 불렀더니 많이들 공감하는 것 같다.

퀀트가 되거나 퀀트투자를 하는 사람들 중에도 대부분은 실패한 투자자로 경력을 마무리한다. 감으로 접근하는 일반 투자자들에 비해 제법 시장 데이터에 대한 공부를 하는데도 실패율이 높다. 퀀트나 데이터 사이언스를 하는 학생들이 실패하는 과정에는 공통적인 현상이 있다. 바로 제대로 된 호기심을 갖지 못하는 것이다.

아주 명민하다는 평가를 받는데도 자신이 연구하는 데이터에 대해 놀라울 정도로 호기심이 없는 학생들이 있다. 도무지 이해가 안 되는 이 현상에 대한 대답을 얻기까지 꽤 오랜 시간이 걸렸다. 계량적 투자를 꿈꾸는 사람들도 누구나 자신은 투자와 데이터에 대한 호기심이 많아서 발을 들여놓았다고 생각한다. 호기심이 없는 학생들은 자신이 취득할 학위에 대한 욕심을 호기심으로 착각하고, 실패하는 퀀트투자자는 잔고에 대한 맹목적 욕심을 호기심으로 착각한다. 무엇이 투자에 중요한 팩터인가? 그리고 투자의 중요한 수리적 메커니즘은 어떤 것인가? 많은 투자자에게는 이런 것에 대해 제대로 판단하는 감수성이 없다. 데이터의 질감에 대한 감수성이 부족하다.

누가 호기심이 없고 싶겠는가. 호기심을 못 가지는 가장 큰 이유는 제대로 된 관점이 없기 때문이다. 많은 데이터를 대충 줄맞추어 때려 넣으면 요즘의 첨단 기법이 알아서 좋은 솔루션을 찾아 줄 것이라 기대하는 학생이 많다. 퀀트나 데이터 엔지니어가 되려면 데이터에 대한 질감을 가져야 하고, 어른스러운 관점이 필요하다. 관점을 형성하려면 끊임없는 해부와 시행착오의 축적이 필요하다. 나는 저자의 책을 보면서 이런 과정을 제대로 거친 흔적을 느낀다.

2019년, 저자의 첫 번째 퀀트투자서 《실전 퀀트투자》에 추천사를 썼다. 증권 경력으로부터 쌓인 관점을 바탕으로 쓴 알찬 투자서였다. 이번 책에는 전작보다 더 풍부하고, 높아진 저자의 관점이 녹아 있다. 퀀트를 꿈꾸는 사람들이나 계량적 주식 투자에 관심 있는 사람들이 어떤 것을 궁금해 해야 하는지, 어떤 것이 좋은 관점인지에 대해 생각할 거리를 던진다.

저자는 눈앞의 모든 수치에 대해 의심하고, 부당한 착각이 포함되어 있지 않은지를 생각하는 스타일이다. 예를 들어, 특정한 포트폴리오 전략을 동일가중 방식으로 해서 KOSPI를 이겼으면 그것이 전략의 유용성 때문인지 동일가중 방식의 우월성 때문인지를 검증해야 직성이 풀리는 스타일이다. 이 책은 이런 의심과 확인의 과정으로 가득하다.

나는 주식 교양 강연에서 주식시장에는 비합리적인 일투성이라는 사실을 알리려 애쓴다. 그 한 예로 적자 종목이 흑자 종목보다 연 수익률이 높은 일이 가끔 나타난다. 반갑게도 이 책에서 저자도 이것을 독립적으로 짚었다. 일반적 기대와 다른 현상도 많이 소개한다. 예를 들면, 영업이익률이 낮은 회사가 영업이익률 높은 기업보다 장기 수익률이 높다는 사실을 소개한다. 투자 기법을 연구하는 과정에서 데이터에 대한 해부를 많이 했다고 생각하는 나도 이 현상은 처음 들었다.

이 책은 퀀트투자를 위해 팩터를 발굴하는 사람들에게 착상의 방법을 알려 주기도 한다. 이 책에 있는 팩터들의 조합만으로도 상당히 재미있는 최적화 엔진을 만들 수 있다. 저자가 팩터를 분해하는 스타일을 하나 더 보자. 재무제표에서 현금흐름은 영업활동, 투자활동, 재무활동에 인한 것으로 나누어진다. 저자는 이 세 개 항목의 플러스, 마이너스의 모든 조합에 따라 총 8개 유형으로 나누어 수익률을 조사했다. 영업활동으로 인한 현금흐름이 가장 중요하다는 사실은 많은 투자자가 알고 있지만, 다른 두 항목의 조합도 제법 영향을 미친다는 것을 보여 준다. 저자는 이런 식으로 팩터를 만드는 방법이 몸에 밴 사람 같다.

이 책은 전통적인 재무제표 기반의 지표인 PBR, PER, PCR, PSR 등의 효용성에 대해서도 당연히 검증한다. 여기에 더하여 이런 지표들의 초과수익의 경향이 지속될 것인가에 대해 한국과 미국의 오랜 데이터를 기반으로 묵직한 메시지를 던진다. 결코 과장하거나 과도하게 단정하지 않는다.

홍용찬 저자의 두 번째 퀀트투자서가 나왔다. 자신 있게 일독을 권한다.

우리 연구실의 학생들에게도 이 책을 주고 투자 팩터를 만드는 관점에 대해 생각해 보라고 할 참이다.

문병로

서울대학교 컴퓨터공학부 교수, ㈜옵투스자산운용 대표

시행착오 없는 퀀트투자를 위한 길잡이

백테스트(Backtesting)란 어떤 투자 전략으로 과거에 어느 정도의 수익이 났는지 또는 해당 투자 전략이 얼마나 위험한지를 알아보기 위해 데이터를 이용하여 전략을 모의실험하는 과정을 말합니다. 저는 2010년에 처음으로 재무 관련 백테스트를 진행하였습니다. 당시 배당수익률과 PBR 지표의 유용성을 알아보고자 엑셀을 이용해 백테스트를 하였는데요, 백테스트 결과는 매우 놀라웠습니다. 간단한 퀀트 방법을 도입하는 것만으로도 높은 수익률을 거둘 수 있다는 사실은 저에게 큰 충격을 주었습니다. 이후 배당수익률과 PBR 외의 다양한 데이터를 활용하여 백테스트를 추가로 수행했습니다. 생각보다 주식투자로 초과수익을 얻을 수 있는 방법은 많았습니다.

그러나 이런 훌륭한 백테스트 결과에도 불구하고, 저는 즉시 퀀트투자(Quantitative Investing)를 실행하지는 않았습니다. 이는 제 주관적 판단 능력에 대한 오만함 때문이었습니다. 단순히 숫자만 보고 투자하는 것보다 주관적 판단을 추가하면 더 높은 수익률을 얻을 수 있을 거라 생각한 것입니다. 그리고 3년이라는 시간이 흘러 2013년이 되어서야 비로소 제 고집을 버리게 됩니다. 그동안 제가 거둔 수익률이 단순한 수준의 퀀트전략 수익률보다 낮은 것을 확인했기 때문입니다. 저의 주관적 판단 능력이 뛰어나지 않다는 사실을 깨닫는 데 무려 3년을 낭비하였습니다.

처음으로 재무 관련 백테스트를 하고 3년이 지난 2013년부터 퀀트 방식으로 계좌를 운용했습니다. 원고를 쓰고 있는 시점이 2023년이니 어느덧 10년이 조금 넘는 기간 동안 퀀트투자를 하였습니다. 퀀트투자를 시작한 이후의 수익률은 이전의 수익률과는 비교할 수 없을 정도로 만족스럽습니다.

퀀트투자는 장점이 많은 투자 방법입니다. 특히 주관적 판단 능력이 뛰어나지 않은 투자자라면 퀀트투자가 가장 신뢰할 만한 선택이라고 확신합니다. 저는 퀀트투자로 큰 혜택을 누렸습니다. 당연히 퀀트투자 예찬론자입니다. 퀀트투자에 대한 지식을 바탕으로 2019년에는 다양한 백테스트 결과가 담겨있는 《실전 퀀트투자》를 출간하였습니다. 제가 쓴 책 이외에도 그동안 퀀트투자의 장점을 소개하는 훌륭한 책들이 많이 출간되었습니다. 퀀트 관련 교육 콘텐츠와 영상은 물론이고 온라인 커뮤니티도 많이 등장했습니다. 수년이 흐르면서 어느덧 퀀트투자는 대중화되었습니다. 제가 퀀트투자를 시작했던 2013년과는 분위기가 사뭇 달라진 것을 느낍니다.

저는 가끔 퀀트 관련 온라인 커뮤니티를 방문하여 투자자들의 의견을 살펴보곤 합니다. 다른 투자자들의 의견을 통해 새로운 시각을 얻을 수 있기 때문입니다. 온라인 커뮤니티에서 종종 초과수익 감소에 대한 우려를 표하는 글들을 만나게 됩니다. 이러한 글들은 과거에는 통했던 투자 방법들이 시장이 효율적으로 변함에 따라 초과수익을 내기 어려운 시장으로 변할 것을 우려하는 내용입니다. 이러한 우려는 기존에 대중적으로 알려진 퀀트전략들의 수익률이 저조한 시기에 더욱 자주 나타납니다. 이런 우려를 가진 퀀트투자자들을 '초보자' 혹은 '인내심이 부족한 투자자'로 깎아내리는 경우도 있습니다. 퀀트전략들이 공개되어 많은 사람이 유사한 전략을 사용하게 되었을 때 초과수익이 감소할 수 있다는 우려가 생기는 것은 자연스러운 반응입니다. 초과수익의 감소는 전문가들 사이에서도 민감한 문제입니다. 초과수익이 절대 감소하지 않는다고 생각하는 전문가들도 있지만, 반대로 수익을 내는 방법이 공개될 경우 해당 방법의 초과수익은 감소한다고 생각하는 전문가들도 많습니다.

이 책에서는 한국 주식시장에서 대중화된 퀀트전략의 초과수익이 어떻게 변해 왔는지 알아봅니다. 적합한 벤치마크와 롤링 수익률을 바탕으로 한국의 팩터별 초과수익을 시계열(時系列, time series)로 살펴보는 최초의 책이 될 것입니다.

퀀트투자자의 입장에서 봤을 때 수년 사이에 가장 눈에 띄는 것은 백테스트 소프트웨어의 발전입니다. 2013년 제가 퀀트투자를 시작할 당시에는 백테스트 소프트웨어가 이렇게 빠르게 대중화되리라고 생각하지 못했습니다. 불과 몇 년 전까지만 해도 백테스트는 신뢰도가 높은 로우 데이터(Raw Data)를 가지고 있고, 엑셀을 잘 다루거나 파이썬 등의 코딩을 쉽게 다룰 수 있는 사람들의 전유물이었습니다. 하지만 이제 백테스트 소프트웨어를 통해 간단한 전략 정도는 누구나 쉽게 백테스트 결과를 얻을 수 있는 세상이 되었습니다.

백테스트의 용이성 증가로 많은 투자자들이 다양한 방법으로 백테스트를 활용하고 있습니다. 기존에 사용하던 투자 전략의 유용성을 백테스트를 통해 확인할 수 있습니다. 이것은 매우 좋은 백테스트 활용 방법입니다. 그러나 백테스트를 통해 투자 전략을 개발할 때는 주의해야 합니다. 백테스트상 우수한 수익률이 나오는 전략을 찾기 위해 조건을 변경하며 수백, 수천 번의 백테스트를 반복하다 보면, 당연히 원하는 결과를 손에 넣을 수 있습니다. 하지만 이렇게 만들어진 전략을 실전에서 활용할 경우 백테스트의 성과와 크게 차이가 날 가능성이 높습니다. 과적합(Overfitting) 때문입니다.

이 책에서는 과적합을 피하기 위한 방법으로 아웃 오브 샘플 테스트(Out of Sample Test)를 소개합니다. 한국의 투자 관련 책 중에 아웃 오브 샘플 테스트의 중요성에 대해서 얘기하는 책은 있었지만, 실제 예시와 함께 자세히 설명하는 책은 찾기 어려웠습니다. 따라서 이 책에서는 아웃 오브 샘플 테스트를 비중 있게 다루었습니다.

책에서 저는 특정 투자전략을 제시하고 이를 따를 경우 누구나 손쉽게 부자가 될 수 있다고 주장하지 않습니다. 모든 것이 잘 될 것이라는 막연한 동기부여를 하지도 않습니다. 독자가 잘못된 길로 빠지지 않고 올바른 방법으로 퀀트전략을 개발할 수 있도록 안내하고 있습니다.

이 책은 '초과수익은 절대 감소하지 않는다'는 믿음에 대해 '그렇지 않을 수 있다'는 객관적 증거를 제시합니다. 또한 아웃 오브 샘플 테스트를 통해 백테스트에 나오는 높은 수익률의 환상을 깨부수기도 합니다. 백테스트상의 높은 수익률만 보고 과도한 기대 아래 퀀트투자를 시작하려는 분들은 이 책을 읽으면서 당황할 수도 있습니다.

누구나 처음 퀀트투자에 입문하면 많은 시행착오를 겪을 수밖에 없습니다. 저는 지금 막 퀀트투자를 시작했거나 시작하려는 독자들이 되도록 시행착오를 줄이기 바라는 마음으로 원고를 작성했습니다. 따라서 퀀트투자 시 주의할 점에 대해서도 비중 있게 다뤘습니다. 시중에 나온 많은 퀀트 관련 책이 과도한 낙관을 바탕으로 퀀트투자의 쉽고 좋은 면만을 이야기합니다. 그런 점에서 이런 종류의 책이 필요한 시점이라고 판단했습니다. 객관적인 시각으로 균형을 잡아주는 내용이 퀀트투자를 하는 데 더 도움이 될 것이라 생각합니다.

Chapter 1. 퀀트투자 이해하기

퀀트투자가 무엇인지 알아봅니다. 퀀트투자의 장점과 주의사항에 대해서 이야기하고 백테스트 소프트웨어를 사용할 때 확인 사항에 대해서도 알아봅니다.

Chapter 2. 시장을 이길 수 있는 방법

시장을 이길 수 있는 단순한 방법을 알아봅니다. 시가총액가중 방식인 코스피(KOSPI) 지수나 코스닥(KOSDAQ) 지수와는 다르게 전 종목 동일가중 방식의 수익률은 어떠했는지 알아봅니다. 또한 흑자종목을 전부 다 투자한 경우와 적자종목을 전부 다 투자한 경우 수익률 차이도 알아봅니다. 그 외에 현금흐름표를 이용하여 초과수익을 거둘 수 있는 방법과 배당수익률과 영업이익률에 대한 백테스트 결과도 확인합니다. Chapter 2에는 과거 저의 저서 《실전 퀀트투자》에서 다루었던 주제 중 일부를 최신 기간까지 확장하여 설명한 부분도 있습니다. 이를 통해 단순한 방법으로도 쉽게 시장을 이길 수 있음을 이해하게 됩니다.

Chapter 3. 초과수익 지속성 분석을 위한 사전지식

퀀트투자에서 팩터(Factor)는 주식시장에서 수익을 설명하거나 예측하기 위해 사용되는 특성이나 요인을 의미합니다. 대중에게 알려진 팩터의 경우 이미 유용성이 줄어들어 더 이상 과거와 같은 높은 수익률을 내기는 어렵다는 의견이 있습니다. 한편으로는 팩터의 유용성은 절대 감소하지 않으니, 어려운 시기가 오더라도 포기하지 않고 투자하면 기존과 같은 높은 수익률을 얻을 수 있다는 의견이 있습니다.

Chapter 4에서는 대중화된 팩터의 초과수익 증감 추이를 살펴볼 것입니다. 이를 위해 필요한 사전지식을 Chapter 3에서 배우게 됩니다. Section 9에서는 올바른 벤치마크 설정에 대해서 이야기하며, Section 10에서는 롤링 수익률 그래프에 대해서 알아봅니다.

Chapter 4. 초과수익의 지속 여부 확인하기

Chapter 3에서 배운 지식을 바탕으로 대중적으로 가장 잘 알려진 4가지 팩터의 초과수익 증감 추이를 차례로 살펴봅니다. 단순히 팩터의 과거 수익률만 알아보는 것이 아닙니다. 과거 22년의 데이터를 바탕으로 초과수익이 어떻게 흘러왔는지를 확인합니다. 어떤 팩터는 드라마틱하게 초과수익이 감소하였고, 어떤 팩터는 강하게 유지되고 있습니다. 이런 차이가 나타나는 원인을 고민해 보고, 이를 바탕으로 대중화된 팩터의 초과수익이 앞으로 어떻게 될지도 생각해 봅니다.

Chapter 5. 과적합을 피하기 위한 아웃 오브 샘플 테스트

퀀트투자에서 가장 주의해야 할 과적합에 대해서 다룹니다. 과적합이 얼마나 무서운 것인지 확인하고, 백테스트상으로는 매우 훌륭했던 전략이 실제 투자를 시작하면 좋지 못한 결과가 나오는 이유를 알아봅니다.

또한 과적합 문제를 피하기 위해 아웃 오브 샘플 테스트를 해야 하는 근거도 설명합니다. Chapter 5에서는 영희와 철수라는 두 명의 가상 투자자를 설정해 아웃 오브 샘플 테스트의 직접적인 예를 보여 줍니다. 이 과정을 통해 최적화 기간을 포함한 백테스트는 전략을 검증한 것이 아니며, 진정한 검증은 아웃 오브 샘플 기간에서 이루어져야 함을 이해하게 됩니다.

데이터 준비 및 백테스트 조건

이 책은 많은 백테스트 결과들을 보여주고 있습니다. 백테스트를 하기 위해서는 기본적인 데이터가 필요합니다. 재무제표 수치, 수정주가, 시가총액, 거래정지 여부, 상장폐지 여부, 관리종목 여부, KOSPI200 편입 여부, 결산월에 대한 데이터는 DataGuide(에프앤가이드에서 제공하는 분석 시스템, https://dataguide.fnguide.com)에서 다운받았습니다. 스팩 여부에 대한 데이터는 한국거래소(http://www.krx.co.kr/main/main.jsp)에서 다운받았습니다. 미국 시장의 팩터 수익률에 대한 장기 시계열 데이터는 케네스 프렌치 데이터 라이브러리(Kenneth French Data Library, https://mba.tuck.dartmouth.edu/pages/faculty/ken.french/data_library.html)에서 다운받았습니다.

한국 종목에 관한 백테스트는 KOSPI와 KOSDAQ 상장종목을 대상으로 수행하였습니다. 생존자 편향을 피하기 위해 과거에 상장되었으나 현재는 상장폐지된 종목들도 대상에 포함시켰습니다. 단, 매수 시점에 ①우선주, ②스팩, ③관리종목, ④거래정지 종목, ⑤외국계 종목은 필터 조건으로 제외하였습니다. 특별한 언급이 없더라도 앞에서 언급한 5가지는 필터 조건으로 제외하고 백테스트를 진행했음을 유념해 주십시오. 다만 Section 7 뒤에 나오는 '무작위 시뮬레이션 ①'에서는 약간 다른 필터 조건을 사용하였습니다.

상세한 필터 조건에 대해서는 해당 부분에서 언급하겠습니다. 대다수의 백테스트는 파이썬(Python)을 이용하여 진행하였고, 캘린더 효과 등 몇몇 간단한 백테스트는 엑셀로 진행하였습니다. 백테스트 도구와 상관없이 이 책에 나와 있는 그래프는 엑셀로 편집하여 사용하였습니다. 단, '무작위 시뮬레이션 ②'에 나오는 그래프는 엑셀 편집이 어려워 파이썬에서 만든 그래프를 그대로 사용하였습니다.

　이 책이 독자들의 수익률을 향상하는 데 큰 도움이 되리라고 자부합니다. 수익을 내기 어려웠던 투자자와 더 나은 전략을 만들고자 했던 투자자에게 필요한 책이 될 것입니다. 퀀트투자를 시작하려는 분들에게도 시행착오 없이 퀀트투자를 시작할 수 있도록 도와줄 것입니다.

차례

CHAPTER 1
퀀트투자 이해하기

CHAPTER 2
시장을 이길 수 있는 방법

CHAPTER 3
초과수익 지속성 분석을 위한 사전지식

CHAPTER 4
초과수익의 지속 여부 확인하기

CHAPTER 5
과적합을 피하기 위한
아웃 오브 샘플 테스트

CHAPTER
1

QUANTITATIVE INVESTING

퀀트투자 이해하기

01

퀀트투자란
무엇인가

QUANTITATIVE INVESTING

① 퀀트투자, 어렵지 않아요

퀀트투자(Quantitative Investing)를 복잡하게 생각할 필요는 없습니다. 간단하게 말해서, 객관적인 규칙을 기반으로 하는 투자 방법입니다. 주식투자에서 객관적인 것은 주로 숫자입니다. 그러니 주로 숫자를 가지고 규칙을 만들어서 투자하는 방법이라고 이해하면 되겠습니다. 퀀트투자의 분석 영역에는 어떤 것이 있는지 살펴보겠습니다.

'최고 경영자의 자질'과 같은 것은 객관적 수치로 표현하기 어렵습니다. 수치로 표현하기 위해 최고 경영자의 자질에 점수를 부여한다고 가정해 보겠습니다. 어떤 투자자는 A기업의 최고경영자 자질에 80점을 주었지만, 또 다른 투자자는 50점을 줄 수도 있습니다. 투자자마다 점수가 다를 수밖에 없습니다. 수치로 표현하더라도 상당히 주관적일 수밖에 없는 것입니다.

하지만 '최고 경영자의 나이'라면 어떨까요? 이것은 충분히 퀀트투자의 분석 영역이 될 수 있습니다. 나이는 객관적인 수치이기 때문에 누가 판단하든 동일합니다. 최고 경영자의 나이가 많을수록 통계적으로 해당 기업의 주식 수익률도 높다는 연구 결과가 나올지 누가 알겠습니까?

이렇듯 객관적으로 표현할 수 있는 것들이 퀀트투자의 분석 영역이 됩니다. 수치로 표현할 수 없거나 수치로 표현하더라도 주관적인 수치일 경우 퀀트투자의 분석 영역이 될 수 없습니다. 기업의 재무제표를 통해 알 수 있는 다양한 재무비율은 어떨까요? 재무비율은 객관적 수치입니다. 전자공시에 공개된 삼성전자의 2022년 회계기준 영업이익률은 누구에게 물어봐도 같은 답이 나옵니다. 주가 움직임도 객관적입니다. '2022년 12월 삼성전자의 주가 상승률은 얼마인가요?'라고 묻는다면 역시 누구나 같은 대답을 할 것입니다. 재무비율이나 주가 움직임 같은 것들을 이용한다면 수익을 낼 수 있는 다양한 규칙들을 쉽게 발견할 수 있습니다. 이렇게 객관적인 요소들만 이용해서 만든 투자 규칙을 '퀀트전략' 혹은 '퀀트 로직'이라고 부릅니다.

② 퀀트투자와 백테스트

훌륭한 퀀트투자자가 되려면 모든 것을 검증해 보려는 자세가 필요합니다. 시장에 나도는 얘기를 그냥 받아들이지 않고 직접 다 확인해 보는 것입니다. 만약 누군가 다음과 같은 얘기를 했다고 가정해 보겠습니다.

"영업이익률이 높은 기업의 주식이 수익률도 높을 거야. A 기업 영업이익률이 30%잖아. 이 종목을 매수하면 높은 수익이 나지 않겠어?"

이 얘기를 들어보면 그럴듯합니다. 하지만 이것을 실제 검증해 보지 않고 믿어서는 안 됩니다. 어떻게 검증하면 좋을까요? 매년 전년도 회계기준으로 영업이익률이 높은 종목에서 낮은 종목을 내림차순으로 정렬합니다. 종목 수를 동일하게 위에서부터 10등분하여 10개의 그룹으로 나눕니다. 매년 각 그룹의 수익률을 과거 20년 동안 살펴보는 것입니다. 이렇게 하여 영업이익률이 높은 그룹의 평균 수익률이 높고 영업이익률이 낮은 그룹의 평균 수익률이 낮다면 영업이익률이 높은 종목에 투자하는 방법은 옳은 투자 방법이라는 것이 검증되는 것입니다. 그렇지 않다면 앞의 주장은 사실이 아닌 것이 됩니다.

이렇듯 어떤 투자 전략을 과거에 적용했을 때 어떤 결과를 보였는지 알아보는 과정을 백테스트라고 합니다. 시장에 나도는 다양한 주장들을 백테스트해 보고 투자하는 사람과 그렇지 않은 사람은 큰 차이가 있습니다. 백테스트를 통해 확인하고 투자하는 사람이 더 높은 수익을 달성할 확률이 높습니다. 세상에 나도는 주장들 중에는 사실과 다른 주장도 상당히 많기 때문입니다.

③ 퀀트투자를 해야 하는 이유

주식을 분석하는 방법은 크게 정성적 분석과 정량적 분석으로 나눌 수 있습니다. 퀀트투자는 숫자에 기반한 정량적 분석만을 수행합니다. 그러나 많은 사람이 정성적 분석과 정량적 분석을 함께 사용하면 더 좋은 수익률을 얻을 수 있다고 생각하는 것 같습니다. 이는 뭔가를 추가하면 더 좋을 것 같다는 막연한 믿음에 불과합니다. 사람들의 주관적 판단 능력은 그렇게 뛰어나지 않습니다. 주관적 판단이 오히려 수익률을 감소시킬 수 있습니다. 따라서 주관적 판단 능력이 특출나게 뛰어나지 않다면 차라리 정성적 분석을 하지 않는 것이 더 수익률을 높일 수 있는 방법입니다.

지금은 주관적 판단 능력이 뛰어나더라도 나이가 들면서 변할 수도 있습니다. 또한 주관적 판단 능력은 주변 상황에 영향을 받을 수도 있습니다. 반면에 퀀트투자는 규칙 기반 투자이기 때문에 규칙만 엄격히 따르면 됩니다. 나이가 들어 주관적 판단 능력이 떨어져도, 투자하는 날 기분 좋지 않은 상황을 경험하더라도 이러한 주관적 요인들이 투자 성과에 전혀 영향을 주지 않습니다.

퀀트투자는 백테스트를 통해 전략의 성과를 확인할 수 있습니다. 백테스트를 통해 현재 사용하는 전략으로 수익을 창출할 수 있는지 여부를 알 수 있다면 심리적 안정을 얻을 수 있습니다. 예를 들어 2년 동안 손실을 겪고 있다고 가정해 보겠습니다. 백테스트를 수행할 수 없는 전략의 경우, 해당 전략이 수익을 창출할 수 있는 전략인지에 대한 의문이 생길 수 있습니다. 올바른 투자 방법이라 하더라도 이러한 전략을 계속해서 실행하기가 어렵게 됩니다. 반면 백테스트를 통해 해당 전략이 과거 2년간 손실이 발생했지만 장기간에 걸쳐 수익을 창출해 냈다는 사실을 확인했다면, 최근 2년 동안 손실이 발생했더라도 큰 걱정이 되지 않을 것입니다.

규칙 기반 투자가 아닌 경우, 매번 종목과 타이밍을 맞추기 위해 많은 시간과 노력이 필요합니다. 반면 퀀트투자는 시간과 노력을 절약할 수 있습니다. 훌륭한 전략을 만들고, 그다음부터는 전략에서 정해진 규칙을 따르기만 하면 됩니다. 따라서 퀀트투자자는 다른 투자자에 비해 더 여유롭게 시간을 보내는 경우가 많습니다.

④ 퀀트투자에서 경계해야 할 것들

퀀트투자의 다양한 장점에도 불구하고 퀀트투자를 방해하는 요소들도 꽤 있습니다. 이것들을 피한다면 더 훌륭한 퀀트투자자가 될 수 있습니다. 어떤 것들이 있는지 알아보도록 하겠습니다.

(1) 백테스트에 대한 지나친 확신

백테스트의 결과가 미래에 그대로 재현될 것이라고 확신을 가지는 경우입니다. 앞에서 퀀트투자는 백테스트를 할 수 있다는 것이 장점이라고 언급하였습니다. 하지만 백테스트는 어디까지나 참고 사항일 뿐, 미래에 그 수익률이 그대로 재현되지는 않습니다. 백테스트 결과에 지나친 확신을 가질 경우 종종 심각한 문제를 일으킵니다. 예를 들면 백테스트에서 높은 수익률을 보이는 전략을 만든 후에 그 수익률이 미래에도 그대로 나올 것이라고 확신하여, 경제적 자유를 달성했다고 착각하고 잘 다니던 회사에 사표를 내는 경우를 생각해 볼 수 있습니다. 만약 백테스트만큼 수익이 충분히 나오지 않는다면 경제적 어려움에 봉착할 수 있습니다. 또한 백테스트상으로 CAGR(연평균 복리수익률) 30%가 나오는 전략을 만들고 나서 임대수익이 10% 나오는 부동산을 매도하여 해당 자산으로 퀀트투자를 하는 경우도 생각해 볼 수 있습니다. 물론 실제로 CAGR 30%가 나온다면 부동산을 잘 처분한 것입니다. 하지만 백테스트상으로 30%일뿐, 실제로 투자하면 5%밖에 안 나올 수도 있습니다.

(2) 낮은 인내심

수익률이 높은 기간이 이어지다 어느 순간 갑자기 수익률이 하락하고 좋지 않은 기간이 제법 길어지기도 합니다. 이때 너무 쉽게 초과수익이 사라졌다고 판단하면 안 됩니다. 실제로 초과수익이 사라진 것일 수도 있지만 일반적으로 시간이 지나면 다시 높은 수익을 가져다주는 경우가 많습니다. 따라서 퀀트투자에는 높은 인내심이 필요합니다.

(3) 초과수익에 대한 종교적 믿음[1]

퀀트투자를 수행하는 투자자들은 초과수익이 계속 유지되기를 바랄 것입니다. 이런 바람이 너무 커지다 보면 '초과수익은 절대 감소하거나 사라지지 않는다'는 종교적 믿음에 사로잡힐 수 있습니다. 이 믿음이 충분한 근거를 가지고 결론을 내린 것이라면 문제가 없지만, 그저 바람에 지나지 않는다면 이야기가 다릅니다. 초과수익이 사라졌다는 충분하고 객관적인 증거에도 불구하고, 절대 그럴 리가 없다며 유용성이 사라진 전략으로 수십 년간 계속 투자하는 것도 바보 같은 행동입니다.

(4) 다른 사람과의 비교

많은 투자자가 자신의 수익률과 타인의 수익률을 비교하는 경향이 있습니다. 퀀트투자는 항상 최고의 수익률을 내주는 투자 방법이 아닙니다. 장기적으로 훌륭한 수익률을 내더라도 단기적으로는 다른 투자자들에 비해 초라

---

1 앞에서 '낮은 인내심'에 대해 설명하면서 어려운 기간을 만난 경우 쉽게 초과수익이 사라졌다고 판단하지 말라는 언급을 하였습니다. 그런데 이제는 또 초과수익에 대해 종교적인 믿음을 갖지 말라고 말하고 있습니다. 상반된 이야기처럼 들리죠? 결론은 너무 쉽게 초과수익이 사라졌다고 판단하는 것도 문제이며 초과수익은 절대 감소하거나 사라지지 않을 것이라는 믿음도 문제입니다.

한 수익률이 나오기도 합니다. 이때 상대적인 박탈감을 느껴 퀀트투자를 포기하는 경우가 있습니다. 다른 사람과 비교하지 말고 오직 벤치마크와 비교하는 자세를 갖는 것이 좋습니다.

(5) 주관적 판단의 침범

퀀트투자를 하는 이유는 주관적 판단을 배제하기 위한 것입니다. 그런데 주관적 판단을 섞어서 투자하는 경우가 있습니다. 예를 들어 막상 투자하다 보면 수익이 저조한 구간을 만나게 됩니다. 이때 지금은 전략이 잘 안 맞는 시기이니 투자를 잠깐 중단했다가 다시 상황이 좋아지면 시작하겠다고 생각하기 쉽습니다. 투자의 중단과 시작에 대한 규칙을 객관적으로 정해 놓았다면 이것은 퀀트투자라고 할 수 있습니다. 하지만 주관적인 판단으로 이를 결정했다면 퀀트투자로 보기 어렵습니다.

(6) 과적합

퀀트투자에서 과적합이란 전략이 과거 데이터에 지나치게 맞춰져서 새로운 데이터에 대한 일반화 능력을 상실하는 현상을 의미합니다. 백테스트를 무수히 수행하여 백테스트상으로 최고의 수익률과 가장 낮은 MDD 절댓값을 보이는 전략을 찾아 투자하는 것이 퀀트투자의 전부라고 생각하는 경우가 있습니다. 이런 관점으로 퀀트투자를 하면 과적합 전략을 사용할 가능성이 높습니다. 과적합 전략으로 투자할 경우 실제 투자 결과는 백테스트 결과와 많은 차이를 보이게 됩니다. 과적합에 대해서는 이 책의 Chapater 5에서 자세히 다룹니다.

(7) 백테스트 오류

백테스트 데이터 자체에 오류가 있을 수도 있습니다. 데이터에 오류가 있다면 결과도 엉뚱한 값이 나오게 됩니다. 데이터에 오류가 없더라도 백테스트 과정에서의 오류가 있을 수 있습니다. 대표적인 것이 생존자 편향(Survivorship Bias)입니다. 생존자 편향은 상장폐지된 종목을 백테스트 데이터에서 아예 제외하고 분석하는 경우입니다. 그러나 상장폐지 이전에는 해당 종목이 상장폐지될지 알 수 없었기 때문에, 상장폐지되기 전까지 해당 종목은 백테스트에 포함되어야 합니다.

미래 참조 편향(Look-ahead Bias)도 주의해야 합니다. 예를 들어, 스팩(SPAC, 기업인수목적회사) 종목을 제외하는 필터를 적용한다면 현재 스팩 종목을 제외하는 것으로는 충분하지 않습니다. 지금은 일반 기업이더라도 과거 스팩이었던 종목도 있습니다. 이런 종목들을 찾아서 과거 스팩이었을 시기에는 해당 종목을 제외하고 백테스트 결과를 도출해야 하고, 기업 인수에 성공하여 일반 기업이 된 시기부터는 해당 종목을 포함하여 백테스트 결과를 도출해야 합니다.

> **처음용어 뽀개기**
>
> **스팩(SPAC)**
> 기업인수합병(M&A)만을 목적으로 설립하는 페이퍼컴퍼니입니다. 상장하여 일정 기간(3년) 내에 비상장 기업을 합병하는 것을 목적으로 합니다. 만약 일정 기간 내에 합병하면 더 이상 페이퍼컴퍼니가 아닌 일반 기업이 되며 주로 합병한 기업의 이름으로 변경됩니다. 한편 일정 기간 내에 합병하지 못했을 경우에는 해산됩니다.

1 객관적인 데이터(주로 숫자)를 가지고 규칙을 만들어서 투자하는 방법을 퀀트투 자라고 합니다.

2 훌륭한 퀀트투자자가 되려면 시장에 나도는 이야기를 그냥 믿기보다는 검증해 보 려는 습관이 필요합니다.

3 퀀트투자는 주관적 판단능력이 없는 사람도 성공할 수 있으며, 백테스트를 통해 전략을 평가할 수 있고 시간과 노력을 절약할 수 있다는 장점이 있습니다.

4 퀀트투자를 방해하는 다양한 요소가 있습니다. 앞서 살펴본 7가지 방해 요소(백 테스트에 대한 지나친 확신, 낮은 인내심, 초과수익에 대한 종교적 믿음, 다른 사 람과의 비교, 주관적 판단의 침범, 과적합, 백테스트 오류)를 주의하며 퀀트투자 를 한다면 더 훌륭한 퀀트투자자가 될 수 있습니다.

본격적인 내용으로 들어가기 전에 이 책을 이해하는 데 도움이 되는 용어와 기본 개념을 알고 가겠습니다. 책이 진행되면서 뒤에서 언급될 내용들입니다. 여기서 기본적인 수준만 알고 가면 이해하기 쉬울 것입니다.

백테스트(Backtesting): 어떤 투자 전략이 어느 정도의 수익이 나는지 또는 얼마나 위험한지를 알아보기 위해 역사적인 데이터를 이용하여 전략을 모의실험하는 과정입니다. 백테스트를 통해 투자자는 전략이 어떻게 수행되었는지를 확인하고, 수익률, 최대 손실, 위험 지표 등의 통계적 지표를 분석할 수 있습니다. 이를 통해 전략의 강점과 약점을 파악하고 개선할 부분을 찾을 수 있습니다. 중요한 점은 백테스트의 결과가 과거 데이터에 기반하여 수행된다는 것입니다. 따라서 미래 시장에서의 성과와는 차이가 있을 수 있습니다.

10분위 백테스트(Decile Backtesting): 특정 지표를 기반으로 만들어진 투자 전략의 상대적인 성과를 평가하는 방법입니다. 예를 들어 PER 지표의 10분위 백테스트를 한다고 가정해 보겠습니다. 특정 기간 주식의 PER값을 수집하고, 이를 오름차순으로 정렬하여 종목 수를 동일하게 10개의 그룹으로 나눕니다. 가장 낮은 PER값을 가진 종목들은 1그룹에 속하고, 가장 높은 PER값을 가진 종목들은 10그룹에 속하게 됩니다. 각 그룹에 속한 종목들의 평균

수익률을 계산하여 비교함으로써 PER 지표의 성과를 알 수 있습니다. 예를 들어 1그룹에 속한 종목들의 평균 수익률이 가장 높고, 10그룹에 속한 종목들의 평균 수익률이 가장 낮으며, 그룹의 숫자가 올라갈수록 수익률이 감소하는 경향이 있는 경우 이는 낮은 PER값을 가진 종목들이 상대적으로 더 높은 수익률을 기록한다는 것을 의미합니다. 이를 통해 PER 지표가 얼마나 유용한지 파악하고, 향후 투자 결정을 내릴 수 있습니다.

동일가중 리밸런싱(Equal Weight Rebalancing): 투자할 대상 종목을 모두 같은 금액으로 균형을 맞추는 것을 의미합니다. 예를 들어 보겠습니다. PER 지표가 10 미만인 종목 중 영업이익률 상위 10% 종목에 동일가중으로 투자하기로 합니다. 여기에 해당하는 종목이 총 40종목이라고 가정해 보겠습니다. 그럼 한 종목당 2.5%의 비중으로 투자해야 합니다(투자금액이 1억 원이라면 종목당 250만 원 투자). 그 후에 다음 리밸런싱 시점이 되었습니다. 그동안 어떤 종목은 상대적으로 많이 상승하고, 또 어떤 종목은 상대적으로 덜 상승하거나 하락했을 것입니다. 그러면 투자 비중이 바뀌어 있게 됩니다. A종목은 상대적으로 많이 상승하여 3%의 비중이 되었고 B종목은 상대적으로 적게 상승(혹은 하락)하여 1.5%의 비중이 되었다고 가정해 보겠습니다. 그리고 리밸런싱 시점에 해당 종목을 조사해 보니 그사이 많은 종목이 상장되어 종목 선정 조건에 해당하는 종목이 50종목으로 늘어났습니다. 그렇다면 이제는 한 종목에 2.5% 투자하는 것이 아니라 2%씩 투자해야 합니다. A와 B 두 종목 모두 리밸런싱 시점에 투자 대상 종목에 포함되어 있다면, A종목은 1% 비중만큼 매도해서 2%를 만들어야 하고, B종목은 0.5% 비중만큼 매수해서 2%를 만들어야 합니다. 또한 리밸런싱 시점에서 대상에서 제외되는 종목은 전량 매도하고, 신규로 편입되는 종목은 2% 비중만큼 매수합니다. 투자 대상의 모든 종목에 대해서 이렇게 매매를 진행하면, 이제 50종목 모두 각각 2%의 동일 비중만큼 투자하는 포트폴리오가 완성됩니다.

CAGR(Compound Annual Growth Rate): 특정 기간의 연평균 복리수익률을 의미합니다. 복리의 개념이 들어갔다는 것에 유념해야 합니다. 예를 들어 10년 동안 1억 원이 2억 원이 되었다면, 100% 수익률입니다. 이때 단순히 100%를 10으로 나누어서 연평균 10% 수익률이라고 표시하면 안 됩니다. 이것은 복리의 개념이 아니라 단리의 개념이기 때문입니다. 복리의 개념이 들어간 CAGR로 표시하면 연평균 수익률은 7.18%입니다. 7.18% 수익률이 10년 동안 복리로 누적되면 100%의 수익률이 나오기 때문입니다. CAGR은 장기적인 투자 전략의 효과를 평가하는 데 유리합니다.

롤링 수익률(Rolling Returns): 특정 기간의 투자 수익률을 연속적으로 계산하여 나타낸 나열을 의미합니다. 이것을 그래프로 그려 시간에 따른 투자의 성과 변화를 관찰하고 패턴을 파악할 수 있습니다. 특히 초과수익의 증감을 파악하는 데 유용합니다. 이 책의 Chapter 3에서 자세히 다룹니다.

팩터(Factor): 퀀트투자에서 팩터는 주식시장에서 수익을 설명하거나 예측하기 위해 사용되는 특성이나 요인을 의미합니다. 팩터는 주식의 가격 변동을 설명하는 원인이 될 수 있는 경제적, 재무적, 시장적 특성을 나타내는 지표로 표현하기도 합니다. 예를 들어 영업이익률, 부채비율과 같은 재무비율도 일반적인 팩터로 사용될 수 있습니다. 퀀트투자에서는 이러한 팩터들을

CAGR 구해보기

CAGR을 구하는 수학 공식은 다음과 같습니다.

$$\sqrt[\text{연환산기간}]{\frac{\text{최종금액}}{\text{원금}}} - 1$$

이것을 엑셀로 표현하면 다음과 같습니다.

= (최종금액/원금)^(1/연환산기간) − 1

예를 들어 10년 동안 100원이 200원이 되었다면, 다음과 같이 계산할 수 있습니다.

$$\sqrt[10]{\frac{200}{100}} - 1 \approx 0.0718$$

즉, CAGR 7.18%를 의미합니다.

엑셀로 구하려면 셀에 다음과 같이 입력하면 됩니다.

= (200/100)^(1/10) − 1

※ 앞의 예에서 10년의 기간을 사용하였으므로 연환산기간에 10을 사용하였습니다. 딱 연
   도로 떨어지지 않는 경우도 있습니다. 만약 기간이 10년이 아니라 9년 6개월이라면 위
   의 식에서 연환산기간에 10 대신 9.5를 사용하면 됩니다.

분석하고 조합하여 포트폴리오를 구성합니다. 이를 통해 수익을 극대화하거
나 투자 리스크를 최소화하는 것을 목표로 합니다.

DD(Drawdown)와 MDD(Maximum Drawdown): 실제 계좌의 그래프나 백테

스트상의 그래프를 살펴보면 상승과 하락을 반복합니다. DD는 특정 시점에 해당 시점을 포함한 과거 최고점 대비 하락률을 의미합니다(하락의 의미이므로 주로 마이너스값을 붙여서 사용하지만, 편의상 양수값을 쓰는 경우도 있습니다). 예를 들어 설명하겠습니다. KOSPI 지수의 일별 종가 기준 2020년 10월 6일의 DD를 알아보겠습니다. 2020년 10월 6일의 종가는 2365.90포인트입니다. 2020년 10월 6일을 포함하여 그 이전에 가장 높았던 KOSPI 지수 종가를 찾아보면, 2018년 1월 29일 2598.19포인트입니다. 이것을 바탕으로 2598.19에 매수해서 2365.90에 매도한 수익률을 구하면 -8.94%(2365.90÷2598.19-1)입니다. 이 -8.94%가 2020년 10월 6일의 DD입니다. 과거 최고점에서 매수했다면 2020년 10월 6일에 -8.94%의 손실임을 의미합니다.

실제 계좌나 백테스트 그래프를 보면 이런 DD가 수도 없이 나옵니다. 이 DD들 중 절댓값이 가장 큰 DD를 MDD라고 합니다. 참고로 앞에서 했던 것과 같은 방법으로 KOSPI 지수의 1998년 6월 16일 DD를 계산해 보면

[그림 1-1] DD와 MDD의 이해

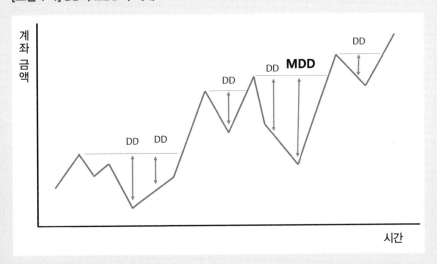

-75.41%가 나옵니다. 이것은 1991년부터 2022년 KOSPI 지수 일별 종가 데이터로 봤을 때 절댓값이 가장 큰 DD입니다. 즉, MDD(최대하락률)입니다. 퀀트전략마다 MDD를 계산할 수 있습니다. 이때 MDD의 절댓값이 작은 전략이 더 안정적이라고 볼 수 있습니다.

02

백테스트 툴의 사용

QUANTITATIVE INVESTING

① 스스로 백테스트를 한다는 의미

퀀트투자는 정량적인 것만 이용하니 전략의 백테스트가 가능합니다. 백
테스트는 주관적 판단을 이용하는 투자자는 할 수 없는 퀀트투자자의 특권
입니다. 퀀트투자자라면 이런 특권을 당연히 누려야 합니다.

백테스트는 가능하다면 스스로 해보는 것이 좋습니다. 스스로 해봐야 전
략에 대해 더 신뢰할 수 있기 때문입니다. 퀀트투자를 하다가 일시적으로 어
려운 기간을 만나게 되면 투자를 포기하는 경우가 많습니다. 하지만 자신의
전략을 신뢰한다면 계속 투자를 이어갈 원동력이 됩니다. 어려운 기간을 만
났을 때야말로 전략에 대한 신뢰의 강도가 중요합니다. 누군가가 한 백테스
트를 바탕으로 투자할 때보다 스스로 백테스트를 진행한 전략을 바탕으로
투자할 때 신뢰 강도가 더 클 것입니다.

'백테스트는 가능하다면 스스로 해보는 것이 좋다'는 문장에서 '스스로'라는 단어의 범위에 대해서 이야기해 보려 합니다. 특정 전략의 백테스트 결과를 알고 싶다고 가정해 보겠습니다. 이것을 알기 위해 레포트나 논문 혹은 책을 찾아서 백테스트 결과를 얻었다면 어떨까요? 이것은 다른 사람이 해 놓은 백테스트를 확인한 것에 불과합니다. 아무리 본인이 도서관에서 논문과 책을 뒤졌더라도 이것은 스스로 백테스트를 한 것이 아닙니다.

조금 더 나아가 보겠습니다. 제가 파이썬이나 엑셀을 잘 다루지 못한다고 가정해 보겠습니다. 그래서 주변에 코딩을 잘하는 친구에게 전략을 알려주고 백테스트를 해달라고 부탁합니다. 친구는 열심히 백테스트를 하고 저에게 결과를 줍니다. 이 경우는 제가 스스로 백테스트를 한 것일까요, 아니면 친구가 대신 백테스트를 해준 것일까요? 이 역시 친구가 대신 백테스트를 한 것에 가깝습니다.

또 한 단계 나아가 보겠습니다. 현재 시중에는 많은 백테스트 소프트웨어가 존재합니다. 대다수는 유료이긴 하지만 매우 저렴한 가격에 제공되고 있습니다. 궁금해하는 전략의 조건을 클릭한 다음 원하는 수치 몇 가지를 키보드로 입력하고 백테스트 버튼을 클릭하면, 자동으로 백테스트 결과를 알려줍니다. 이렇게 시중에 나와 있는 백테스트 소프트웨어를 이용해 궁금해하던 전략의 백테스트 결과를 얻었다고 가정해 보겠습니다. 이것은 내가 스스로 백테스트를 한 것일까요, 아니면 해당 소프트웨어를 만든 회사에서 대신 백테스트를 해준 것일까요? 잘 생각해 보면 앞에서 친구가 대신 백테스트해 준 것과 차이가 없습니다. 백테스트의 수단이 컴퓨터를 잘 다루는 친구에서 백테스트 소프트웨어로 옮겨갔을 뿐입니다. 그런데 백테스트 소프트웨어를 이용하여 백테스트 결과를 얻은 것을 '스스로 백테스트했다'고 생각하는 경우가 많습니다. 컴퓨터로 무엇인가를 입력하는 과정이 그런 착각을 불러일으키는 것입니다.

더 나아가 보겠습니다. 신뢰도 있는 로우 데이터를 확보하고, 그 데이터를 활용하여 파이썬 코딩을 통해 백테스트를 진행하였습니다. 이것은 스스로 백테스트를 한 것일까요, 아니면 파이썬이 대신 백테스트를 해준 것일까요? 보통 이런 경우는 '스스로 백테스트 했다'는 생각이 듭니다. 왜 그럴까요? 앞의 경우들과 2가지 차이가 있습니다. 첫째, 직접 로우 데이터를 확보한 것으로, 로우 데이터를 직접 들여다보면서 신뢰성을 스스로 확인할 수 있습니다. 둘째, 직접 작성한 파이썬 코딩을 통해 백테스트 과정을 들여다볼 수 있으며 얼마든지 수정이 가능합니다.

이러한 이유들로 인해 가능하면 파이썬이나 엑셀과 같은 도구를 활용하여 스스로 전략을 백테스트하는 것이 좋습니다. 그러나 이것은 의무가 아닌 권장 사항일 뿐입니다. 스스로 백테스트를 할 능력이 안 되기 때문에 퀀트투자를 하지 않겠다는 결정을 한다면 오히려 더 큰 손해니까요. 차선책으로 백테스트 소프트웨어를 사용하더라도 퀀트투자를 하는 것이 옳은 결정입니다. 직접 소프트웨어를 검증하는 과정을 거치고, 검증을 잘 통과한다면 소프트웨어에 대한 신뢰가 커지게 됩니다. 본인이 사용하는 백테스트 소프트웨어에 대한 신뢰가 강하면, 스스로 백테스트한 것에 못지않은 긍정적인 효과를 가져올 수 있습니다.

이 책에 담고 있는 많은 백테스트들은 주로 파이썬으로 진행한 결과입니다. 하지만 퀀트투자를 처음 시작하는 분들이 당장 파이썬을 배우고 큰 비용이 나가는 로우 데이터를 구해서 백테스트를 진행하는 것은 불가능에 가깝습니다. [표 2-1]에 퀀트투자자들이 많이 사용하는 5가지 백테스트 소프트웨

[표 2-1] 다양한 백테스트 소프트웨어(2023년 기준)

백테스트 소프트웨어	URL
인텔리퀀트	https://www.intelliquant.co.kr/
젠포트	https://genport.newsystock.com
퀀터스	https://quantus.kr
퀀트킹	https://quantking.net
테일러	https://www.tailor.im

어를 표로 정리하였습니다. 특정 소프트웨어를 홍보하거나 추천하는 것이 아닙니다. 표의 정렬 순서 또한 가나다순입니다. 어느 소프트웨어가 더 좋다고 말씀드릴 수는 없습니다. 많은 사람이 사용하니 어느 정도 신뢰도가 있을 거라고 생각되지만 제가 신뢰도를 보장할 수는 없습니다. 스스로 검증해 봐야 합니다. 소프트웨어들을 직접 사용해 보고 비교하여 본인에게 맞는 소프트웨어를 선택할 것을 권합니다.

② 백테스트 소프트웨어를 사용할 때 확인사항

백테스트 소프트웨어를 사용하여 퀀트투자를 하기로 한 경우, 우선 해당 소프트웨어의 로우 데이터(Raw Data)의 신뢰성을 점검해야 합니다. 로우 데이터는 주식가격, 거래량, 재무정보 등 가공되거나 분석되지 않은 원시 데이터를 의미합니다. 백테스트 소프트웨어에서 로우 데이터의 질이 낮다면 결과도 신뢰할 수 없을 것입니다. 시중에 나와 있는 대부분 백테스트 소프트웨어의 로우 데이터는 문제가 없을 것으로 생각되지만, 확인은 필요합니다. 로우 데이터 신뢰성 확인이 끝났다면 해당 소프트웨어의 백테스트 과정을 정확히 이해하고 있어야 합니다. 몇 가지 예를 들어보겠습니다.

(1) 거래 정지된 종목의 처리

백테스트 소프트웨어에서 매수 시에 거래 정지된 종목이 매수되지 않도록 처리되는지 확인해야 합니다. 정확하게는 매수되지 않는 것으로 처리하는 것이 올바른 방법입니다. 또한 매수할 종목이 30개인 상황에서 1개의 종목이 거래 정지되었다면, 이 경우 소프트웨어가 29개 종목을 매수로 처리하는지 아니면 다음 순위의 종목을 매수로 처리하는지 등을 추가로 확인해야 합니다. 둘 중 옳고 틀린 것은 없습니다. 그러나 소프트웨어에서 어떤 방식으로 처리하는지는 알고 있어야 합니다. 또한 매도 시점에 거래 정지된 종목이 어떻게 처리되었는지도 중요한 확인 사항입니다. -100%의 손실률로 처리할 수도 있고, 거래재개 시점의 종가나 시가로 매도한 것으로 처리할 수도 있습니다. 아니면 소프트웨어의 사용자가 스스로 적당한 값을 입력하게 할 수도 있습니다.

(2) 상장폐지 종목의 처리

보유 종목이 상장폐지되었을 때, 백테스트 소프트웨어가 어떤 방식으로 처리하는지 알아봐야 합니다. 종목을 -100%의 손실률로 처리할 수도 있고, 정리매매 기간 종가에 매도한 것으로 처리할 수도 있습니다. 아니면 사용자가 임의의 손실률값을 입력하게 해서 처리할 수도 있습니다. 또한 상장폐지에도 흔히 말하는 '좋은 상장폐지'와 '나쁜 상장폐지'가 있는데 이를 구분해서 처리하게 할 수도 있습니다. 정답은 없습니다. 다만, 본인이 사용하는 소프트웨어에서 이를 어떤 방법으로 처리하는지 파악할 필요는 있습니다.

(3) 미래 참조 편향 여부

예를 들어 백테스트를 할 때 스팩을 제외한다고 했다면, 이는 현재 시점에서 스팩 종목을 제외하는 것만으로 해결되지 않습니다. 리밸런싱 시점에 실제로 스팩 종목을 찾아 제외해야 합니다. 스팩 종목이 기업 인수에 성공할지 여부는 실제 기업 인수 이후에야 알 수 있기 때문입니다. 미래의 정보를 사용하여 백테스트를 하면 결과가 왜곡될 수 있습니다. 해당 소프트웨어에서 이런 편향이 없는지 확인이 필요합니다.

(4) 지표의 음수 처리

먼저 성장률의 음수 처리를 예로 들어보겠습니다. 작년 순이익이 -5억 원, 올해 순이익이 -7억 원일 경우 단순하게 성장률 공식을 적용하여 40%의 성장이라고 잘못 판단할 수도 있습니다. 그리고 작년 순이익 -5억 원, 올해 순이익 +2억 원인 경우 성장률을 계산하기가 사실상 불가능합니다. 이 경우 소프트웨어에서 어떻게 처리했는지를 백테스트를 하기 전에 확인할 필요가 있습니다. 단순하지만 지배주주순이익이나 지배주주지분이 마이너스일 경우 PER, PBR 등의 지표를 어떻게 처리했는지도 확인이 필요합니다. 소프트웨어마다 적절한 음수 보정 방법을 사용하였을 것입니다. 본인이 사용하는 소프트웨어는 어떤 방법으로 처리하는지 확인할 필요가 있습니다.

(5) 필터 조건의 순서

필터 조건으로 시가총액 하위 50%와 영업이익률 상위 50%인 종목을 선택하는 경우를 예로 들어보겠습니다. 이 2가지 조건을 필터링하는 방법에는 다음 3가지 경우가 있습니다.

① 먼저 시가총액 하위 50%인 종목을 필터하고 나서 그중에서 영업이익률 상위 50%인 종목을 추출하는 방법
② 먼저 영업이익률 상위 50%인 종목을 필터하고 나서 그중에서 시가총액 하위 50%인 종목을 추출하는 방법
③ 전체 종목에서 시가총액 하위 50%인 종목을 필터하고 동시에 전체 종목에서 영업이익률 상위 50%인 종목을 필터한 다음에 두 개 조건이 동시에 충족되는 종목을 추출하는 방법

3가지 방법에 따라 약간씩 다른 종목이 추출됩니다. 따라서 사용하는 소프트웨어가 어떤 방식으로 처리하는지 확인해야 합니다. 보통 ③에 해당하거나 필터의 순서를 정할 수 있는 소프트웨어가 일반적일 것입니다. 물론 이 것도 정답은 없습니다.

앞에서 언급한 사항들 외에도 고려해야 할 사항은 더 많을 것입니다. 코딩이나 엑셀을 통해 백테스트를 수행한다면 백테스트 과정을 직접 구현하고 원하는 방식으로 처리할 수 있습니다. 하지만 백테스트 소프트웨어를 사용한다면 본인이 원하는 방식으로 처리되지 않을 수 있습니다. 그렇다 하더라도 해당 소프트웨어의 내부 백테스트 과정을 파악하는 것은 중요합니다.

또한 백테스트 소프트웨어를 통해 결과가 나오면 간단한 수준의 검증 작업을 진행하는 것이 좋습니다. 물론 과거 수십 년의 결과를 모두 직접 확인하기는 어렵습니다. 하지만 수십 년 중에 임의로 1년을 선택하여 백테스트 소프트웨어가 제대로 종목을 추출했는지 정도는 확인해 볼 필요가 있습니

다. 예를 들어 내가 영업이익률 20% 이상인 종목 중 PER 지표가 10 미만인 종목을 추출한다면, 특정 연도를 선택하고 실제로 그 조건을 만족하는 종목을 어느 정도의 고생을 하더라도 직접 추출하여 소프트웨어가 추출한 종목과 비교해 보는 과정을 거치는 것입니다. 백테스트 소프트웨어와 본인의 추출 결과가 다르다면 그 원인을 파악해 봅니다. 차이가 있다고 다 소프트웨어의 오류는 아닙니다. 본인이 생각했던 백테스트 과정과 소프트웨어에서 했던 과정에서 차이가 있을 확률이 높습니다.

핵심 요약

1. 백테스트는 스스로 해봐야 전략에 대해 더 큰 신뢰를 할 수 있기 때문에 가능하면 스스로 엑셀 등으로 백테스트하는 것이 좋습니다. 하지만 다양한 제약이 있으므로 백테스트 소프트웨어를 사용하는 것이 경제적일 수 있습니다.
2. 차선책으로 백테스트 소프트웨어를 사용하는 경우, 소프트웨어를 검증하는 과정을 거치고 검증을 잘 통과한다면 직접 코딩이나 엑셀로 백테스트한 것만큼의 긍정적인 효과를 누릴 수 있습니다.
3. 백테스트 소프트웨어를 사용하기 전에 반드시 확인해야 하는 사항들이 있습니다.

MEMO

CHAPTER

2

QUANTITATIVE INVESTING

시장을 이길 수 있는 방법

03

시가총액가중 방식 vs. 동일가중 방식

QUANTITATIVE INVESTING

① 시가총액가중 방식의 이해

시가총액이라고 하면 주식시장 전체의 시가총액을 말하기도 하고, 개별 종목의 시가총액을 말하기도 합니다. 이 책에서는 개별 종목의 시가총액을 의미하는 용도로만 사용하였습니다. 개별종목의 시가총액은 주가에 발행 주식 수를 곱하여 산출합니다. 즉, 3만 원에 거래되는 종목의 발행주식 수가 100만 주이면 시가총액은 300억 원이 됩니다.

한국의 주식시장에는 2022년 말 기준으로 2천 개가 넘는 종목이 상장되어 있습니다. 이 주식들의 전체적인 움직임을 지수로 만들어 표현한 것이 바로 KOSPI 지수와 KOSDAQ 지수입니다. 두 개 지수 모두 시가총액가중 방식으로 지수를 산출합니다.

시가총액가중 방식의 지수는 시가총액이 큰 종목일수록 지수에 미치는 영향이 크다는 특징이 있습니다. 이런 시가총액가중 방식의 지수를 살펴볼 때, 개인투자자로서는 불편할 수 있습니다. 예를 들어 내 계좌 금액의 절반을 시가총액이 330조 원(2022년 말 기준)인 삼성전자에 투자하고, 나머지 절반은 A라는 시가총액이 300억 원인 매우 작은 소형주에 투자했다고 가정해 보겠습니다. 삼성전자가 5% 상승하고 A주식이 20% 하락했다면 내 계좌는 큰 손실이 날 것입니다. 하지만 KOSPI 지수는 상승했을 확률이 높습니다. 삼성전자의 시가총액이 A종목과는 비교도 안 되게 크기 때문입니다. 물론 시가총액가중 방식이 해당 시장의 전체적인 모습을 나타내기에는 적합합니다. 하지만 시가총액을 고려하지 않고 투자하는 개인투자자로서는 불균형을 느낄 수 있습니다.

② 동일가중 방식의 수익률

시가총액가중 방식이 아닌 동일가중 방식으로 수익률을 구해보면 어떨까요? 모든 종목을 동일하게 매수하여 분기마다 동일가중으로 리밸런싱했다고 가정해 보겠습니다. 여기서 모든 종목이라고 표현하였지만 이 책에서 공통으로 사용하는 5가지 필터 조건인 리밸런싱 시점에 ①우선주, ②스팩, ③관리종목, ④거래정지 종목, ⑤외국계 종목은 제외하였습니다. 또한 리밸런싱 시점에 12월 결산법인이 아닌 경우도 제외하였습니다. 이후에 나오는 백테스트 조건과 통일성을 위해서입니다. 이러한 투자 방법을 '동일가중 투자'라 하며, 이에 따른 수익률을 '동일가중 수익률'이라고 부르겠습니다. 이 방법이 KOSPI 지수나 KOSDAQ 지수보다 높은 수익률을 보일지, 아니면 더 낮은 수익률을 보일지에 대한 백테스트를 진행해 보도록 하겠습니다.

동일가중 수익률 백테스트

- **기간:** 2001년~2022년
- **대상:** KOSPI, KOSDAQ 상장종목 중 리밸런싱 시점 12월 결산법인
- **리밸런싱 주기:** 1년에 4회(3, 6, 9, 12월 마지막 거래일)
- **방법:** 대상 종목을 3개월마다 동일가중으로 리밸런싱합니다.

[표 3-1] 동일가중 수익률과 지수 수익률 비교

연도	동일가중	KOSPI 지수	KOSDAQ 지수
2001	43.34%	37.47%	37.33%
2002	−27.74%	−9.54%	−38.57%
2003	5.33%	29.19%	1.15%
2004	−7.97%	10.51%	−15.24%
2005	136.76%	53.96%	84.52%
2006	−4.09%	3.99%	−13.63%
2007	24.79%	32.25%	16.18%
2008	−49.62%	−40.73%	−52.85%
2009	61.94%	49.65%	54.67%
2010	7.09%	21.88%	−0.56%
2011	−2.41%	−10.98%	−2.06%
2012	12.39%	9.38%	−0.77%
2013	5.19%	0.72%	0.74%
2014	12.63%	−4.76%	8.60%
2015	40.89%	2.39%	25.67%
2016	7.03%	3.32%	−7.46%
2017	2.90%	21.76%	26.44%

2018	−9.27%	−17.28%	−15.38%
2019	6.23%	7.67%	−0.86%
2020	35.79%	30.75%	44.58%
2021	21.73%	3.63%	6.77%
2022	−25.41%	−24.89%	−34.30%
CAGR	8.45%	7.00%	1.17%

[그림 3-1] 동일가중 누적 수익 시뮬레이션(2001~2022년)

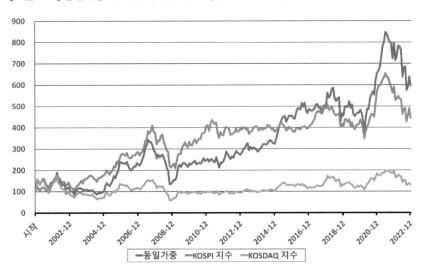

[표 3-2] 동일가중 수익률(CAGR) 요약 표

	2001~2022	2001~2017	2018~2022
동일가중	8.45%	9.94%	3.51%
KOSPI	7.00%	9.79%	−1.95%
KOSDAQ	1.17%	2.49%	−3.18%
동일가중-KOSPI	1.45%p	0.16%p	5.46%p
동일가중-KOSDAQ	7.28%p	7.46%p	6.69%p

22년간의 백테스트 결과를 분석한 결과 동일가중 투자, KOSPI 지수, KOSDAQ 지수의 CAGR은 각각 8.45%, 7.00%, 1.17%를 기록했습니다. 동일가중 투자 전략이 가장 뛰어난 성과를 나타냈습니다. 지수를 이길 수 있는 가장 단순한 방법입니다. 이런 현상은 왜 나타나는 것일까요? 뒤에서 자세히 다룰 예정이지만, 미리 말씀드리자면 소형주 효과 때문입니다. 소형주 효과란 소형주의 수익률이 대형주의 수익률보다 더 좋은 현상을 말합니다. 앞에서도 언급했듯이 KOSPI 지수나 KOSDAQ 지수는 시가총액가중 방식으로 구해집니다. 즉, 두 개 지수의 수익률은 대형주에 더 많이, 소형주에 더 적게 투자한 수익률입니다. 소형주 효과가 존재한다면 동일가중 투자가 시가총액가중 투자보다 수익률이 높은 것은 당연합니다. 그렇다고 항상 동일가중 수익률이 지수보다 수익률이 높은 것은 아닙니다. 과거 22년의 기간 중 10번의 기간에서는 오히려 KOSPI 지수의 수익률이 더 높았습니다. 이 10번의 기간을 [표 3-1]에 음영으로 표시하였습니다.

[그림 3-1]을 확인해 보겠습니다. 전 종목을 동일하게 매수하여 3개월마다 동일가중으로 리밸런싱하는 방법을 사용했다면 2001년 초에 100만 원으로 시작한 계좌는 2022년 말에 596만 원이 되어 있을 것입니다. 반면 단순히 KOSPI 지수에 투자했다면 443만 원, KOSDAQ 지수에 투자했다면 129만 원이 되어 있을 것입니다.

[표 3-2]를 살펴보면, 2001년부터 2017년까지의 기간에서 동일가중 수익률은 CAGR 9.94%로 높은 수익률을 보였지만, 2018년부터 2022년의 기간에서는 CAGR 3.51%로 실망스러운 성과를 기록했음을 알 수 있습니다. 하지만 2018년부터 2022년의 기간은 KOSPI 지수와 KOSDAQ 지수도 상당히 좋지 않았음을 고려해야 합니다. 이 기간에서 KOSPI 지수 대비 초과수익을 확인

초기 시점을 100으로 설정하여 그래프 그리기

[그림 3-1]의 그래프는 Y축을 지수화한 것으로 초기 자산을 100으로 시작하여 투자했을 때 계좌가 어떻게 되는지를 보여주고 있습니다. 이 책에서는 계좌나 전략의 성과를 나타내는 시계열 그래프를 모두 초기값 100으로 설정하고 있습니다. 따라서 Y축이 150이 되었다면 50% 수익을 나타내며, 80이 되었다면 -20%의 손실을 나타냅니다.

최초 시점 0인 그래프가 아닌 최초 시점 100인 그래프를 그린 이유가 있습니다. 이것이 투자를 시작한 이후 계좌 자산의 변화를 더욱 직관적으로 파악할 수 있기 때문입니다. 즉, 100만 원으로 시작하였다면 내 계좌 자산이 어떻게 변했는지를 직관적으로 확인할 수 있습니다.

또한 수십 년의 장기 그래프의 경우 대체로 로그 스케일(Logarithmic Scale) 그래프를 이용할 때 시각적으로 이해하기 쉽습니다. 그러나 로그 스케일의 그래프는 양수 값에만 적용할 수 있습니다. 따라서 최초 시점을 100으로 설정하여 사용하면 최악의 경우 -100%의 손실이 발생하지 않는 한 로그 스케일의 적용이 가능합니다. 로그 스케일에 대해서는 이 책의 Chapter 4에서 배울 예정입니다.

해 보면 과거보다 오히려 더 강한 성과를 보인 것을 알 수 있습니다.

③ 전략의 유용성 판단에 필요한 동일가중 수익률

앞에서 알아봤듯이 22년 동안 KOSPI 지수의 CAGR은 7.00%이며 전 종목 동일가중의 CAGR은 8.45%입니다. 만약 철수가 22년 동안 분기마다 20개 종목을 선정하고 해당 종목을 동일가중 리밸런싱하며 투자하는 전략으로 CAGR 8.00%를 달성했다면 어떨까요? 이것을 가지고 철수의 종목 선정이 훌륭했다고 판단할 수 있을까요? 지수를 이기기는 했지만, 전 종목 동일가중 수익률에는 미치지 못하는 수익률입니다. 전 종목을 다 동일하게 투자한 것에 비해 철수의 수익률이 낮았다면 철수의 투자는 훌륭했다고 보기 어렵습니다. 철수의 전략이 의미 있는 전략이 되려면 전 종목 동일가중 수익률을 능가해야 합니다. 철수가 동일가중 방법으로 투자했기 때문입니다.

오늘날 많은 퀀트투자자가 각자의 방법으로 종목을 선정하여 동일가중으로 투자하는 전략을 사용하고 있습니다. 그러나 전략의 유용성을 판단할 때는 시가총액가중 방식인 KOSPI 지수나 KOSDAQ 지수의 수익률과 비교하는 경우가 많습니다. 실제로는 동일가중으로 투자하는 전략의 유용성을 평가할 때는 전 종목 동일가중 수익률과 비교하는 것이 더 적절할 것입니다. 그러나 전 종목 동일가중 수익률을 구하는 것은 쉽지 않은 과정입니다. 이를 고려할 때 데이터를 쉽게 얻을 수 있는 KOSPI 지수나 KOSDAQ 지수의 수익률을 사용하는 것이 경제적일 수 있습니다. 다만, 가능하다면 전 종목 동일가중 수익률을 확보하여 이를 기반으로 전략의 유용성을 더 정확하게 평가하는 것이 좋습니다.

1 전 종목을 동일가중으로 투자하는 것이 시가총액가중으로 투자하는 것보다 수익률이 높습니다.

2 많은 퀀트투자자가 우수한 종목을 선정하여 동일가중으로 투자하는 전략을 사용합니다. 이 경우 전략의 유용성을 판단하기 위해 KOSPI 지수나 KOSDAQ 지수의 수익률과 비교하기보다는 전 종목 동일가중 수익률과 비교하는 것이 전략의 유용성을 평가하는 데 더 좋은 방법입니다.

04

흑자종목만 골라서
투자한다면

QUANTITATIVE INVESTING

① 당기순이익 흑자와 적자

주식 투자를 하면서 많은 투자자들이 당연하다고 여기는 것이 흑자종목이 적자종목보다 더 수익률이 좋을 것이라는 생각일 것입니다. 바로 앞에서 살펴본 전 종목 동일가중 투자는 적자종목과 흑자종목 모두를 포함하는데요. 만약 적자종목을 제외하고 흑자종목만 동일가중으로 투자한다면 전 종목에 투자한 것보다 더 수익률이 높지 않을까요? 이를 확인해 보기 위해 당기순이익이 흑자인 종목과 적자인 종목을 나누어서 백테스트를 진행해 보겠습니다.

(1) 백테스트 수행 조건

시작하기 전에 확실히 해 두어야 할 것이 있습니다. 미래 참조 편향에 관한 것입니다. 2020년 회계기준으로 흑자인지 적자인지는 언제 알 수 있을까요? 12월 결산법인의 경우 2021년 3월 말에 재무제표를 발표합니다. 그래서 2020년 회계기준으로 흑자인 종목을 2021년 1월 첫 거래일에 매수한 것으로 백테스트를 진행한다면 문제가 됩니다. 그렇다고 2021년 3월 말에 매수하는 것으로 진행하는 것도 완전히 틀린 것은 아니지만 약간의 문제가 있습니다. 몇몇 기업은 3월 말 이후에 발표가 이루어지기 때문입니다. 또한 3월 말에 모든 기업이 재무제표를 발표하더라도 하루 이틀 만에 전 종목의 재무 데이터를 수집하는 것은 불가능에 가깝습니다. 따라서 3월 리밸런싱 시점에서는 전년도 재무제표가 아닌 전전년도 재무제표가 사용가능하며, 6월이 되어서야 전년도 재무제표를 사용가능한 것으로 가정하여 백테스트하였습니다. 이렇게 가정한 이유는 미래 참조 편향을 없애고 보다 현실에 가까운 백테스트를 하기 위함입니다.

재무제표 사용 예시

2021년 3월 리밸런싱: 2019년 확정 재무제표 사용
2021년 6월 리밸런싱: 2020년 확정 재무제표 사용
2021년 9월 리밸런싱: 2020년 확정 재무제표 사용
2021년 12월 리밸런싱: 2020년 확정 재무제표 사용

또한 매수 시점에 12월 결산법인인 경우만 백테스트에 포함시켰습니다. 한국 시장에 상장된 많은 기업이 12월 결산법인이지만 그렇지 않은 경우도 있습니다. 12월 결산법인이 아닌 경우 과연 어느 시점의 재무제표를 사용해야 하는지가 모호하고 복잡해지기 때문입니다. 3월 결산법인은 그래도 방법을 찾을 수는 있지만 더 복잡한 게 있습니다. 2023년 원고를 쓰고 있는 현재

시점에 현대약품은 11월 결산법인이며, 풍강은 8월 결산법인이고, JTC는 2월 결산법인입니다. 이렇듯 기업마다 다양한 결산 월을 가지고 있습니다. 기업들의 결산 월에 따라 다른 시기의 재무제표를 사용해야 하는데, 이는 복잡한 문제를 야기할 수 있습니다. 따라서 12월 결산법인이 아닌 종목들을 모두 제외하고 백테스트를 진행하였습니다.

만약 12월 결산법인이 아니었다가 중간에 12월 결산법인으로 바뀌었다면 바뀐 시점부터는 해당 종목을 백테스트에 추가하였습니다. 즉, 2010년까지는 3월 결산법인이었다가 2011년에는 12월 결산법인으로 바뀐 종목의 경우, 2010년까지는 백테스트에서 제외했다가 2011년부터는 백테스트에 포함시키는 식입니다. 물론 반대의 경우도 있을 수 있습니다. 과거에는 12월 결산법인이었다가 중간에 다른 결산 월로 바뀐 기업 역시 바뀌기 전에는 백테스트에 포함시켰으며, 12월 결산법인이 아닌 시점부터는 제외하였습니다.

2022년 12월 시점에서 KOSPI와 KOSDAQ 상장종목 중 12월 결산법인은 약 98% 수준입니다. 거의 대다수가 12월 결산법인이라는 사실을 알 수 있습니다. 따라서 최근 시점에서 본다면 12월 결산법인이 아닌 기업을 제외하는 것과 제외하지 않는 것에 백테스트 결과 차이가 크지 않을 것처럼 보입니다. 하지만 약 20년 전의 시점에서는 지금과 상황이 다릅니다. 2000년 12월 기준, 약 15%에 해당하는 종목이 12월 결산법인이 아니었습니다. 이러한 변화를 고려한다면 과거 백테스트 결과는 제법 차이가 있을 것이라고 짐작할 수 있습니다.

(2) 당기순이익 흑자/적자 백테스트

당기순이익 흑자/적자에 따른 백테스트

- **기간:** 2001년~2022년
- **대상:** KOSPI, KOSDAQ 상장종목 중 리밸런싱 시점 12월 결산법인
- **리밸런싱 주기:** 1년에 4회(3, 6, 9, 12월 마지막 거래일)
- **방법:** 리밸런싱 시점 전년도(단, 3월 리밸런싱의 경우 전전년도)에 당기순이익 흑자와 적자를 구분하여 2개의 그룹으로 나눕니다. 각 그룹에 속한 종목들을 동일가중으로 리밸런싱합니다.

[표 4-1] 당기순이익 흑자/적자에 따른 연도별 수익률

연도	흑자	적자	연도	흑자	적자
2001	42.17%	45.54%	2012	14.32%	8.55%
2002	−25.79%	−35.64%	2013	8.81%	−4.23%
2003	12.21%	−10.95%	2014	12.86%	11.85%
2004	−0.37%	−27.15%	2015	31.82%	66.91%
2005	125.65%	173.78%	2016	6.78%	7.45%
2006	−1.66%	−10.69%	2017	4.53%	−2.06%
2007	33.47%	2.48%	2018	−10.13%	−6.16%
2008	−43.79%	−62.06%	2019	8.35%	1.13%
2009	68.35%	51.23%	2020	34.50%	37.76%
2010	10.21%	0.16%	2021	23.54%	17.81%
2011	1.30%	−13.77%	2022	−22.85%	−31.04%

[그림 4-1] 당기순이익 흑자/적자 누적 수익 시뮬레이션(2001~2022년)

[표 4-2] 당기순이익 흑자/적자에 따른 수익률(CAGR) 요약 표

	2001~2022	2001~2017	2018~2022
흑자	10.78%	12.69%	4.53%
적자	2.26%	2.58%	1.21%
동일가중	8.45%	9.94%	3.51%
KOSPI	7.00%	9.79%	-1.95%
KOSDAQ	1.17%	2.49%	-3.18%
흑자-적자	8.52%p	10.11%p	3.32%p
흑자-동일가중	2.33%p	2.75%p	1.02%p
흑자-KOSPI	3.78%p	2.91%p	6.48%p
흑자-KOSDAQ	9.61%p	10.20%p	7.71%p

22년간 흑자 그룹의 CAGR은 10.78%이며, 적자 그룹의 CAGR은 2.26%입니다. 두 그룹의 CAGR 차이는 8.52%p입니다. 그리고 이미 Section 3에서 살펴봤듯이 전 종목 동일가중 CAGR은 8.45%였습니다. 흑자 그룹이 전 종목 동일가중보다 2.33%p 더 높습니다. 기존 투자 통념대로 적자 그룹보다 흑자 그룹의 수익률이 더 좋은 결과를 보였음을 알 수 있습니다. 그러나 항상 흑자 그룹이 우수한 것은 아닙니다. 전체 22번의 기간 중 5번의 기간에서는 적자 그룹의 수익률이 더 우수한 결과를 보였습니다. 적자 그룹이 우세한 기간은 [표 4-1]에 음영으로 표시했습니다.

[그림 4-1]을 살펴보겠습니다. 2001년부터 2022년까지 단순하게 전년도 당기순이익 흑자인 모든 종목을 동일가중으로 매수하여 분기 리밸런싱만 하였다면 100만 원이 952만 원이 됩니다. 반면 전년도 적자종목을 같은 방법으로 진행했다면 100만 원은 고작 164만 원이 되어있을 것입니다.

22년 동안 아무 생각 없이 흑자종목을 전부 동일가중으로 투자하는 간단한 방법으로도 상당히 괜찮은 수익률을 달성할 수 있었다는 사실은 우리를 놀라게 합니다. 흥미로운 점은 적자인 종목을 모두 동일가중으로 투자하는 방법도 손실이 나지는 않았다는 점입니다. 이렇게 주식투자가 쉽다면 도대체 손실 나는 투자자는 왜 존재하는 것일까요? 대다수의 투자자가 이런 방법으로 투자하지 않기 때문입니다. 투자자는 스스로 전망이 좋은 종목을 찾아다니며 단기적인 유행 종목을 사고팝니다. 단순한 방법으로 얻는 수익보다 높은 수익을 얻으려는 행동이 오히려 수익을 해치는 경우가 많습니다. 전년도 흑자종목을 모두 매수하는 방법은 상당히 무식해 보이는데도 수익률은 상당히 훌륭합니다.

② 영업이익 흑자와 적자

앞에서 당기순이익으로 테스트해 봤으니 이제는 영업이익으로 테스트를 해보겠습니다. 똑같은 방법으로 당기순이익을 영업이익으로 바꾸어서 진행해 보는 것입니다.

영업이익 흑자/적자에 따른 백테스트

- **기간:** 2001년~2022년
- **대상:** KOSPI, KOSDAQ 상장종목 중 리밸런싱 시점 12월 결산법인
- **리밸런싱 주기:** 1년에 4회(3, 6, 9, 12월 마지막 거래일)
- **방법:** 리밸런싱 시점 전년도(단, 3월 리밸런싱의 경우 전전년도)에 영업이익 흑자와 적자를 구분하여 2개의 그룹으로 나눕니다. 각 그룹에 속한 종목들을 동일가중으로 리밸런싱합니다.

[표 4-3] 영업이익 흑자/적자에 따른 연도별 수익률

연도	흑자	적자	연도	흑자	적자
2001	45.22%	22.39%	2012	14.08%	7.71%
2002	-25.90%	-40.10%	2013	7.45%	-3.04%
2003	11.63%	-12.57%	2014	13.39%	9.88%
2004	-0.68%	-30.27%	2015	33.73%	71.51%
2005	125.87%	177.93%	2016	6.69%	8.72%
2006	-1.26%	-12.24%	2017	3.53%	-0.07%
2007	32.64%	3.11%	2018	-9.59%	-7.52%
2008	-43.68%	-63.40%	2019	8.85%	-3.07%
2009	70.03%	41.18%	2020	34.39%	39.06%
2010	10.85%	-4.45%	2021	23.06%	17.27%
2011	0.01%	-12.47%	2022	-22.87%	-32.21%

[그림 4-2] 영업이익 흑자/적자 누적 수익 시뮬레이션(2001~2022년)

[표 4-4] 영업이익 흑자/적자에 따른 수익률(CAGR) 요약 표

	2001~2022	2001~2017	2018~2022
흑자	10.86%	12.75%	4.65%
적자	0.13%	0.22%	−0.18%
동일가중	8.45%	9.94%	3.51%
KOSPI	7.00%	9.79%	−1.95%
KOSDAQ	1.17%	2.49%	−3.18%
흑자-적자	10.73%p	12.53%p	4.83%p
흑자-동일가중	2.41%p	2.81%p	1.14%p
흑자-KOSPI	3.86%p	2.97%p	6.60%p
흑자-KOSDAQ	9.69%p	10.26%p	7.83%p

당기순이익을 영업이익으로 대체하여 백테스트를 해도 역시 비슷한 결과에 도달합니다. 전년도 영업이익 흑자인 종목들에 동일가중으로 매수하여 리밸런싱하는 방법으로 투자하면 22년 동안 CAGR은 10.86%가 나옵니다. 반면에 같은 방법으로 영업이익 적자인 종목들에 투자했다면 CAGR은 0.13%입니다. 하지만 항상 영업이익 흑자 그룹이 적자 그룹보다 수익률이 좋은 것은 아닙니다. 22번의 기간 중에 5번의 기간에서는 적자 그룹의 수익률이 더 좋았습니다. [표 4-3]에 이 5번의 기간을 음영으로 표시해 두었습니다.

영업이익 흑자 그룹과 적자 그룹의 CAGR 차이는 10.73%p입니다. 여기서 잠깐 생각해 볼 것이 있습니다. 앞에서 당기순이익을 기준으로 백테스트한 두 그룹의 CAGR 차이는 8.52%p였다는 점을 기억해 보세요. 수익률 차이가 2%p가량 더 늘어났습니다. 이 결과는 흑자, 적자를 구분하여 투자한다면 당기순이익보다 영업이익이 조금 더 좋은 재무제표 항목임을 의미합니다.

③ 당기순이익과 영업이익의 4가지 유형

지금까지 당기순이익이 흑자인 종목을 모두 매수하는 방법과 영업이익이 흑자인 종목을 모두 매수하는 방법이 얼마나 좋은지를 각각 살펴보았습니다. 이쯤 되면 당연히 궁금한 점이 추가로 생깁니다. 당기순이익과 영업이익이 동시에 흑자인 종목들은 수익률이 더 높을 것이고, 동시에 적자인 종목들은 수익률이 더 낮을 것이라는 생각입니다. 정말 그럴까요? 이번에는 영업이익과 당기순이익을 가지고 아래와 같이 4개의 유형으로 만듭니다. 그리고 각각의 수익률을 살펴보도록 하겠습니다.

1	당기순이익 흑자 – 영업이익 흑자
2	당기순이익 흑자 – 영업이익 적자
3	당기순이익 적자 – 영업이익 흑자
4	당기순이익 적자 – 영업이익 적자

당기순이익과 영업이익 흑자/적자에 따른 백테스트

- **기간:** 2001년~2022년
- **대상:** KOSPI, KOSDAQ 상장종목 중 리밸런싱 시점 12월 결산법인
- **리밸런싱 주기:** 1년에 4회(3, 6, 9, 12월 마지막 거래일)
- **방법:** 리밸런싱 시점 전년도(단, 3월 리밸런싱의 경우 전전년도)에 당기순이익과 영업이익의 흑자와 적자를 구분하여 4개의 그룹으로 나눕니다. 각 그룹에 속한 종목들을 동일가중으로 리밸런싱합니다.

[표 4-5] 흑자/적자 4가지 유형에 따른 연도별 수익률

연도	당기순이익 흑자 영업이익 흑자	당기순이익 흑자 영업이익 적자	당기순이익 적자 영업이익 흑자	당기순이익 적자 영업이익 적자
2001	42.39%	37.15%	74.88%	19.59%
2002	−25.56%	−35.18%	−29.45%	−40.85%
2003	12.50%	5.73%	3.12%	−15.28%
2004	0.22%	−13.31%	−9.32%	−32.66%
2005	122.50%	203.40%	168.76%	173.30%
2006	−1.49%	−4.63%	2.37%	−13.50%
2007	34.13%	20.81%	12.32%	0.37%
2008	−43.00%	−57.26%	−51.60%	−64.26%
2009	69.05%	54.26%	81.22%	39.93%
2010	10.26%	10.98%	12.24%	−5.89%

2011	1.38%	0.54%	−11.57%	−14.67%
2012	14.62%	−2.23%	9.97%	8.68%
2013	9.09%	1.97%	−6.07%	−3.48%
2014	13.09%	4.21%	15.80%	10.24%
2015	30.87%	69.71%	57.41%	71.54%
2016	6.93%	−3.41%	4.29%	8.98%
2017	4.56%	2.32%	−4.97%	−0.89%
2018	−10.40%	−1.22%	−2.11%	−8.45%
2019	8.50%	4.37%	11.40%	−3.71%
2020	34.19%	43.92%	35.45%	38.65%
2021	22.78%	43.18%	25.39%	14.61%
2022	−22.53%	−29.67%	−27.24%	−32.78%
CAGR	10.89%	8.02%	9.79%	−1.15%

[그림 4-3] 흑자/적자 4가지 유형 누적 수익 시뮬레이션(2001~2022년)

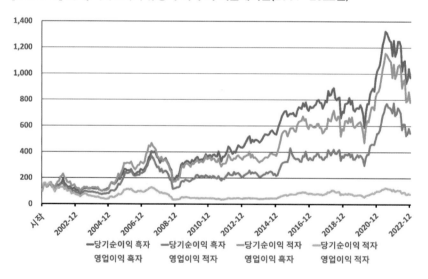

당기순이익 흑자 영업이익 흑자 / 당기순이익 흑자 영업이익 적자 / 당기순이익 적자 영업이익 흑자 / 당기순이익 적자 영업이익 적자

[표 4-6] 흑자/적자 4가지 유형 수익률(CAGR) 요약 표

당기순이익/영업이익	2001~2022	2001~2017	2018~2022
흑자/흑자	10.89%	12.87%	4.41%
흑자/적자	8.02%	7.92%	8.36%
적자/흑자	9.79%	10.89%	6.15%
적자/적자	−1.15%	−1.13%	−1.19%

당기순이익, 영업이익과 같은 재무제표 항목은 매일매일 시장에 따라 변경되지 않습니다. 우리가 진행한 백테스트는 분기 리밸런싱을 진행하였지만 재무제표는 분기 재무제표가 아닌 회계연도 재무제표를 사용하였습니다. 따라서 이번 Section 4의 백테스트의 경우 6월에 활발한 종목 교체가 일어납니다. 9월, 12월, 3월 리밸런싱 시점에는 종목 교체가 거의 일어나지 않으며, 종목 비중만 동일가중으로 맞추는 리밸런싱이 진행됩니다. 하지만 뒤에 나오는 배당수익률, PER, PBR, PSR, PCR, 변동성, 모멘텀, 소형주 투자 등의 백테스트는 모두 분기마다 활발한 종목 교체가 일어나게 됩니다.

4가지 유형에 대한 백테스트 결과 순위는 누구나 예상했던 그대로입니다. 당기순이익과 영업이익이 모두 흑자인 그룹이 가장 수익률이 높습니다. 그리고 가장 최악은 모두 적자인 그룹입니다.

추가적으로 생각해 봐야 할 점이 있습니다. 당기순이익과 영업이익이 모두 흑자인 그룹의 수익률이 둘 중 하나만 흑자인 그룹의 수익률에 비해서 압도적으로 좋지는 않다는 점입니다. 앞의 [표 4-2]에서 살펴봤듯이 단순히 당

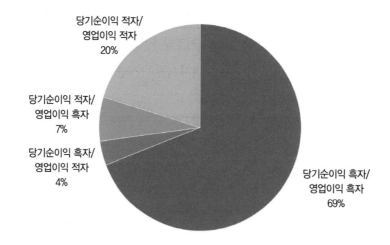

[그림 4-4] 2021년 회계기준 4개 유형의 종목 수 비중

당기순이익 적자/
영업이익 적자
20%

당기순이익 적자/
영업이익 흑자
7%

당기순이익 흑자/
영업이익 적자
4%

당기순이익 흑자/
영업이익 흑자
69%

기순이익 흑자인 종목에 모두 투자하는 방법은 10.78%이며, [표 4-4]에서 살펴봤듯이 단순히 영업이익 흑자인 종목을 모두 투자하는 방법은 10.86%입니다. [표 4-6]을 보면 당기순이익과 영업이익이 동시에 흑자인 종목에 투자하는 방법은 10.89%입니다. 3가지 수익률에 큰 차이가 나지 않습니다.

3가지 수익률 간에 큰 차이가 나타나지 않는 이유는 당기순이익과 영업이익 간의 상관성이 높기 때문입니다. 참고로 2021년 기준으로 상장종목을 4개 유형으로 구분하면 당기순이익과 영업이익이 모두 흑자인 유형은 69%로, 이 유형의 비중이 압도적으로 높습니다. 세부적으로 살펴보면, 당기순이익이 흑자라면 영업이익 역시 흑자일 확률은 95%, 영업이익이 흑자라면 당기순이익 역시 흑자일 확률은 91%에 달합니다. 이에 따라 투자 시 흑자/적자를 구분하여 고려할 때, 당기순이익과 영업이익 중 하나만을 고려하는 경우와 두 항목을 모두 고려하는 경우에 큰 차이가 없다는 결론을 내릴 수 있습니다.

한 가지 더 살펴보겠습니다. [표 4-6]을 살펴보면, 특이하게 최근 5년의 모습은 오히려 당기순이익이 흑자이면서 동시에 영업이익은 적자인 종목의 수익률이 가장 높았습니다. 2001년부터 2017년의 백테스트 결과만 확인하고 2018년부터 투자를 했다면, 백테스트와는 다른 5년 동안의 모습에 당황했을 것입니다. 하지만 이것은 곧 이전 백테스트 결과로 회귀할 것으로 생각됩니다. 당기순이익이 흑자이면서 영업이익이 적자인 케이스는 매년 소수의 종목이 해당됩니다(2021년 회계기준으로는 4%가 이 비중에 속합니다). 그룹에 속한 종목 수 자체가 소수라면 몇몇 종목 급등락이 그룹 수익률에 큰 영향을 미치게 됩니다. 따라서 통계적으로 큰 의미를 두기는 어렵습니다. 확실한 것은 영업이익과 당기순이익이 모두 적자인 종목은 피해야 한다는 것입니다. [그림 4-4]를 보면 알 수 있듯이 둘 다 적자인 종목은 결코 소수가 아닙니다(2021년 회계기준 약 20% 비중입니다). 이것은 통계적으로도 의미가 있습니다.

핵심 요약

1 흑자인 종목을 동일가중으로 투자한다면 전 종목을 동일가중으로 투자하는 것보다 더 수익률을 높일 수 있습니다.

2 당기순이익으로 흑자/적자를 구분하는 것과 영업이익으로 흑자/적자를 구분하는 것은 비슷한 결과를 나타냅니다(영업이익으로 구분하는 것이 조금 더 유용합니다).

3 당기순이익과 영업이익이 동시에 흑자인 종목은 수익률이 높습니다. 하지만 단순히 한 가지 항목만 흑자인 종목과 비교했을 때 크게 좋지는 않았습니다. 이 둘의 상관성이 매우 높기 때문입니다. 당기순이익이 흑자라면 95% 확률로 영업이익도 흑자입니다(2021년 회계기준).

4 당기순이익과 영업이익이 모두 적자인 경우는 반드시 피해야 합니다.

05

가장 좋은
현금흐름표의 모습

QUANTITATIVE INVESTING

① 현금흐름표 이해하기

투자자들이 가장 주목하는 재무제표는 재무상태표와 손익계산서입니다. 앞에서 살펴본 당기순이익과 영업이익은 모두 손익계산서에서 알 수 있는 항목입니다. 손익계산서는 현금흐름과 상관없이 사건이 발생하는 것에 따라 작성됩니다. 즉, 제조업체가 제품을 판매하면 매출액으로 인식되며 각종 비용을 제외한 최종적인 이익이 계산됩니다. 그러나 이익과 현금은 다르게 흐릅니다. 매출은 일어났으나 현금을 이후에 받기로 한 경우 손익계산서에 이익은 났지만 현금은 아직 들어오지 않았을 수 있습니다. 또한 비용 중에서는 현금이 나가지 않는 비용이 있기도 합니다. 예를 들어, 공장을 운영하면서 기계가 마모되면 손익계산서에 감가상각비로 나타나지만 실제로는 그에 따른 현금이 나가는 것이 아닙니다. 이렇게 현금과 이익은 별개로 움직이다 보니 투자자들은 실제로 현금이 어떻게 움직였는가를 궁금해할 수 있습니다. 이것을 살펴볼 수 있는 재무제표가 바로 현금흐름표입니다. 현금흐름표는 크게 3가지로 구성되어 있습니다. ①영업활동으로 인한 현금흐름, ②투자활동으로 인한 현금흐름, ③재무활동으로 인한 현금흐름입니다. 이 3가지 항목이 어떤 모습을 보이는 게 좋을까요?

① 영업활동으로 인한 현금흐름은 말 그대로 영업을 통해 기업에 현금이 들어올 때 플러스가 되며, 영업 활동으로 인해 현금이 나갈 때 마이너스가 됩니다. 간단하게 생각하더라도 이 값이 플러스인 경우가 바람직합니다.

② 투자활동으로 인한 현금흐름은 해당 기업이 기계나 공장 등의 자산을 매각하여 현금을 얻는 경우 플러스가 되며, 사업 확장을 위해 자산을 취득하면서 현금이 나가는 경우 마이너스가 됩니다. 일반적으로는 기업이 지속적으로 활동하고 사업을 확장하는 것이 긍정적으로 평가되므로 마이너스값을 더 바람직한 모습으로 간주합니다.

③ 재무활동으로 인한 현금흐름은 은행 대출을 받으면 현금이 유입되어 플러스가 되며, 대출 상환이나 배당 지급으로 인해 현금이 빠져나가면 마이너스가 됩니다. 대부분의 투자자는 부채 감소를 선호하고, 배당금을 지급하는 기업을 긍정적으로 평가합니다. 따라서 일반적으로 마이너스값이 더 좋다고 여겨집니다.

② 현금흐름표 8개 유형의 백테스트

앞의 내용을 정리하자면 영업활동으로 인한 현금흐름은 플러스, 투자활동으로 인한 현금흐름은 마이너스, 재무활동으로 인한 현금흐름은 마이너스인 기업이 가장 이상적인 현금흐름표의 모습입니다. 실제로도 많은 투자자들이 이런 기업을 선호하고 있습니다. 현금흐름표 항목으로 다음과 같이 8개 유형을 나눌 수 있습니다.

[표 5-1] 현금흐름표에 따른 8개 유형

	A유형	B유형	C유형	D유형	E유형	F유형	G유형	H유형
영업활동	+	+	+	−	+	−	−	−
투자활동	+	+	−	+	−	+	−	−
재무활동	+	−	+	+	−	−	+	−

앞에서 알아본 바에 따르면 8개 유형 중 E유형의 수익률이 가장 높을 것으로 예상됩니다. 가장 수익률이 낮을 것으로 예상되는 유형은 D유형입니다. E유형과 정반대이기 때문입니다. 정말 그런지 백테스트 결과를 확인해 보겠습니다.

현금흐름표 8개 유형 백테스트

- **기간:** 2001년~2022년
- **대상:** KOSPI, KOSDAQ 상장종목 중 리밸런싱 시점 12월 결산법인
- **리밸런싱 주기:** 1년에 4회(3, 6, 9, 12월 마지막 거래일)
- **방법:** 리밸런싱 시점 전년도(단, 3월 리밸런싱의 경우 전전년도)에 현금흐름표를 바탕으로 유형에 따라 8개의 그룹으로 나눕니다. 각 그룹에 속한 종목들을 동일가중으로 리밸런싱합니다.

[표 5-2] 현금흐름표 8개 유형 연도별 수익률

연도	A유형	B유형	C유형	D유형	E유형	F유형	G유형	H유형
2001	37.95%	54.41%	42.94%	34.81%	55.07%	33.52%	27.78%	41.35%
2002	−47.96%	−12.94%	−25.57%	−30.49%	−14.73%	−16.18%	−49.88%	−41.29%
2003	−13.34%	11.87%	7.96%	−3.98%	14.01%	−4.42%	−13.19%	4.03%
2004	8.84%	6.09%	−6.84%	−20.88%	5.38%	−23.98%	−32.41%	13.28%
2005	119.81%	164.72%	120.65%	156.29%	122.47%	183.32%	167.44%	91.82%
2006	−18.92%	19.38%	−7.70%	−21.21%	5.45%	−10.31%	−11.62%	−20.15%
2007	76.75%	37.39%	26.17%	9.86%	40.88%	18.39%	9.15%	24.54%
2008	−56.30%	−42.99%	−45.42%	−59.95%	−40.61%	−48.14%	−62.26%	−47.68%
2009	109.36%	56.08%	73.01%	55.11%	66.09%	41.05%	50.17%	41.30%
2010	−17.05%	9.98%	9.89%	6.27%	17.76%	−6.01%	−5.98%	14.01%
2011	20.34%	6.66%	1.29%	−22.55%	0.42%	−9.25%	−15.09%	25.00%
2012	−27.80%	8.21%	10.95%	−6.49%	21.03%	16.59%	7.46%	35.35%
2013	25.12%	6.33%	5.94%	2.76%	10.68%	4.04%	−5.91%	16.44%
2014	0.48%	13.01%	11.46%	7.35%	13.00%	25.07%	8.02%	42.87%
2015	45.59%	51.55%	34.53%	70.56%	34.76%	69.23%	48.21%	36.85%
2016	23.68%	9.24%	2.95%	4.14%	10.68%	7.60%	3.39%	14.22%
2017	−0.33%	−0.17%	3.83%	−2.07%	2.48%	−8.25%	2.63%	20.68%
2018	−10.11%	−2.70%	−13.12%	−3.22%	−8.29%	−2.24%	−10.81%	−7.72%
2019	19.75%	14.51%	4.67%	−8.16%	8.38%	1.23%	0.60%	18.65%
2020	57.91%	29.33%	42.51%	55.54%	31.29%	21.84%	31.03%	49.10%
2021	6.37%	26.69%	18.97%	21.14%	24.65%	36.64%	14.65%	5.94%
2022	−29.72%	−22.42%	−28.34%	−32.48%	−18.90%	−22.45%	−32.29%	−32.00%
CAGR	6.54%	15.09%	8.50%	2.27%	14.24%	7.53%	−1.69%	10.94%

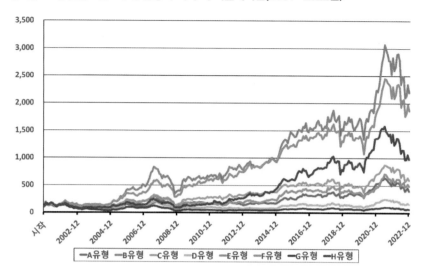

[그림 5-1] 현금흐름표 8개 유형 누적 수익 시뮬레이션(2001~2022년)

—A유형 —B유형 —C유형 —D유형 —E유형 —F유형 —G유형 —H유형

[표 5-3] 현금흐름표 8개 유형 수익률(CAGR) 요약 표

	2001~2022	2001~2017	2018~2022
A유형	6.54%	7.03%	4.91%
B유형	15.09%	17.51%	7.21%
C유형	8.50%	10.48%	2.01%
D유형	2.27%	2.21%	2.49%
E유형	14.24%	16.88%	5.70%
F유형	7.53%	8.28%	5.02%
G유형	−1.69%	−1.65%	−1.81%
H유형	10.94%	13.30%	3.29%

　　백테스트를 진행하기 전까지는 E유형이 가장 높은 수익률이 나올 것이라 예상했습니다. E유형이 상당히 좋은 성과를 보인 것은 사실이지만 최고는 아니고 두 번째였습니다. 실제 백테스트 결과를 살펴보면 가장 높은 수익률

을 기록한 것은 B유형이었습니다. 반면에 백테스트 이전에는 D유형의 수익률이 가장 낮을 것으로 예상했는데, 실제로 수익률이 나쁜 것은 맞았지만 그 이상으로 G유형이 최악의 수익률을 보였습니다. 최고가 B유형이며 최악이 G유형인 현상은 최근 5년간에도 계속되고 있습니다. 2001년부터 2017년까지의 백테스트 결과를 확인한 후, 2018년부터 5년 동안 B유형으로 투자하더라도 8개 유형 중 최고의 수익률을 얻을 수 있었습니다. B유형은 영업활동으로 인한 현금흐름이 플러스, 투자활동으로 인한 현금흐름이 플러스, 재무활동으로 인한 현금흐름이 마이너스인 현금흐름표 유형을 의미합니다.

그러나 [표 5-3]을 살펴보면 강도는 약해졌습니다. 최근 5년 동안 유형별 수익률 차이가 과거에 비해 많이 축소된 것을 확인할 수 있습니다. 즉, 과거(2001~2017년)에는 최고 수익률을 기록한 B유형의 CAGR이 17.51%이며, 최저 수익률을 보인 G유형의 CAGR이 -1.65%로 차이가 19.16%p로 매우 크게 벌어졌습니다. 이는 과거에는 현금흐름표를 유형별로 나누어서 투자하는 것이 상당한 유용성을 가졌음을 시사합니다. 그러나 최근 5년(2018~2022년) 동안에는 최고 수익률을 기록한 B유형의 CAGR이 7.21%, 최저 수익률을 기록한 G유형이 -1.81%로 차이가 9.02%p입니다. 이것은 현금흐름표 유형별로 투자하는 유용성이 여전히 존재하지만, 그 강도가 줄어든 것을 시사합니다. 최근 5년 동안의 이러한 추세는 일시적인 현상일 수 있고, 시장이 효율적으로 변해가는 과정일 수도 있습니다. 일시적인 현상이라면 크게 문제될 것은 없습니다. 하지만 시장이 효율적으로 변해가는 것은 문제가 됩니다. 퀀트 투자는 시장의 비효율적인 면을 이용하여 초과수익을 얻는 방식이기 때문입니다. 초과수익의 변화에 대한 논의는 Chapter 3과 Chapter 4에서 더 자세히 다루겠습니다.

1 현금흐름표의 3가지 항목으로 8개 유형을 만들 수 있습니다.

2 투자자들이 일반적으로 선호하는 유형은 영업활동으로 인한 현금흐름 플러스, 투자활동으로 인한 현금흐름 마이너스, 재무활동으로 인한 현금흐름 마이너스인 유형입니다.

3 백테스트를 수행하면 투자자들이 선호하는 유형의 수익률이 상당히 높습니다. 하지만 더 수익률이 높은 유형은 영업활동으로 인한 현금흐름 플러스, 투자활동으로 인한 현금흐름 플러스, 재무활동으로 인한 현금흐름 마이너스인 유형입니다.

4 아쉽게도 최근 5년은 과거에 비해 현금흐름표 유형별로 구분하여 투자하는 방법의 유용성이 줄어든 것으로 나타납니다.

06

마음 편한
배당주 투자

QUANTITATIVE   INVESTING

① 고배당주 투자의 장점

　은행에 예금하거나 채권을 보유하면 정기적으로 이자를 받는 것처럼 주식을 보유하게 되면 배당을 받을 수 있습니다. 그러나 은행예금 이자나 채권 이자와는 달리 배당금은 일정하지 않습니다. 동일한 주식을 보유하고 있더라도 어떤 시기에는 많은 배당을 받을 수 있고, 어떤 시기에는 적거나 아예 받지 못할 수도 있습니다. 그러나 기업의 배당정책은 어느 정도의 일관성을 유지하기 때문에 전년도 배당금을 많이 준 주식은 올해도 배당금을 많이 줄 거라고, 전년도 배당금을 주지 않은 주식은 올해도 배당금을 주지 않을 거라고 예측할 수 있습니다.

　주가에 비해 높은 배당금을 주는 주식에 투자하는 방법을 '고배당주 투자'라고 합니다. 이 방법은 주가 상승이 없더라도 배당금을 정기적으로 받게 되니 투자자에게 심리적인 안정감을 제공합니다. 많은 투자자들이 고배당주 투자를 선호하는 이유 중 하나입니다. 예를 들어, 1만 원에 거래되는 주식을 매수했는데 주당 500원의 배당을 받는다면 수익률은 5%가 됩니다. 주가가 변동이 없더라도 5%의 배당 수익을 얻을 수 있습니다.

② 고배당주 투자에 대한 서로 다른 생각

데이비드 드레먼(David Dreman)은 그의 저서 《역발상 투자》[2]에서 미국 주식을 분석한 결과 '고배당 전략은 시장 대비 연간 0.9%p 초과수익을 올렸고, 배당이 적거나 없는 주식 대비 연간 4.0%p 초과수익을 달성하였다'라고 언급하였습니다. 고배당 전략은 유의미한 전략임을 강조하고 있습니다.

피트 황의 저서 《치과의사 피트씨의 똑똑한 배당주 투자》[3]에서는 배당주 투자에 대한 성공 사례를 일반투자자들이 이해하기 쉽게 설명해 주고 있습니다. 배당주 투자는 단지 배당만을 노리는 투자가 아니라 배당에 시세차익까지 누릴 수 있으며 배당을 주는 기업은 대체적으로 재무가 안정적임을 강조하고 있습니다.

그러나 고배당주 투자에 대해 중요하지 않다는 주장도 있습니다. 많은 투자자들이 배당을 받으면 마치 공짜 돈을 받는 것처럼 생각하지만, 세상에는 공짜가 없습니다. 주주들에게 지급되는 배당금은 기업이 보유한 자본에서 빠져나가게 됩니다. 동일한 이익을 올리는 두 기업 중에서 상대적으로 배당

2 데이비드 드레먼, 《역발상 투자》, 신가을 역, 이레미디어, 2017.
3 피트 황, 《치과의사 피트씨의 똑똑한 배당주 투자》, 스마트북스, 2016.

을 많이 하는 기업은 자본 증가 속도가 느리고, 반면에 배당을 하지 않거나 적게 하는 기업은 자본 증가 속도가 빠를 것입니다. 배당을 하지 않는 기업이 자본 증가 속도가 빠르므로 주가 상승률은 오히려 더 높을 수 있다는 주장이 나옵니다.

워런 버핏(Warren Buffett)이 대주주로 있는 버크셔 해서웨이(Berkshire Hathaway Inc.)는 배당을 하지 않는 것으로 잘 알려져 있습니다. 워런 버핏은 회사의 이익을 배당으로 나누는 대신 그 자본을 다른 사업에 투자하는 방법으로 더 높은 수익을 창출할 수 있다고 믿기 때문입니다.

성장주 투자의 대가 필립 피셔(Philip Fisher)는 그의 저서 《위대한 기업에 투자하라》[4]에서 '사실 위대한 기업의 주식을 고르려는 투자자라면 배당금 문제는 최우선 고려 사항이 아니라 맨 마지막에 고려해야 할 사항이다'라고 밝히고 있습니다. 필립 피셔는 고배당주 투자에 큰 이점을 느끼지 못했던 것으로 보입니다.

머튼 밀러(Merton Miller)와 프랑코 모딜리아니(Franco Modigliani)는 1961년에 논문 〈배당 정책, 성장 그리고 주식의 가치 평가〉[5]를 발표합니다. 세금, 거래비용, 그 밖에 시장 불완전성이 없는 세계에서 배당 정책은 기업가치와 무관하다는 게 요지입니다. 이 이론을 '배당 무관련성 이론'이라고 합니다. 이 이론이 맞다면 인위적으로 배당을 늘려 주가를 올릴 수 없습니다.

---

4 필립 피셔, 《위대한 기업에 투자하라》, 박정태 역, 굿모닝북스, 2005.
5 M. Miller and F. Modigliani, "Dividend Policy, Growth, and the Valuation of Shares," The Journal of Business, Vol. 34, No. 4, 1961, pp. 411–433.

③ 전년도 배당 유무에 따른 백테스트

앞에서 알아본 것과 같이 고배당주 투자에 대한 입장은 긍정적이거나 부정적이며 혹은 중립적일 수 있습니다. 어떻게 들으면 이 주장이 옳은 것처럼 생각되고, 또 어떻게 들으면 저 주장이 옳은 것처럼 생각됩니다. 각자의 주장 모두 논리적인 근거가 존재하기 때문입니다. 퀀트투자자의 자세는 세상에 나도는 얘기를 역사적 데이터로 검증해 보는 것이겠죠. 배당에 따른 백테스트를 진행해 보겠습니다.

특정 연도에 배당이 있을지 없을지는 다음 해 이사회 결의일이 되어야 알 수 있습니다. 1월 초에 교체 매매를 하는 것으로 수익률을 테스트하면 미래 참조 편향에 빠질 수 있습니다. 이러한 편향을 피하기 위해 우리는 앞에서 했던 것과 마찬가지로 6월이 되어서야 전년도 재무제표를 확인할 수 있다고 가정하겠습니다.

현금배당 유/무에 따른 백테스트

- **기간:** 2001년~2022년
- **대상:** KOSPI, KOSDAQ 상장종목 중 리밸런싱 시점 12월 결산법인
- **리밸런싱 주기:** 1년에 4회(3, 6, 9, 12월 마지막 거래일)
- **방법:** 리밸런싱 시점 전년도(단, 3월 리밸런싱의 경우 전전년도)에 현금배당이 있는 종목과 없는 종목으로 구분하여 2개의 그룹으로 나눕니다. 각 그룹에 속한 종목들을 동일가중으로 리밸런싱합니다.

[표 6-1] 현금배당 유/무에 따른 연도별 수익률

연도	배당 있음	배당 없음	연도	배당 있음	배당 없음
2001	37.69%	49.08%	2012	13.32%	11.26%
2002	−19.32%	−37.03%	2013	11.06%	−2.19%
2003	13.72%	−4.63%	2014	12.45%	12.76%
2004	5.05%	−23.03%	2015	25.60%	61.29%
2005	112.98%	170.62%	2016	5.51%	8.64%
2006	0.82%	−10.49%	2017	3.00%	2.63%
2007	35.82%	10.52%	2018	−9.99%	−8.90%
2008	−41.66%	−58.65%	2019	7.17%	4.88%
2009	65.04%	59.50%	2020	30.63%	42.30%
2010	15.08%	−1.58%	2021	20.98%	22.34%
2011	0.17%	−5.38%	2022	−19.19%	−31.67%

[그림 6-1] 현금배당 유/무에 따른 누적 수익 시뮬레이션(2001~2022년)

[표 6-2] 현금배당 유/무에 따른 수익률(CAGR) 요약 표

	2001~2022	2001~2017	2018~2022
배당 있음	11.15%	13.26%	4.26%
배당 없음	4.86%	5.54%	2.59%
동일가중	8.45%	9.94%	3.51%
KOSPI	7.00%	9.79%	−1.95%
KOSDAQ	1.17%	2.49%	−3.18%
배당 있음−배당 없음	6.28%p	7.72%p	1.67%p
배당 있음−동일가중	2.70%p	3.31%p	0.75%p
배당 있음−KOSPI	4.14%p	3.47%p	6.21%p
배당 있음−KOSDAQ	9.97%p	10.77%p	7.44%p

배당금이 있는 그룹의 22년간 CAGR은 11.15%였습니다. 반면 배당금이 없는 그룹은 4.86%로 저조하였습니다. 이 수익률은 배당금 수익을 제외하고 주가 상승률만으로 수익률을 고려한 것입니다. 배당금까지 수익률에 반영한다면 배당 있는 그룹의 수익률은 테스트 결과보다 더 높아질 것입니다. 배당금이 있는 그룹의 수익률이 그렇지 않은 그룹보다 항상 수익률이 높았던 것은 아닙니다. 22년의 기간 중에 8번의 기간에서는 배당이 없는 그룹의 수익률이 더 높았습니다. 이 8번의 기간을 [표 6-1]에 표시해 두었습니다.

2001년 100만 원으로 전년도에 배당금을 준 주식을 전부 다 투자하는 방법을 사용하였다면 2022년 말에는 총 1,022만 원이 되었을 겁니다. 반면 전년도 배당금을 주지 않은 종목을 전부 다 투자했다면 고작 284만 원이 되어 있을 것입니다.

기간별로 살펴보면 흥미로운 사실을 알 수 있습니다. 배당금 여부에 따른 투자법의 유용성이 과거에 비해 최근 5년은 많이 줄어들었다는 점입니다.

2001년부터 2017년의 기간에서는 배당이 있는 그룹과 없는 그룹의 CAGR 차이가 7.72%p였습니다. 하치만 최근 5년은 이 차이가 1.67%p로 줄어들었습니다. 또한 전 종목 동일가중 수익률과도 비교해 볼 수 있습니다. 2001년부터 2017년의 기간에서는 배당이 있는 그룹과 전 종목 동일가중 투자 방법의 CAGR 차이가 3.31%p였으나 최근 5년은 0.75%p입니다. 최근 5년은 전 종목을 동일가중으로 투자하는 것이나 배당이 있는 종목만 골라서 동일가중으로 투자한 것이나 큰 차이가 없었음을 의미합니다. 배당금을 주는 주식만 골라서 투자하는 것으로 엄청난 이점을 누릴 수 있었던 과거와 달리, 최근 5년은 약간의 이점만 누릴 수 있었습니다. 앞으로는 어떻게 될까요? 명확한 답을 드릴 수는 없으나 이 책의 Chapter 3과 Chapter 4에서 여기에 대한 힌트를 얻을 수 있을 것입니다.

④ 배당수익률 백테스트

배당을 주는 종목이 배당을 주지 않는 종목보다 높은 수익률을 보인다는 사실을 확인했습니다. 하지만 배당을 주는 종목들 사이에서도 종목마다 배당금과 주가가 다르게 나타납니다. 예를 들어 주가가 1만 원인 종목이 있습니다. A주식은 배당으로 500원을 주고 B주식은 250원을 줍니다. A주식은 배당을 통해 5%의 수익을 얻을 수 있고 B주식은 2.5%의 수익을 얻을 수 있습니다. 모든 것이 동일하다면 일반적인 투자자는 A주식을 더 선호할 것입니다.

그렇다면 A주식이 주가상승률도 높을까요? 이제부터 배당을 주는지 주지 않는지를 구분하는 것이 아니라 배당수익률이 높은 종목일수록 주가 상승률도 더 높은 경향성이 있는지를 알아보도록 하겠습니다. 배당수익률은 전년도 주당 현금배당금을 현재 주가로 나누어서 구합니다. 백테스트는 전년도 배당을 하지 않은 종목은 제외하고 전년도 배당을 한 종목만을 대상으로 하였습니다.

$$배당수익률 \ = \ \frac{전년도 \ 주당 \ 현금배당금}{현재 \ 주가}$$

우리는 지금까지 그룹을 여러 가지 유형으로 나누어서 백테스트를 수행해 왔습니다. 유형을 나눌 때 플러스 아니면 마이너스, 배당을 준 종목 아니면 안 준 종목과 같이 이것 아니면 저것의 방식으로 그룹을 나누었습니다.

하지만 이번에 진행할 백테스트는 약간 다릅니다. 배당수익률이 높은 종목에서 낮은 종목순으로 정렬합니다. 정렬한 후 종목 수를 동일하게 10개의 그룹으로 나눕니다. 1그룹은 배당수익률이 가장 높은 상위 10%의 종목들로 구성될 것이며, 맨 마지막 10그룹은 배당수익률이 가장 낮은 10%의 종목들

배당수익률에 따른 10분위 백테스트

- **기간:** 2001년~2022년
- **대상:** KOSPI, KOSDAQ 상장종목 중 12월 결산법인이면서 전년도(단, 3월 리밸런싱의 경우 전전년도) 현금배당을 준 종목
- **리밸런싱 주기:** 1년에 4회(3, 6, 9, 12월 마지막 거래일)
- **방법:** 리밸런싱 시점의 주가와 전년도(단, 3월 리밸런싱의 경우 전전년도) 회계기준으로 현금배당금을 이용하여 배당수익률을 계산합니다. 배당수익률이 높은 순서대로 1그룹부터 10그룹까지 10분위로 나눕니다. 각 그룹의 속한 종목들을 동일가중으로 리밸런싱합니다.

로 구성될 것입니다. 그리고 이렇게 만들어진 10개 그룹의 수익률을 알아보는 방법입니다. 바로 10분위 백테스트입니다.

[그림 6-2] 배당수익률 10분위 CAGR

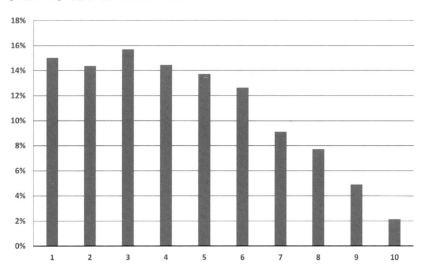

[표 6-3] 배당수익률에 따른 수익률(CAGR) 요약 표

	2001~2022	2001~2017	2018~2022
1그룹	15.02%	18.03%	5.34%
10그룹	2.14%	3.86%	−3.50%
동일가중	8.45%	9.94%	3.51%
KOSPI	7.00%	9.79%	−1.95%
KOSDAQ	1.17%	2.49%	−3.18%
1그룹−10그룹	12.88%p	14.18%p	8.84%p
1그룹−동일가중	6.57%p	8.09%p	1.83%p
1그룹−KOSPI	8.02%p	8.25%p	7.29%p
1그룹−KOSDAQ	13.85%p	15.55%p	8.52%p

[그림 6-2]를 살펴보겠습니다. 배당수익률이 가장 높은 1그룹의 CAGR은 15.02%입니다. 반면, 배당수익률이 가장 낮은 10그룹의 CAGR은 2.14%입니다. 전반적으로 배당수익률이 높을수록 주가 수익률도 높으며, 반대로 배당수익률이 낮을수록 주가 수익률도 낮음을 알 수 있습니다.

1그룹부터 4그룹까지 주가 상승률만 봤을 때는 배당수익률이 높다고 반드시 수익률이 높은 경향을 보이는 것은 아닙니다. 하지만 앞에서 진행한 백테스트는 배당수익을 제외한 주가 움직임만을 수익률로 나타낸 것입니다. 배당수익까지 수익률에 반영한다면 1~4그룹 안에서도 배당수익률이 높은 그룹의 투자수익률이 더 높은 경향이 발견될 것입니다.

흥미로운 사실이 있습니다. 앞에서는 배당을 주지 않는 종목을 전부 투자했을 때의 수익률을 백테스트를 통해 확인했었습니다. 그 결과, CAGR은 4.86%였습니다. 그러나 [표 6-3]에서 배당수익률이 가장 낮은 10그룹의 CAGR이 2.14%임을 알 수 있습니다. 즉, 단순히 주가 움직임에 따른 수익률만 본다면 배당수익률이 낮은 종목의 수익률이 배당을 주지 않는 종목의 수익률보다도 낮은 특이한 현상을 알 수 있습니다.

[표 6-3]을 살펴보면 역시 아쉬운 점이 보입니다. 배당수익률이 높은 종목에 투자하는 방법의 유용성이 과거에 비해 최근 5년은 많이 줄어들었다는 것입니다. 배당수익률이 가장 높은 1그룹과 배당수익률이 가장 낮은 10그룹의 CAGR 차이가 2001년부터 2017년의 기간에서는 14.18%p로 나타납니다. 하지만 최근 5년은 8.84%p입니다. 전 종목 동일가중 수익률과도 비교해 볼 수 있습니다. 2001년부터 2017년의 기간에서는 1그룹과 전 종목 동일가중 투자방법의 CAGR 차이가 8.09%p였으나 최근 5년은 1.83%p입니다.

과거에는 단순히 배당수익률이 높은 종목들을 정기적으로 리밸런싱하며 투자하는 방법만으로도 매우 높은 수익률을 달성할 수 있었습니다. 하지만 20년이 넘는 시간이 흘러가면서 이런 방법의 유용성이 줄어든 것으로 보입니다. 그만큼 고배당주 투자에 대한 이점이 시장에 많이 알려졌기 때문일 것입니다. 물론 1그룹과 전 종목 동일가중 투자 방법 간에 수익률 차이가 줄어들었음에도 불구하고 1.83%p의 CAGR 차이는 아직도 고배당주 투자에 이점이 있다는 것을 말하고 있습니다.

점점 고배당 투자의 인기가 많아지고, 더 많은 사람이 고배당주에 투자한다면 1그룹과 동일가중 투자 방법 간의 수익률 차이는 없게 될까요? 저는 수익률 차이가 완전히 없어지지는 않을 거라고 생각합니다. 퀀트투자 방법이 더 많이 알려지면 초과수익이 사라지는지 여부에 대해서는 전문가들 간에도 견해가 다릅니다. 이 주제에 대해서는 Chapter 3과 Chapter 4에서 자세히 다루겠습니다.

핵심 요약

1 기업의 배당 정책은 어느 정도 일관성을 유지하므로 전년도에 많은 배당을 주었던 기업은 이를 유지할 가능성이 높습니다. 주가에 비해 높은 배당금을 주는 종목에 투자하는 방법을 '고배당주 투자'라고 합니다.

2 고배당주 투자는 배당 수익을 통해 투자자에게 심리적 안정감을 제공하므로 많은 투자자가 선호합니다.

3 백테스트 결과 배당을 주는 종목이 배당을 주지 않는 종목보다 수익률이 높으며, 배당수익률이 높은 종목이 배당수익률이 낮은 종목보다 수익률이 높은 경향이 있습니다.

4 백테스트 결과 최근 5년은 과거에 비해 고배당주 투자의 유용성이 줄어든 것으로 나타납니다.

07

영업이익률이 높은 종목이
수익률도 높을까

QUANTITATIVE   INVESTING

① 영업이익률 이해하기

제조업 기준으로 100만 원인 제품 100개를 판매하면 총 1억 원의 매출액
이 발생합니다. 이익은 매출액에서 비용을 차감했을 때 추출됩니다. 이때 가
장 먼저 고려해야 하는 항목은 매출원가입니다. 매출원가란 제품을 만드는
데 소요된 비용입니다. 물건을 생산하기 위한 원자재 비용, 생산에 직접 투
입되는 노동비, 생산라인의 유지보수 비용 등이 매출원가에 속합니다. 매출
액에서 매출원가를 차감하면 매출총이익이 계산됩니다.

영업이익을 계산하기 위해서는 한 단계를 더 거쳐야 합니다. 손익계산서
에는 '판매비와관리비'라는 항목이 있습니다. 이는 제품을 판매하고 사업을
운영하기 위해 발생하는 간접 비용을 나타냅니다. 판매원과 경영진의 급여,
마케팅 비용 등이 여기에 속합니다. 앞에서 계산한 매출총이익에서 판관비

(판매비와관리비)를 빼면 영업이익이 도출됩니다. 또한, 많은 투자자들이 중요하게 여기는 재무지표 중 '영업이익률'이란 것이 있습니다. 영업이익률은 영업이익을 매출액으로 나누어 구할 수 있습니다.

용어 정리

- **매출액**: 일정 기간 동안 벌어들인 수익
- **매출원가**: 제품을 만드는 데 소요된 비용(원자재 비용 등)
- **매출총이익**: 매출액에서 매출원가를 차감하여 구함
- **판매비와관리비**: 기업이 제품을 판매하고 사업을 운영하기 위해 발생하는 간접비(경영진 급여, 광고비 등)
- **영업이익**: 매출총이익에서 판매비와관리비를 차감해서 구함
- **영업이익률**: 영업이익을 매출액으로 나누어서 구함

$$\text{영업이익률} = \frac{\text{영업이익}}{\text{매출액}}$$

영업이익률은 영업 활동에 대한 기업의 수익성을 나타내는 지표입니다. 같은 물건을 1억 원어치 팔았을 때 5,000만 원이 이익으로 남는 기업이 있고, 100만 원만 이익으로 남는 기업이 있습니다. 앞의 기업은 영업이익률 50% 기업이며 뒤의 기업은 영업이익률 1%의 기업입니다. 이 두 기업 중 어디에 투자하고 싶은가요? 당연히 수익성이 높은 5,000만 원의 이익이 남는 기업에 투자하고 싶을 것입니다. 그런데 영업이익률이 높은 기업의 주식이 정말 주가도 많이 오를까요? 결과를 알아보기 위해 10분위 백테스트를 진행해 보겠습니다.

② 영업이익률 백테스트

[그림 7-1]에서는 그룹의 숫자가 커질수록 영업이익률이 낮은 종목들로 이루어져 있습니다. 그래프를 살펴보면 특별한 경향성을 찾기 어렵습니다. 백테스트를 하기 전에는 1그룹이 높은 영업이익률을 가진 종목으로 이루어

[그림 7-1] 영업이익률 10분위 CAGR

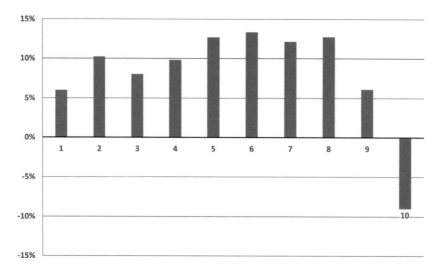

저 있어 수익률이 가장 높을 것이고, 10그룹이 낮은 영업이익률 종목으로 이루어져 있어 수익률이 가장 낮을 것으로 예상했습니다. 10그룹의 수익률이 낮은 것은 예상과 일치하지만 1그룹의 수익률도 CAGR 6.00%로 그리 높지 않습니다.

그룹이 올라갈수록 수익률이 조금씩 올라가는 모습을 보이다가 갑자기 9그룹과 10그룹에서 수익률이 급격하게 감소하는 모습을 보입니다. 이것이 의미하는 바는 무엇일까요? 조사해 보면 2021년 회계기준으로 전체 상장종목 중 약 24%가 영업이익 적자를 기록하였습니다. 추가로 알아보면 2020년 회계기준으로는 약 26%의 종목이, 2019년 회계기준으로는 약 24%의 종목이 영업이익 적자를 기록했습니다. 3개 연도만 확인해 보았지만 보통 전체 상장종목 중 20% 중반대의 종목이 영업이익 적자를 기록한다고 예상해 볼 수 있습니다. 영업이익률 공식에 따르면 영업이익이 적자인 종목의 영업이익률은 마이너스값이 나옵니다. 9그룹과 10그룹은 영업이익률 하위 20%의 종목들로 구성되어 있으니 결국 영업이익 적자종목들이 편입되어 있는 것입니다. 리밸런싱 시점 직전년도 영업이익 적자종목들을 제외한 상태로 다시 백

영업이익률에 따른 10분위 백테스트(영업이익 적자 제외)

- **기간:** 2001년~2022년
- **대상:** KOSPI, KOSDAQ 상장종목 중 리밸런싱 시점 12월 결산법인이면서 전년도(단, 3월 리밸런싱의 경우 전전년도) 회계기준 '영업이익 흑자'인 종목
- **리밸런싱 주기:** 1년에 4회(3, 6, 9, 12월 마지막 거래일)
- **방법:** 리밸런싱 시점 전년도(단, 3월 리밸런싱의 경우 전전년도) 회계기준으로 영업이익률을 계산합니다. 영업이익률이 높은 순서대로 1그룹부터 10그룹까지 10분위로 나눕니다. 각 그룹의 속한 종목들을 동일가중으로 리밸런싱합니다.

테스트를 진행해 보면 다른 결과가 나올 것 같습니다. 그렇다면 해보겠습니다.

[그림 7-2]를 살펴보겠습니다. 영업이익 적자종목을 제외하고 백테스트하

[그림 7-2] 영업이익률 10분위 CAGR(영업이익 적자 제외)

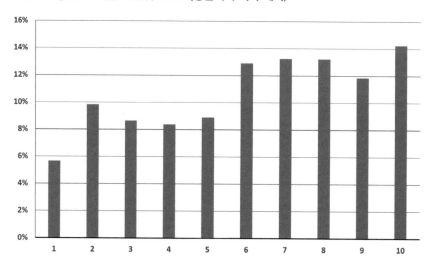

[표 7-1] 영업이익률에 따른 수익률(CAGR) 요약 표(영업이익 적자 제외)

	2001~2022	2001~2017	2018~2022
1그룹	5.67%	7.42%	−0.09%
10그룹	14.23%	14.95%	11.82%
동일가중	8.45%	9.94%	3.51%
KOSPI	7.00%	9.79%	−1.95%
KOSDAQ	1.17%	2.49%	−3.18%
10그룹−1그룹	8.57%p	7.53%p	11.92%p
10그룹−동일가중	5.79%p	5.01%p	8.31%p
10그룹−KOSPI	7.23%p	5.17%p	13.77%p
10그룹−KOSDAQ	13.06%p	12.46%p	15.00%p

였더니 완전히 다른 그래프가 나왔습니다. 완벽한 선형관계로 보기 어렵지만 대체적으로 영업이익률이 낮을수록 수익률이 높아지는 경향성이 나타났습니다. 2001년부터 2022년의 기간 동안 영업이익률이 가장 높은 10% 종목들에 정기적으로 리밸런싱하며 투자하였다면 CAGR 5.67%밖에는 얻지 못했을 것입니다. 반면 같은 기간 영업이익률이 가장 낮은 10% 종목들에 정기적으로 리밸런싱하며 투자하였다면 CAGR 14.23%를 달성할 수 있습니다. 역설적이게도 영업이익 흑자종목이라면 영업이익률이 높은 종목보다 낮은 종목에 투자해야 유리합니다. 영업이익률이 극단적으로 높은 종목들은 수익률이 높지 않습니다. 많은 투자자가 이런 종목들에 매력을 느끼지만, 사실은 피해야 할 종목들입니다.

[표 7-1]을 살펴보겠습니다. 영업이익 흑자종목 중 영업이익률이 낮은 종목(10그룹)에 투자하는 방법은 2001년부터 2017년까지의 기간에서도 잘 작동했으며, 최근 5년 동안에도 잘 작동하고 있습니다. 즉, 2017년 말에 백테스트를 수행한 후 이 방법으로 5년 동안 투자했다면 양호한 성과를 거둘 수 있었습니다. 2001년부터 2017년까지의 백테스트 결과, 10그룹과 전 종목 동일가중 투자 방식의 CAGR 차이는 5.01%p입니다. 최근 5년 동안 이 차이는 오히려 증가하여 8.31%p로 나타났습니다. KOSPI 지수 수익률이나 KOSDAQ 지수 수익률과 비교하더라도 영업이익이 흑자인 종목 중 영업이익률이 낮은 종목에 투자하는 전략의 유용성은 최근 5년이 과거보다 더욱 향상되었습니다.

1   영업이익률이 높다는 의미는 수익성이 높다는 걸 뜻합니다. 따라서 영업이익률이 높은 종목이 주가 상승률도 높을 것으로 생각할 수 있습니다.

2   하지만 백테스트 결과를 확인하면 영업이익률이 높은 종목의 수익률은 그렇게 훌륭하지 않습니다. 오히려 영업이익 흑자종목이라면 영업이익률이 낮은 종목이 더 수익률이 높은 현상이 관찰됩니다.

3   백테스트 결과 최근 5년에도 영업이익 흑자종목 중 영업이익률이 낮은 종목에 투자하는 방법의 유용성은 줄어들지 않았습니다.

무작위 시뮬레이션①
집중투자 vs. 분산투자

집중투자와 분산투자의 수익률 차이

대부분의 투자자는 이미 위험을 낮추기 위한 분산투자의 중요성을 잘 이해하고 있습니다. 그럼 수익률 측면에서도 분산투자가 유리할까요? 결론부터 말씀드리자면 시장이 효율적이라면 분산투자와 집중투자 간의 수익률 차이는 없습니다. 종합해 판단하면 수익률에는 차이가 없으면서 위험을 더 낮추는 방법인 분산투자를 하는 것이 더 유리하다는 결론을 얻을 수 있습니다.

집중투자와 분산투자 사이에 수익률 차이가 없다는 사실에 당황스러울 수 있습니다. 주위에서 집중투자를 해서 상상하기 힘든 큰 수익을 올리는 경우를 자주 접하기 때문입니다. 반면 분산투자를 해서 단기간에 큰 수익을 거둔 사례는 잘 보이지 않습니다. 이런 점을 감안하면 왠지 집중투자를 하는 것이 수익률 면에서 유리할 것으로 보입니다. 하지만 우리 눈에 보이지는 않을 뿐 집중투자로 큰 손실을 본 투자자의 사례도 상당히 많다는 사실을 고려해야 합니다.

집중투자를 선택한 그룹 내에서 가장 수익률이 높은 1등과 분산투자를 선택한 그룹 내에서 가장 수익률이 높은 1등을 비교해 보면, 집중투자 그룹의 투자자 1등이 더 높은 수익률을 기록했을 가능성이 높습니다. 그러나 각 그룹의 1등만을 비교한 것으로 결론을 내리는 것은 옳지 않습니다. 정확한 판단을 위해서는 각 그룹 전체의 투자자들을 비교해 보아야 합니다. 하지만 현실 세계에서 이런 비교는 쉽지 않습니다. 우리 눈에 보이는 것은 주로 각 그룹에서 수익률이 높은 상위권 투자자들의 결과이기 때문입니다.

5만 명 투자자의 무작위 시뮬레이션

분산투자와 집중투자의 통계적 차이를 알아보는 시뮬레이션을 해보겠습니다. 5만 명의 투자자를 모집하여 1만 명씩 5개의 그룹으로 나눕니다. 5개 그룹의 이름은 다음과 같습니다.

[1종목, 5종목, 10종목, 20종목, 30종목]

이들에게 매년 마지막 거래일에 다트를 던져서 나오는 종목으로 투자하게 시킵니다. 즉, 무작위로 아무 종목이나 투자하는 것입니다. 다만 투자자마다 투자하는 종목 수가 다릅니다. '1종목' 그룹에 속한 투자자는 매년 마지막 거래일에 다트를 한 번 던져서 나온 1종목에 계좌 금액 전부를 투자해야 합니다. 그리고 1년이 지난 후에 다시 다트를 한 번 던져서 새로운 1종목에 전 계좌 금액을 투자해야 합니다. 22년간 매년 1종목을 교체하며 투자하는 것입니다. '30종목' 그룹에 속한 투자자는 매년 마지막 거래일에 다트를 30번 던져서 계좌 금액 전체를 30종목에 동일가중으로 투자해야 합니다. 5종목, 10종목, 20종목의 그룹에 속한 투자자도 같은 방식으로 리밸런싱을 하면서 분산투자 하는 방식을 따릅니다. 2001년부터 2022년까지 총 22년 동안 이와 같은 방식으로 투자했다면 그룹별 시뮬레이션 결과는 [표 A-1]과 같습니다.

[표 A-1] 분산투자 종목 수에 따른 시뮬레이션 결과

그룹	1종목	5종목	10종목	20종목	30종목
투자자수(명)	10,000	10,000	10,000	10,000	10,000
수익확률(%)	31.92	86.58	97.17	99.83	99.99
손실확률(%)	68.08	13.42	2.83	0.17	0.01
누적수익률(%)	606	604	610	615	608
표준편차(%)[6]	7,869	1,140	659	412	301
최저수익률(%)	−100	−94	−86	−26	−16
하위25%(%)	−97	58	175	285	340
중간값(%)	−73	243	383	479	512
상위25%(%)	73	653	769	786	768
최고수익률(%)	522,344	23,302	15,159	10,155	4,708

※ 시뮬레이션은 실제 주가 데이터를 사용하였으며, 파이썬으로 난수를 만들어서 무작위로 종목을 선정하였습니다. 따라서 또다시 시뮬레이션한다면 무작위 종목 선정에 따라 다른 결과가 나올 수 있습니다. 그렇지만 [표 A-1]의 결과와 큰 차이가 나지는 않습니다.

※ 무작위 시뮬레이션①에서 진행한 해당 시뮬레이션은 이 책의 다른 곳에서 진행한 백테스트와 3가지 차이점이 있습니다.
① 스팩, 외국계 종목, 관리종목까지 포함하여 시뮬레이션하였습니다(해당 시뮬레이션 이외의 백테스트에서는 이를 모두 제외하였습니다).
② 매도 시점 거래정지된 종목은 거래 정지된 가격으로 매도한 것으로 가정하였습니다(해당 시뮬레이션 이외의 백테스트에서는 모두 −100% 처리하였습니다).
③ 보유 중간 상장폐지 된 종목은 상장폐지 직전의 종가에 매도된 것으로 처리하였습니다(해당 시뮬레이션 이외의 백테스트에서는 모두 −100% 처리하였습니다).

---

6 [표 A-1]에 나와 있는 표준편차는 투자자 개인의 계좌수익률 표준편차가 아닌 각 그룹 투자자 1만 명의 최종 누적 수익률의 표준편차입니다.

시뮬레이션 결과에서 눈여겨봐야 할 것은 그룹별 최종 수익률 차이가 크지 않다는 것입니다. 1종목에 투자한 투자자나 30종목에 투자한 투자자나 각 그룹 전체의 수익률은 600% 초반대로 큰 차이가 없습니다. 하지만 투자자들의 최종 수익률의 표준편차는 30종목의 투자자가 훨씬 작습니다. 즉, 분산투자를 진행한 투자자들은 최종 수익률 차이가 상대적으로 작으며, 집중투자를 한 투자자들은 그들 사이에 최종 수익률 차이가 큽니다.

1종목에 집중투자를 한 경우를 더 자세히 보겠습니다. 해당 시뮬레이션에 따르면 1만 명의 투자자 중 3,192명이 수익을 얻었고, 6,808명이 손실 난 것으로 나타났습니다. 손실 투자자가 수익 투자자보다 두 배 이상 더 많습니다. 주식시장이 22년간 상승했음에도 불구하고 오히려 손실을 본 투자자가 더 많다는 사실이 신기합니다(주식시장이 장기적으로 상승했음에도 개인투자자 중에 손실 투자자가 더 많은 이유를 이해할 수 있습니다. 이는 주로 개인투자자들이 집중투자를 하는 경향이 크기 때문이라고 추론됩니다).

더 자세히 들여다보면, '1종목' 그룹의 중간값이 -73%입니다. 즉, '1종목' 투자자 중 절반은 -73%보다 더 나쁜 수익률을 낸 것을 의미합니다. 이처럼 상당히 처참한 상황에도 불구하고, '1종목' 집중투자 그룹 전체는 어떻게 606%의 높은 수익률을 거둘 수 있었을까요? 이 질문에 대한 답은 '1종목' 그룹에 속한 1만 명의 투자자 중에서 최상위권의 투자자들이 어마어마한 수익률을 거두었다는 사실에 있습니다. 실제로 '1종목' 그룹에서 가장 높은 수익률을 기록한 투자자는 무려 52만%의 수익률을 달성했습니다. 두 번째로 높은 수익률은 31만%, 세 번째로 높은 수익률은 22만%로 나타났습니다. 결과적으로 1만 명 중에 10명은 10만% 이상의 수익률을 달성했습니다(많은 개인투자자가 손실이 나지만 개인투자자 중에 어마어마한 수익률을 거둔 투자자가 종종 나오는 이유를 알 수 있을 것 같습니다. 반대로 금융기관에서 쉽게 가입할 수 있는 주식형 펀드가 22년 동안 50만%의 수익률을 거두었다는 이야기는 아직 들어보지 못했습니다. 일반적으로 펀드는 분산투자를 하며 개인투자자는 집중투자하는 경향이 크기 때문으로 생각됩니다).

이제 적절히 분산투자한 경우를 살펴보겠습니다. 30종목에 분산투자한 경우 1만 명의 투자자 중 단 한 명을 제외하고 모두 수익을 거두었습니다. 이는 수익 확률 99.99%임을 의미합니다. 또한 해당 그룹의 중간 수익률은 512%로 나타났습니다. 이는 1만 명의 투자자 중 중간만 해도 약 500% 정도의 수익률을 얻을 수 있었음을 나타냅니다. 1만 명 중 최저수익률은 -16%입니다. 큰 손실은 아닙니다. 게다가 손실을 낸 투자자는 단 한 명이었습니다. '30종목' 그룹에서 최고 수익률은 약 4,700%로 나타났습니다. 이는 '1종목' 그룹에서 최고 수익률인 52만%와 비교하면 상대적으로 덜 눈에 띄지만 높은 수익률입니다.

놀라운 점은 이러한 분산투자자들이 특별한 연구나 분석 없이 단순히 무작위로 30종목을 선택하여 투자한 결과라는 사실입니다. 이렇게 무작위로 분산투자를 해도 30종목으로 투자했다면 22년(2001~2022년)간 한국 주식시장에서 손실 나는 투자자는 1만 명 중 단 한 명뿐이었습니다.

> ■ **1종목 집중투자:** 대다수의 투자자가 처참한 수익률을 보입니다. 그러나 극소수의 투자자가 매우 큰 수익률을 얻어 갑니다. 이에 따라 '1종목' 그룹 전체의 수익 총합은 '30종목' 그룹 전체의 수익 총합과 큰 차이가 없습니다.
> ■ **30종목 분산투자:** 대다수의 투자자가 괜찮은 수익률을 보입니다. 그러나 극소수의 투자자가 약간의 손실을 볼 수 있습니다. 이에 따라 '30종목' 그룹 전체의 수익 총합은 '1종목' 그룹 전체의 수익 총합과 큰 차이가 없습니다.

수익률만 보고 고수를 찾을 수 있을까?

한 투자자가 1억 원을 원금으로 22년간 1천억 원의 수익을 냈다고 상상해 보겠습니다(수익률 10만%를 의미합니다). 그리고 그는 자신이 어마어마한 주식의 고수라고 주장합니다. 그런데 이 수익률 정보만으로는 그가 실제로 고수인지 아니면 그저 운이 좋은 사람인지 판단하기는 어렵습니다. 그의 투자 방식 또한 고려해 볼 필요가 있기 때문입니다.

만약 그가 1종목 집중투자 방법으로 22년 동안 투자하여 1천억 원의 수익을 낸 것이라면 이것은 단순 행운일 수 있습니다. 1종목 투자의 경우 22년 동안 1년마다 아무 종목이나 다트를 던져서 투자하더라도 확률적으로 1만 명중 10명 정도는 10만%의 수익률을 얻을 수 있기 때문입니다. 그는 무작위 시뮬레이션으로 충분히 나올 수 있는 일을 해낸 것입니다. 그가 운이 좋아서 1천억 원을 만든 것인지, 아니면 정말 실력이 있는 것인지 알 수 없습니다.

이제 분산투자를 생각해 보겠습니다. 만약 한 투자자가 항상 30종목의 분산투자를 하는 방식으로 22년 동안 1억 원으로 1천억 원의 수익을 냈다면, 그의 투자 결과는 운의 영향을 넘어선 실력이라고 할 수 있습니다. 1만 명이 아무리 다트를 던져서 투자하더라도 30종목에 분산투자하는 방법으로 이 수익률을 얻는 것은 불가능하기 때문입니다(투자자 수를 10만 명으로 늘려 시뮬레이션을 해도 이 수익률이 나올 수 없었습니다). 그는 우연으로는 나올 수 없는 결과를 달성한 것입니다. 고수를 찾기 위해서는 수익률뿐만 아니라 투자 방법 또한 함께 고려해야 한다는 것을 알 수 있습니다.

뛰어난 능력이 없다면 분산투자가 답

지금까지 무작위 시뮬레이션①에서 다룬 내용은 무작위 종목 선택을 가정하여 진행한 이야기입니다. 집중투자를 강조하는 워런 버핏 같은 투자자들은 '투자자는 절대 무작위로 종목을 선택하지 않는다'라는 사실을 강조할 것입니다. 더 열심히 연구하면 더 좋은 종목을 찾을 수 있는데, 많은 종목에 분산하면 종목에 대한 깊이 있는 연구가 불가능합니다. 깊이 있게 연구하고 소수의 훌륭한 종목을 찾아 집중투자한다면, 집중투자가 분산투자보다 더 좋을 것이라고 주장할 수 있습니다.

집중투자자의 주장 역시 충분히 일리가 있습니다. 하지만 집중투자 옹호론을 그대로 받아들이기 전에 한 가지 생각해 봐야 할 것이 있습니다. 투자자들 대다수는 자신들이 좋은 종목을 찾아낼 능력이 있다고 생각합니다. 하지만 이것은 착각일 수 있습니다. 우리는 워런 버핏이 아닙니다. 자신이 좋은 종목을 찾아낼 능력이 있는지 다시 한번 생각해 봐야 합니다. 그리고 그 능력은 매우 뛰어나야 합니다. 애매하게 뛰어나다면 그냥 분산투자를 선택하는 것이 더 유리합니다. 앞에서 살펴봤듯이 무작위 시뮬레이션을 했을 때 집중투자와 분산투자 두 집단의 수익률은 같으며, 리스크는 분산투자 집단이 훨씬 작습니다. 이것은 분산투자의 확실한 장점입니다. 이런 장점을 뛰어넘을 정도의 우수한 종목 찾기 능력이 있을 때만 집중투자를 해야 합니다. 따라서 퀀트전략을 만들 때도 집중투자보다는 분산투자를 지향할 것을 권장합니다.

CHAPTER

3

QUANTITATIVE INVESTING

초과수익 지속성 분석을
위한 사전지식

08

초과수익은
영원히 지속될까

QUANTITATIVE   INVESTING

① 퀀트투자자와 초과수익에 대한 믿음

퀀트전략이 대중에게 공개되어도 초과수익은 전혀 감소하지 않을까요? 많은 사람이 초과수익이 가능한 현상을 알게 되고, 이것을 이용해 투자하려는 사람들이 늘어나면 시장에서 그 현상이 감소하거나 사라질 것이라고 생각을 할 수 있습니다. 한편으로는 사람의 행동 편향은 쉽게 바뀌지 않으니 초과수익이 유지될 것이라는 주장도 있습니다. 만약 초과수익이 감소하거나 사라진다면, 나만 알고 있는 전략을 함부로 공개해서는 안 됩니다. 하지만 초과수익이 유지된다면, 나만 알고 있는 전략을 주위에 공개해도 전혀 문제가 되지 않습니다.

사람들은 보통 자신이 믿고 싶은 것을 믿어버리는 경향이 있습니다. 이것은 퀀트투자자들도 마찬가지입니다. 특히 이미 대중화된 전략을 사용하는 퀀트투자자라면 초과수익이 감소하지 않기를 희망할 것입니다. 대중화되지 않은 전략을 사용한다고 하더라도 모든 것이 해결되는 것은 아닙니다. 언젠가는 다른 투자자가 나만의 전략을 알아내어 대중화될 가능성이 있습니다. 그러다 보니 퀀트투자자들은 기본적으로 '초과수익은 감소하거나 사라질 수 있다'라는 주장보다 '초과수익은 절대 감소하지 않는다'라는 주장을 더 믿고 싶어 하고 또 쉽게 믿어버릴 가능성이 높습니다.

초과수익 증감을 분석할 때도 자칫 확증 편향적인 분석을 할 수 있습니다. 확증 편향은 자신의 논리에 필요한 정보만 골라서 취하고 자신의 논리와 다른 정보는 일부러 취하지 않는 현상을 말합니다. 확증 편향에 빠져있다면 초과수익이 감소한다는 증거도 분명 존재하지만 이것을 무시하게 됩니다. 예를 들어 초과수익이 감소하지 않는다는 것을 믿고 싶을 때, 초과수익이 감소하지 않는다는 주장의 논문이나 보고서만 검색하여 읽는 것입니다. 초과수익이 감소한다는 주장의 논문이나 보고서는 찾아보려고 하지 않습니다. 확증 편향에 빠지지 않기 위해서는 중립적인 자세로 분석하는 습관을 지녀야 합니다.

- **확증 편향 분석의 예:** "내가 초과수익이 감소하지 않는다는 증거를 찾다 보니 A라는 증거를 찾았어. A라는 증거를 보니 역시 초과수익은 절대 감소하지 않는 것이 맞아!"
- **중립적 분석의 예:** "초과수익이 감소하지 않는다면 A라는 현상이 나타날 것이고, 초과수익이 감소한다면 B라는 현상이 나타날 거야. 지난 20년 동안 A현상이 나타났는지 B현상이 나타났는지 알아보자."

퀀트투자를 시작하는 투자자들을 보면, 과거 전략의 수익률을 확인하는 백테스트에 집중한 나머지 초과수익의 증감에 대한 검증은 등한시하는 경우

가 많습니다. 진정한 퀀트투자자라면 전략의 수익률을 철저하게 백테스트하듯이 초과수익 증감도 철저히 분석해 봐야 합니다. 초과수익 증감에 대해 깊이 있게 다룬 책이 많지 않기 때문에 이 책은 Chapter 3과 Chapter 4에서 이에 대해 깊이 있게 다루었습니다. 확증 편향에 빠지지 않고 최대한 중립적인 분석을 하도록 노력하였습니다.

② 인기 없는 초과수익 감소론

대중에게 공개된 전략의 초과수익은 감소한다고 주장하는 퀀트 전문가가 있다면 대중으로부터 인기가 없을 것입니다. 당연히 "초과수익은 계속 유지되고 전략이 공개돼도 절대 감소하지 않는다"라고 주장을 해야 인기가 있을 것입니다. 특히 전문가로서 인기를 유지해야 하는 입장이라면, 그것이 사실이든 아니든 '초과수익이 감소하지 않는다'라는 마인드를 소유해야 좋습니다. 그래야 인기를 유지하며 전문가 활동(유료 강의, 콘텐츠, 도서 출간 등)을 계속하는 데도 유리합니다.

훌륭한 퀀트 전문가 중에서 시장이 효율적으로 변하면서 초과수익도 감소하고 있다고 생각하는 사람도 많습니다. 하지만 이런 사람들은 대중에게 인기가 없을 것이고 그러다 보니 주변에서 보이지 않습니다. 또한 초과수익이 감소한다는 마인드라면 자신의 활동 때문에 초과수익이 사라질 것이 걱정되어 대중적인 활동을 하지 않을 것입니다. 그만큼 더 인지도가 있을 확률이 적습니다. 결국 대중들의 눈에는 '초과수익이 감소하지 않는다'라고 주장하는 전문가들만 보이게 되어 전문가들 대다수가 그런 생각을 가지고 있다고 착각하기 쉽습니다.

③ 우리가 살펴볼 팩터에 대해서

퀀트투자에서 팩터(Factor)는 주식시장에서 수익을 설명하거나 예측하기 위해 사용되는 특성이나 요인을 의미합니다. 우리가 Chapter 2에서 살펴본 시장을 이기는 여러 가지 요인들 역시 팩터가 될 수 있습니다. 재무지표가 아닌 경우도 가능합니다. 만약 매주 월요일 일기예보에서 날씨가 '맑음'이었을 때 일주일간 주식시장이 상승하는 경향이 있다면 이것 또한 '날씨 효과'라는 그럴듯한 이름을 붙여 팩터가 될 수 있습니다. 정말로 날씨 효과가 존재한다면 우리는 이것을 이용해 초과수익을 얻을 수 있기 때문입니다. 물론 날씨 효과는 제가 검증해 본 적이 없는 가상의 팩터입니다.

만약 대중에 알려진 팩터의 초과수익이 감소한다면, 이 세상에 알려지지 않은 숨겨진 팩터들을 찾아내는 것이 가장 좋은 투자 방법입니다. 다른 사람들이 모르는 팩터를 나 혼자만 알고 있을 때 그 가치가 높습니다. 하지만 이것을 찾아내는 것은 그렇게 만만한 일이 아닙니다. 게다가 찾아냈다고 생각했던 많은 팩터들이 실제로는 그저 우연의 일치였다고 밝혀지는 경우도 많습니다.

현재 개인 퀀트투자자들은 이미 세상에 공개된 팩터들을 적당히 조합하여 투자하는 경우가 일반적입니다. 그러다 보니 이미 대중적으로 알려진 팩터의 초과수익이 감소하는지를 알아보는 것은 중요합니다. 대중적으로 가장 많이 알려지고, 많은 사람이 실제로 존재한다고 인정하는 4가지 팩터가 있습니다. Chapter 4에서는 이 4가지 팩터의 초과수익 증감을 객관적으로 분석해 볼 예정입니다.

우리가 알아볼 4가지 팩터

① **밸류 팩터:** 가치지표를 기준으로 저평가된 종목이 고평가 종목보다 수익률이 높음
② **저변동성 팩터:** 과거 변동성이 낮은 종목이 높은 종목보다 수익률이 높음
③ **상대 모멘텀 팩터:** 과거 주가 상승률이 높은 종목이 낮은 종목보다 수익률이 높음
④ **사이즈 팩터:** 소형주가 대형주보다 수익률이 높음

핵심 요약

1 초과수익이 가능한 현상을 알게 되고, 이것을 이용해 투자하려는 사람들이 늘어나면 시장에서 그 현상의 강도가 약해질 것이라는 생각을 할 수 있습니다. 하지만 사람의 행동 편향은 쉽게 바뀌지 않으므로 초과수익이 유지될 것이라는 주장도 있습니다.

2 사람은 보통 자신이 믿고 싶은 것을 믿어버리는 경향이 있습니다. 이것은 퀀트투자자도 마찬가지입니다. 퀀트투자자들은 기본적으로 '초과수익은 절대 감소하지 않는다'라는 얘기를 믿고 싶어 하고 믿어버릴 가능성이 높습니다.

3 확증 편향은 자신의 논리에 필요한 정보만 골라서 취하고 자신의 논리와 다른 정보는 일부러 취하지 않는 현상을 말합니다. 확증 편향에 빠지지 않도록 주의해야 합니다.

09
적합한 벤치마크 설정하기

QUANTITATIVE INVESTING

① 초과수익과 벤치마크

이 책의 Chapter 4에서는 대중적으로 가장 많이 알려진 4가지 팩터의 초과수익 증감을 시계열로 살펴볼 예정입니다. 그러기 위해 사전지식이 필요합니다. 먼저 벤치마크(Benchmark)에 대해서 이야기해보려 합니다. 초과수익이라는 용어의 의미를 생각해 보세요. 초과수익은 어떤 기준이 되는 수익률을 넘어선 수익률을 의미합니다.[7] 따라서 초과수익의 증감 여부를 알아보기 위해서는 기준 잣대가 있어야 합니다. 이런 기준 잣대를 벤치마크라고 합니다(흔히 초과수익률은 무위험이자율 대비 초과수익률을 의미하기도 하고, 벤치마크 대비 초과수익률을 의미하기도 합니다. 이 책에서는 벤치마크 대비 초과수익률을 의미

---

7 초과수익이 항상 양수인 것은 아니며 음수가 될 수도 있습니다.

벤치마크 대비
연평균 초과수익률 구하기

연평균 초과수익률을 나타내는 방법에는 여러 가지가 있습니다. 이 책에서는 전략의 CAGR에서 벤치마크의 CAGR을 차감한 것을 '연평균 초과수익률'이라는 용어로 사용합니다. 이것이 일반적으로 많이 사용됩니다. 참고로, 전략의 누적 수익률에서 벤치마크의 누적 수익률을 차감하는 것을 누적 초과수익률이라고 하는데, 이 누적 초과수익률을 연 환산하는 방법도 있습니다.

하는 용도로만 사용했습니다). 다음에 나오는 식은 연평균 초과수익률을 구하는 식입니다.

$$연평균\ 초과수익률 = 전략\ CAGR - 벤치마크\ CAGR$$

② 올바른 벤치마크 설정하기

특정 팩터의 순수한 유용성을 판단하기 위해서는 올바른 벤치마크를 설정하여 초과수익을 알아보는 것이 중요합니다. 부적절한 벤치마크의 설정으로 잘못된 결론에 도달할 수 있습니다. 일반적으로 금융기관에서 가입할 수 있는 주식형 펀드의 경우 벤치마크로 KOSPI 지수를 많이 사용합니다. 이것은 전혀 문제가 되지 않습니다. 하지만 동일가중 방법으로 투자하는 전략을 만들어 팩터의 유용성을 알아보려는 경우 KOSPI 지수는 적합한 벤치마크가 아닙니다. KOSPI 지수는 시가총액가중 방식으로 구해지기 때문입니다.

이미 Chapter 2에서 알아봤듯이 전 종목 동일가중 수익률이 KOSPI 지수 수익률보다 높게 나타납니다. 따라서 동일가중으로 투자하는 전략으로 KOSPI 지수를 대부분 쉽게 이길 수 있습니다. 특정 재무지표를 바탕으로 선정된 종목을 동일가중으로 투자하는 방법을 백테스트했다고 가정해 보겠습니다. 백테스트 결과 KOSPI 지수보다 더 높은 수익률이 나왔다고 해당 재무지표가 유용성이 있다고 말할 수 있을까요? KOSPI 지수를 이겼으니 해당 전략이 유용하긴 하지만, 이 유용함이 동일가중으로 투자했기 때문인지 해당 재무지표(팩터)의 유용성 때문인지 알 수가 없습니다. 따라서 해당 재무지표(팩터)의 유용성을 제대로 파악하기 위해서는 KOSPI 지수보다는 동일가중 수익률을 바탕으로 벤치마크를 삼아서 초과수익을 알아보는 것이 좋습니다.

팩터의 유용성 판단을 위해서는 팩터를 활용한 전략의 리밸런싱 조건도 그대로 벤치마크에 적용하는 것이 좋습니다. 동일가중으로 투자하는 방법은 정기적인 리밸런싱 조건을 수반합니다. 즉, 분기 리밸런싱을 하는 전략인데 벤치마크는 1년 단위 리밸런싱으로 만들어서 초과수익을 알아본다면 문제가 있습니다. 나중에 초과수익이 충분하다는 결과를 얻더라도 이 초과수익이 리밸런싱 주기의 차이 때문에 발생하는 것인지, 아니면 해당 팩터의 유용성 때문에 발생하는 것인지 확인이 어렵기 때문입니다.

팩터의 유용성을 판단하기 위해서는 팩터를 활용한 전략에서 사용한 필터 조건을 그대로 벤치마크 설정에 사용하는 것이 좋습니다. 예를 들어 PBR 지표의 유용성을 판단하려고 합니다. 이때 PBR 지표가 음수가 나오는 것을 방지하기 위해 지배주주지분이 마이너스인 종목을 제외하는 필터를 사용하여 전략을 만들었다고 가정해 보겠습니다.[8] 그렇다면 벤치마크 역시 지배주주지분 마이너스인 종목을 제외하여 만드는 것이 좋습니다. 만약 이를 제외하지 않은 벤치마크를 만들 경우 나중에 초과수익이 충분하다는 것을 확인하더라도 지배주주지분이 마이너스인 종목을 제외해서인지, 아니면 PBR 지표의 유용성으로 인한 것인지를 판단할 수 없기 때문입니다.

Chapter 4에서는 대중적으로 알려진 4가지 팩터의 초과수익이 어떻게 변했는지를 알아볼 것입니다. 단순히 KOSPI 지수나 KOSDAQ 지수를 벤치마크로 사용하여 초과수익을 구하는 방식으로는 팩터의 순수한 유용성을 정확하게 알기 어렵다는 사실을 알았습니다. 이 책에서 사용하는 '벤치마크'라는 용어는 단순히 KOSPI 지수나 KOSDAQ 지수를 의미하지 않습니다. 각 팩터마다 유용성을 제대로 파악하기 위한 벤치마크를 따로 만들어서 사용하였습니다.

예를 들어 Chapter 4에서 PBR 지표의 초과수익을 알아볼 때는 지배주주순이익 흑자인 종목과 지배주주지분이 플러스인 종목의 분기 리밸런싱 동일가중 수익률을 벤치마크로 사용하였습니다. PCR 지표의 초과수익을 알아볼 때는 지배주주순이익 흑자인 종목과 영업활동현금흐름이 플러스인 종목의 분기 리밸런싱 동일가중 수익률을 벤치마크로 사용하였습니다.

이러한 벤치마크 설정은 팩터 전략의 백테스트에서 사용한 필터 조건과

---

8 PBR 지표는 시가총액을 지배주주지분으로 나누어서 구하게 됩니다. PBR 지표가 낮을수록 더 저평가된 주식임을 의미합니다. 그런데 지배주주지분이 마이너스인 종목의 경우 PBR을 구하는 공식대로 구하면 마이너스값이 나옵니다. 지배주주지분이 마이너스인 종목이 그렇지 않은 종목보다 더 저평가로 판단하게 되는 오류가 생기는 것입니다. 따라서 아예 지배주주지분이 마이너스인 종목을 제외하고 백테스트하는 것이 좋습니다. 만약 지배주주지분이 마이너스인 종목까지 포함하여 백테스트를 하려 한다면, PBR의 역수를 구해 이 값이 높은 종목을 저평가된 종목으로 간주하여 백테스트를 진행할 수 있습니다.

리밸런싱 주기를 동일하게 맞춘 것입니다. 어떤 벤치마크를 사용했는지는 Chapter 4에서 각 백테스트 결과를 제시할 때마다 언급하겠습니다. 적절한 벤치마크를 사용하는 것이 단순히 KOSPI 지수나 KOSDAQ 지수를 활용하는 것보다 팩터의 순수한 유용성을 더 정확하게 판단할 수 있습니다.

핵심 요약

1 팩터의 순수한 유용성을 파악하기 위해서는 제대로 된 벤치마크를 설정하여 초과 수익을 확인해야 합니다. 단순히 KOSPI 지수나 KOSDAQ 지수로 초과수익을 확인하는 것으로는 부족한 점이 있습니다.

2 동일가중 전략의 경우 동일가중 수익률을 바탕으로 한 벤치마크를 사용하는 것이 좋습니다.

3 정기적인 리밸런싱을 하는 전략의 경우 리밸런싱 주기를 동일하게 적용한 벤치마크를 사용하는 것이 좋습니다.

4 필터 조건이 들어있는 전략의 경우 동일한 필터 조건이 들어있는 벤치마크를 사용하는 것이 좋습니다.

10

초과수익 판단에
유용한 그래프

QUANTITATIVE INVESTING

① KOSPI 지수의 롤링 수익률 그래프

2001년부터 2022년까지의 데이터를 기반으로 1년 동안 KOSPI 지수에 투자한 경우 손실이 발생할 확률, 가장 높은 수익률 그리고 가장 낮은 수익률을 알아보려 합니다. 이를 위해 단순하게 생각할 수 있는 방법은 KOSPI 지수의 연도별 수익률을 살펴보는 것입니다. 2001년부터 2022년까지 22년 동안의 연도별 수익률을 확인해 보겠습니다.

[그림 10-1]을 확인해 보면 총 22개 연도 중에 6개 연도에서 손실이 발생했다는 사실을 알 수 있습니다. 가장 수익률이 높은 연도는 2005년으로 53.96%이고, 가장 수익률이 낮은 연도는 2008년으로 -40.73%입니다. 이것을 바탕으로 단순히 6을 22로 나누어서 손실 확률은 27.27%이며, 가장 수익률이 높은 1년은 53.96%, 가장 수익률이 낮은 1년은 -40.73%라고 이야기하

[그림 10-1] KOSPI 지수 연도별 수익률

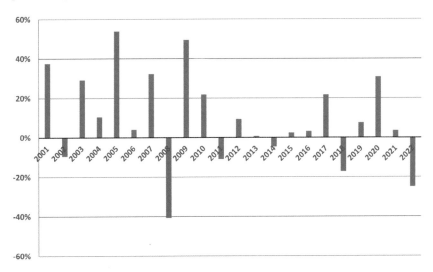

면 될까요? 아닙니다. 이렇게 결론을 내리는 것에는 문제가 있습니다. 매년 1월부터 12월까지의, 22개의 경우만을 가지고 결론을 낸 것이기 때문입니다. 2001년부터 2022년의 기간에서 1년이라는 개념은 단순히 22개의 경우만 존재하는 것이 아닙니다. 예를 들어 2001년 5월부터 2002년 4월까지의 투자도 1년이라고 할 수 있습니다. 2010년 3월부터 2011년 2월까지의 투자도 1년이라고 할 수 있습니다. 이렇듯 1년에는 다양한 기간이 존재합니다. 이러한 다양한 기간을 모두 고려하여 결론을 내려야 합니다.

기간을 다양하게 확인하기 위해 월 단위로 롤링(Rolling)하여 수익률을 계산하는 방법을 사용할 수 있습니다.[9] 2001년 1월부터 2001년 12월까지의 수

---

[9] 더 품질 높은 정보를 얻기 위해 월 단위가 아닌 일 단위로 롤링하여 수익률을 구할 수도 있습니다. 하지만 데이터의 방대함과 시간적 제약 그리고 매년 거래 일수가 다른 것에 따른 문제가 있습니다. 따라서 이 책에서는 월 단위로 롤링하여 수익률을 계산하는 방식을 사용합니다. 이것이 일반적으로 가장 많이 활용되는 방법이고, 신뢰성과 효율성을 함께 고려하여 결정하였습니다.

[그림 10-2] KOSPI 지수 1년 수익률 1개월 단위 롤링

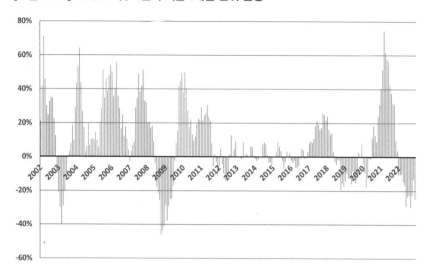

익률, 2001년 2월부터 2002년 1월까지의 수익률, 2001년 3월부터 2002년 2월까지의 수익률. 이런 식으로 1개월씩 이동하면서 1년 수익률을 구하는 것입니다.

[그림 10-2]에서 월 단위로 롤링한 수익률을 확인할 수 있습니다. 2001년부터 데이터를 사용하여 1년 롤링 수익률을 구했으니 그래프는 2002년부터 표시됩니다(정확하게는 2001년 12월부터 표시할 수 있으나 2001년 12월은 생략하였습니다). 총 252건의 경우의 수가 나옵니다. 이제 손실 날 확률을 구해 보겠습니다. 252건 중 총 90건이 손실이므로 손실 확률은 90을 252로 나누어 35.71%가 도출됩니다. 이는 앞에서 22건의 경우만 가지고 판단한 27.27%와는 확실히 다른 결과입니다. 가장 수익률이 높은 1년은 2020년 4월부터 2021년 3월까지의 수익률로 74.48%의 수익률입니다. 앞에서 22건만 가지고 파악한 53.96%와 다른 결론입니다. 가장 수익률이 낮은 1년은 2007년 11월부

터 2008년 10월까지로 -46.09%입니다. 역시 앞에서 22건만 가지고 파악한 -40.73%와 다른 결론입니다. 월 단위로 롤링하며 구한 수익률을 기반으로 결론을 내리는 것이 더 정확한 답을 도출할 수 있다는 것을 이해할 수 있을 겁니다.

② KOSPI 지수의 5년 롤링 수익률 그래프

1년 투자는 단기 투자라고 볼 수 있습니다. 흔히 주식시장은 장기적으로 상승하기 때문에 장기 투자하면 승률이 더 올라간다고 이야기합니다. 이 이야기가 정말 맞는지 알아보기 위해 5년간 장기 투자한 성과나 승률을 알아보려면 어떻게 해야 할까요? 앞에서 했던 방법을 살짝 바꾸면 됩니다. 앞에서는 1년 기간의 수익률을 월 단위로 롤링하였습니다. 이제는 5년 기간의 수익률을 월 단위로 롤링하여서 파악하면 됩니다. 그래프의 수익률을 표시할 때 5년 누적 수익률로 표시할 수도 있습니다. 하지만 일반적으로 5년 CAGR로 표시하는 것이 좋습니다. 누적 수익률로 표시하면 값이 극단적으로 바뀌어 그래프상으로 성과를 제대로 비교하기가 힘들기 때문입니다.

2001년 1월부터 2005년 12월까지의 CAGR을 구합니다. 그다음 2001년 2월부터 2006년 1월까지의 CAGR을 구합니다. 그다음 2001년 3월부터 2006년 2월의 CAGR을 구합니다. 이런 방식으로 1개월씩 기간을 이동시키면서 CAGR을 구한 후 그래프로 표시합니다.

[그림 10-3]을 확인해 보겠습니다. (2001년 1월부터 2005년 12월까지의 수익률을 생략하고) 총 204건의 경우의 수 중에서 손실 난 경우는 21건입니다. 이에

[그림 10-3] KOSPI 지수 5년 CAGR 1개월 단위 롤링

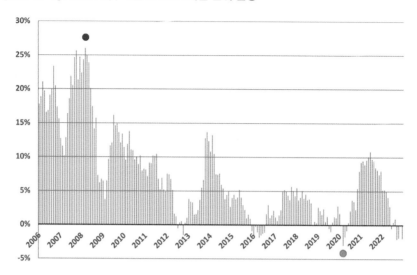

따라 손실 확률은 10.29%이며, 수익 확률은 89.71%입니다. 확실히 5년의 기간으로 투자할 경우 1년의 기간으로 투자한 것보다 승률이 높아진 것을 확인할 수 있습니다.

그래프를 자세히 살펴보겠습니다. 수익률이 가장 높은 막대그래프에 붉은 점으로 표시하였습니다. 2008년 3월로 26.04%입니다. 이것은 2008년 3월에서 5년 전부터 투자했을 때 가장 수익률이 높았다는 것을 의미합니다. 즉, 가장 수익률이 높았던 5년은 2003년 4월부터 2008년 3월까지의 기간이며 이기간 CAGR 26.04%(누적 수익률 218.09%)를 얻을 수 있었습니다.

이제 가장 수익률이 낮은 기간을 살펴보겠습니다. 수익률이 가장 낮은 막대그래프에 녹색 점으로 표시하였습니다. 2020년 3월로 -2.98%입니다. 즉, 가장 수익률이 낮았던 5년은 2015년 4월부터 2020년 3월까지의 기간으로 CAGR은 -2.98%(누적 수익률 -14.03%)를 경험하게 됩니다.

이렇게 특정 기간의 투자 수익률을 연속적으로 계산하여 나타낸 나열을 '롤링 수익률'이라고 하고, [그림 10-3]과 같이 롤링 수익률을 그래프로 나타낸 것을 '롤링 수익률 그래프'라고 이름 붙여 사용하겠습니다. 롤링 수익률 그래프를 확인하면 장기적인 투자 기간에서의 수익률 변화를 더 쉽게 파악할 수 있습니다.

③ 롤링 수익률 그래프의 활용

롤링 수익률 그래프에 대해서 자세히 살펴본 이유가 있습니다. 팩터의 초과수익이 어떻게 변해왔는지를 알아볼 때 롤링 수익률 그래프를 이용하는 것이 좋기 때문입니다. 퀸트투자에서는 어떤 해에는 큰 언더퍼폼(Underperform, 벤치마크보다 낮은 수익)을 보일 때도 있고, 어떤 해에는 큰 아웃퍼폼(Outperform, 벤치마크보다 높은 수익)을 보일 때도 있습니다. 그러나 매년 끊어서 초과수익 증감을 판단한다면 문제가 생깁니다. 이런 방식은 앞에서 연도별로 분리하여 22번의 경우의 수만 가지고 파악한 것과 비슷한 접근입니다. 초과수익 증감은 롤링 그래프를 그려서 파악하는 것이 더 좋은 방법입니다.

이제 수익률을 산정하는 기간의 문제를 생각해 보겠습니다. 1년 수익률로 1개월마다 롤링하는 것보다는 5년 수익률로 1개월마다 롤링하는 것이 팩터의 초과수익 증감을 파악하는 데 더 좋습니다. 1년 수익률보다는 5년 평균 수익률을 활용하는 것입니다. 이유는 간단합니다. 4년 동안 수익이 잘 나왔는데 마지막 1년 수익이 안 났다고 유용성이 감소했다고 판단하는 것은 문제가 있습니다. 마찬가지로 4년 동안 수익이 안 나다가 마지막 1년 수익이 잘 났다고 갑자기 유용성이 증가했다고 판단하는 것도 문제가 있습니다. 하지만 5년 동안 평균 수익률이 과거에 비해 상승하거나 하락한 것이라면 이것은 어느 정도 신뢰할 수 있습니다. 5년 평균 수익률[10]을 활용한다면 특정 기간의 전략의 성과를 더 정확하게 평가할 수 있으며 장기적인 유용성 파악에 더 적합합니다.

핵심 요약

1 특정 기간의 투자 수익률을 연속적으로 계산하여 나타낸 나열을 '롤링 수익률'이라고 하고, 롤링 수익률을 그래프로 나타낸 것을 '롤링 수익률 그래프'라고 이름 붙여 사용합니다.

2 팩터나 퀀트전략의 유용성을 살펴볼 때 롤링 수익률 그래프를 이용하면 장기적인 투자 기간에서의 수익률 변화를 더 쉽게 파악할 수 있습니다. 또한 1년 초과수익률보다는 5년 초과수익률을 롤링하며 파악하는 것이 더 신뢰도를 높일 수 있는 방법입니다.

---

10 반드시 기간을 5년으로 정해야 하는 것은 아닙니다. 더 길어도 되고 짧아도 됩니다. 다만 유용성을 판단하기에 충분히 납득할 만한 기간이어야 합니다. 이 책에서 5년을 선정한 이유는 제가 최고의 퀀트 책으로 여기는 제임스 오쇼너시의 《월가의 퀀트 투자 바이블》 때문입니다. 이 책에 많은 롤링 수익률 그래프가 그려져 있는데 그 그래프들 모두 5년의 기간을 사용하고 있습니다. 저 역시 5년이라는 기간이 적당하다고 생각하였고, 한편으로 제임스 오쇼너시를 따라 해보고 싶었습니다.

MEMO

CHAPTER
4

QUANTITATIVE INVESTING

초과수익의 지속 여부
확인하기

11

가치지표의 초과수익은
어떻게 흘러왔는가

QUANTITATIVE INVESTING

① 밸류 팩터의 이해

밸류 팩터(Value Factor)는 가치지표 기준으로 저평가된 종목이 고평가된 종목보다 수익률이 높은 현상을 의미합니다. 밸류 팩터는 가치투자와도 관련이 높습니다. 가치투자는 내재가치 대비 충분히 저평가된 종목에 투자하여 수익을 거두는 투자 방법인데, 이때 가치지표를 많이 활용하기 때문입니다.

성공한 가치투자자는 많습니다. 가장 유명한 가치투자자는 주식 투자자라면 누구나 한 번쯤은 들어 봤을 워런 버핏입니다. 이외에도 월터 슐로스(Walter Schloss), 존 네프(John Neff), 피터 린치(Pyter Lynch), 존 템플턴(John Templeton), 세스 클라만(Seth Klarman), 데이비드 드레먼(David Dreman) 등이 있습니다. 물론 이들은 정량적인 지표만 이용한 퀀트투자자는 아닙니다. 하지만 정량적 가치지표도 그들의 투자 결정에 영향을 미쳤을 것입니다. 가치투자의 철학을 가진 많은 투자자가 성공한 것을 보면 과거 밸류 팩터의 유용성이 상당히 강했다는 것을 짐작할 수 있습니다.

유명한 가치지표에는 PER, PBR, PSR, PCR이 있습니다. PER, PBR, PSR, PCR은 시가총액을 각각 지배주주순이익, 지배주주지분, 매출액, 영업현금흐름으로 나눈 지표입니다. 시가총액은 현재 거래되는 주가를 발행주식 수로 곱한 금액을 말합니다. 이들 가치지표는 숫자가 낮으면 저평가를 의미하고 숫자가 높으면 고평가를 의미합니다. 숫자가 낮으면 앞에 저(低)를 붙여 저PER, 저PBR, 저PSR, 저PCR이라고 하고, 반대로 높으면 고(高)를 붙여서 고PER, 고PBR, 고PSR, 고PCR이라고 합니다. 사실 저나 고를 붙이는 데 있어 명확한 기준은 없습니다. "A 주식이 B 주식에 비해서 PER 지표가 낮으므로 상대적으로 저평가 상태에 있다"라는 식으로 상대적으로 평가합니다.

② PER 지표의 초과수익 검증

가치지표 중에서 가장 유명한 지표는 PER(Price Earning Ratio)입니다. 특정 종목의 PER 지표는 단순히 인터넷 검색만으로도 쉽게 파악할 수 있습니다. PER은 시가총액을 지배주주순이익으로 나누어서 구합니다.[11] PER은 주가 수준이 이익에 비교해 얼마나 고평가인지 저평가인지를 판단하게 해 줍니다. PER 지표가 낮을수록 저평가되었다고 봅니다.

---

11 당기순이익은 지배주주순이익과 비지배주주순이익으로 구분할 수 있습니다. PER을 구할 때 시가총액을 당기순이익으로 나누어서 구하는 경우도 있지만, 시가총액을 지배주주순이익으로 나누어서 구하는 것이 더 일반적입니다.

$$PER = \frac{\text{시가총액}}{\text{지배주주순이익}}$$

PER 지표를 강조한 투자자로는 존 네프(John Neff)가 있습니다. 그는 스스로를 '저PER 공략가(Low PER Shooter)'라고 표현하였으며, 1964년부터 1995년에 은퇴할 때까지 5,546%라는 엄청난 수익을 거둔 것으로 알려져 있습니다.

산조이 바수(Sanjoy Basu)는 1977년 발표한 논문 〈보통주의 주가수익비율에 따른 투자 성과: 효율적 시장 가설의 검증〉[12]에서 1957년부터 1971년까지의 뉴욕 증권거래소(NYSE)에 상장된 주식을 바탕으로 PER이 낮은 주식이 더 수익률이 높다는 사실을 검증했습니다.

한국 주식시장에서도 실제로 PER 지표가 낮을수록 수익률이 높은지 알아보기 위해 10분위 백테스트를 진행해 보겠습니다. PER 지표가 가장 낮은 종목부터 가장 높은 종목순으로 정렬한 이후 종목 수를 동일하게 10개의 그룹으로 나눕니다. 1그룹에는 PER 지표가 가장 낮은 10% 종목을 편입하고, 10그룹에는 PER이 가장 높은 10% 종목을 편입합니다. 지금까지와 마찬가지로 각 그룹에 속한 종목들을 분기마다 동일가중으로 리밸런싱하는 방식을 사용합니다.

---

12 S. Basu, "Investment Performance of Common Stocks in Relation to their Price-Earnings Ratios: A Test of the Efficient Market Hypothesis," Journal of Finance, Vol. 32, No. 3, 1977, pp. 663-682.

PER에 따른 10분위 백테스트

- **기간:** 2001년~2022년
- **대상:** KOSPI, KOSDAQ 상장종목 중 리밸런싱 시점 12월 결산법인이면서 전년도(단, 3월 리밸런싱의 경우 전전년도) 회계기준 지배주주순이익 흑자종목
- **리밸런싱 주기:** 1년에 4회(3, 6, 9, 12월 마지막 거래일)
- **방법:** 리밸런싱 시점의 시가총액과 전년도(단, 3월 리밸런싱의 경우 전전년도) 회계기준의 지배주주순이익을 바탕으로 PER을 계산합니다. PER이 낮은 순서대로 1그룹부터 10그룹까지 10분위로 나눕니다. 각 그룹의 속한 종목들을 동일가중으로 리밸런싱합니다.

[그림 11-1]을 통해 그룹별 수익률을 확인해 보겠습니다. 2001년부터 2022년까지의 기간 백테스트를 나타낸 파란색 막대그래프를 보면 1그룹에서 10그룹으로 갈수록 수익률이 점차 낮아지는 경향성이 확인됩니다. 즉, PER이 낮을수록 수익률이 높고 PER이 높을수록 수익률이 낮은 경향이 실제로 있는 것입니다. 2001년부터 2022년까지 22년의 기간으로 보면 PER 지표는 한국 시장에서 효과적으로 작동했습니다. 2001년부터 저PER 상위 10% 종목(1그룹)에 투자하는 방법만으로도 CAGR 14.24%를 달성할 수 있었습니다. 반면에 고PER 상위 10%(10그룹) 종목에 투자했다면 CAGR 2.86%에 그쳤습니다.

이러한 유용성이 최근에도 일정하게 유지되고 있는지 추가적으로 살펴보는 것이 중요합니다. 따라서 2001년부터 2017년까지의 기간과 2018년부터 2022년까지의 기간으로 나눠서 각각 PER 10분위 백테스트를 비교해 보았습니다. 2001년부터 2017년까지의 17년 기간 동안은 [그림 11-1]에 주황색 막대그래프로 표시하였습니다. 역시 PER이 낮을수록 수익률이 높고 PER이 높을수록 수익률이 낮은 현상이 강하게 관찰됩니다. 하지만 2018년부터

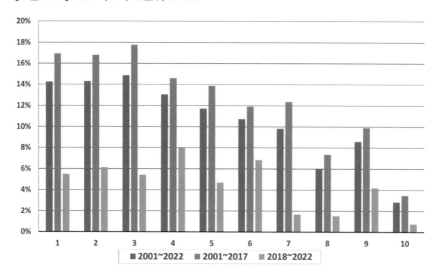

[그림 11-1] PER 지표의 10분위 CAGR

■ 2001~2022 ■ 2001~2017 ■ 2018~2022

2022까지의 5년의 기간(회색 막대그래프)을 살펴본다면 과거에 비해 유용성이 많이 감소한 것을 확인할 수 있습니다. 즉, 저PER 주식이 수익률이 높고 고 PER 주식일수록 수익률이 낮은 경향성이 회색 막대그래프에서는 잘 관찰되지 않고 있습니다.

　[표 11-1]을 보면 더 자세히 파악할 수 있습니다. 2001년부터 2017년의 기간에서는 1그룹과 10그룹의 CAGR 차이가 13.46%로 크게 나타났습니다. 저 PER 주식을 매수하는 것이 고PER주식을 매수하는 것보다 확실히 좋은 선택이었습니다. 그러나 2018년부터 2022년의 기간에서는 이 우위가 4.72%p로 크게 줄었습니다. 1그룹과 벤치마크와의 차이도 확인해 보겠습니다. 2001년부터 2017년의 기간에서는 CAGR 차이가 4.21%p의 우위를 보였지만, 2018년부터 2022년의 기간에서는 CAGR 차이는 0.89%p밖에 나지 않습니다. 즉, 2018년부터 2022년 동안 지배주주순이익 흑자인 종목 중에 저PER 상위 10%

[표 11-1] PER 지표 수익률(CAGR) 요약 표

	2001~2022	2001~2017	2018~2022
1그룹	14.24%	16.94%	5.49%
10그룹	2.86%	3.48%	0.77%
벤치마크	10.83%	12.73%	4.60%
KOSPI	7.00%	9.79%	−1.95%
KOSDAQ	1.17%	2.49%	−3.18%
1그룹−10그룹	11.38%p	13.46%p	4.72%p
1그룹−벤치마크	3.41%p	4.21%p	0.89%p
1그룹−KOSPI	7.24%p	7.15%p	7.44%p
1그룹−KOSDAQ	13.07%p	14.45%p	8.67%p

※ 벤치마크: KOSPI, KOSDAQ 상장종목 중 리밸런싱 시점 12월 결산법인이면서 전년도(단, 3월 리밸런싱의 경우 전전년도) 회계기준 지배주주순이익 흑자종목 동일가중 분기 리밸런싱 수익률

종목에 투자하는 것과 지배주주순이익이 흑자인 모든 종목을 동일가중으로 투자하는 것의 수익률 차이가 거의 없었다는 것을 의미합니다. 이제 시계열로 살펴보도록 하겠습니다. PER 지표의 초과수익이 지속적으로 감소하고 있었던 것인지, 최근 5년에만 없었던 것인지를 확인하기 위해서입니다. 2001년부터 2022년까지의 저PER 상위 10% 투자전략의 월별 수익률부터 확인해보겠습니다.

[그림 11-2]를 보면 어느 달은 갑자기 수익이 크게 났다가 다음 달은 크게 하락하고 그다음 달은 소폭 상승하다 그다음 달은 갑자기 크게 하락하는 식으로 매우 불규칙한 패턴을 보입니다. 수익률의 변동성이 커서 월별 수익률 그래프로는 저PER 투자 수익률의 추세를 확인하기가 어렵습니다. 이때 유용한 것이 앞서 Chapter 3에서 살펴본 롤링 수익률 그래프입니다.

[그림 11-3]은 저PER 상위 10% 투자전략의 5년 기간 롤링 수익률을 나타

[그림 11-2] PER 1그룹 월별 수익률

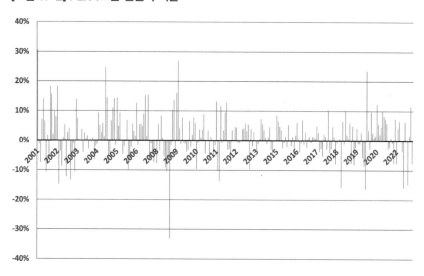

[그림 11-3] PER 1그룹 5년 롤링 수익률

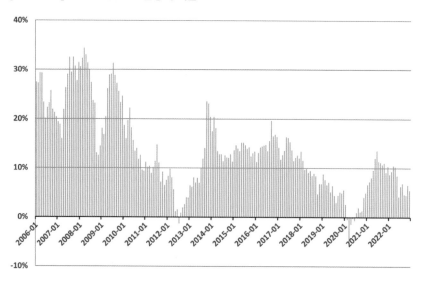

낸 그래프입니다. 수익률 데이터는 2001년부터 2022년까지의 기간을 사용하였지만 5년 CAGR을 구했기 때문에 그래프에는 2006년부터 표시되었습니다. 정확하게는 2005년 12월부터 표시할 수 있으나 2005년 12월은 그래프에서 생략하였습니다. 이 그래프를 통해서 5년 동안 해당 전략을 사용했을 때 어느 정도의 수익이 발생했는지 확인할 수 있습니다. 그래프상 가장 높은 수익률은 2008년 3월 시점 34.44%로 나타납니다. 5년 전인 2003년 4월부터 2008년 3월까지 투자하였다면 CAGR 34.44%를 얻을 수 있었다는 의미입니다. 반대로 최악의 5년은 그래프상으로 2020년 3월 시점 -4.84%로 나타납니다. 즉, 2015년 4월부터 2020년 3월까지 투자하였다면 CAGR -4.84%를 경험한다는 의미입니다. 5년 동안 투자한다면 204번의 경우 중 6번의 경우에서 손실이 나며 198번은 수익이 납니다. 즉, 5년 투자 시 수익 확률은 97.06%입니다. 수익 확률로 확인해 보면 매우 우수해 보입니다.

하지만 추가로 살펴봐야 할 것이 있습니다. 팩터의 유용성은 전략의 수익률이 아닌 전략의 벤치마크 대비 초과수익률을 통해 알아봐야 한다는 사실을 우리는 이미 Chapter 3에서 충분히 배웠습니다. [그림 11-3]의 PER 1그룹 롤링 수익률의 그래프로는 해당 전략의 수익률을 파악할 수 있지만, 해당 전략의 초과수익률을 파악할 수는 없습니다. 전략의 수익률이 아무리 높더라도 벤치마크의 수익률이 더 높아서 초과수익률이 마이너스라면, PER지표의 유용성은 없는 것으로 결론 내려야 합니다. 연평균 초과수익률은 전략의 CAGR에서 벤치마크의 CAGR을 차감하여 계산합니다. 저PER 1그룹 투자 전략의 5년 롤링 수익률은 이미 알고 있습니다. 초과수익률을 구하기 위해 전략의 벤치마크 5년 롤링 수익률도 알아야 합니다.

[그림 11-4]는 벤치마크의 5년 롤링 수익률 그래프입니다. 참고로 PER 지

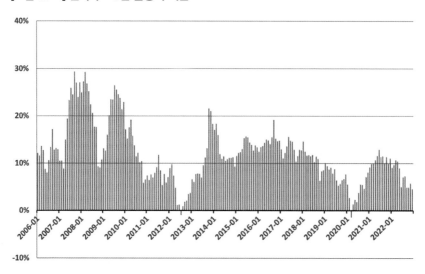

[그림 11-4] 벤치마크 5년 롤링 수익률

표의 벤치마크는 지배주주순이익 흑자종목 모두를 동일가중으로 투자하며 분기 리밸런싱한 것입니다. 앞에서 PER 지표를 백테스트할 때 사용한 필터 조건과 리밸런싱 조건을 그대로 벤치마크에 사용하였습니다. 왜 그렇게 해야 하는지도 Chapter 3에서 배웠습니다.

이제 최종적으로 해야 할 일은 롤링 초과수익률 그래프를 그리는 것입니다. PER 1그룹 롤링 수익률에서 벤치마크 롤링 수익률을 차감하면 됩니다. [그림 11-3]에서 [그림 11-4]를 차감해서 그리는 것입니다. 롤링 초과수익률 그래프를 통해 저PER 투자전략의 초과수익이 어떻게 흘러왔는지 시계열로 확인할 수 있게 될 것입니다.

최종적으로 그려진 결과인 [그림 11-5]를 살펴보겠습니다. 그래프의 막대그래프가 가장 높은 시점은 2006년 4월로 16.57%p를 나타내고 있습니다. 즉, 가장 높은 연평균 초과수익을 보인 5년은 2001년 5월부터 2006년 4

[그림 11-5] PER 1그룹 5년 롤링 초과수익률(1그룹-벤치마크)

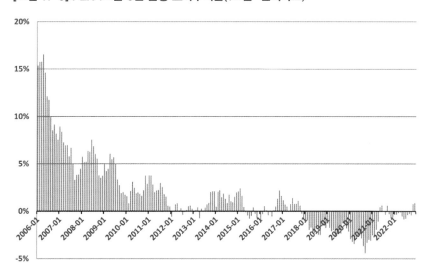

월까지의 기간이며, 이 기간 연평균 초과수익률이 16.57%p라는 의미입니다. 참고로 해당 기간 PER 1그룹의 CAGR은 29.31%이며 벤치마크의 CAGR은 12.74%입니다. 따라서 이 둘의 차이를 나타내는 연평균 초과수익률이 16.57%p가 된 것입니다.

[그림 11-5]에서 그래프가 가장 낮은 시점은 2020년 9월로 -4.42%p를 나타내고 있습니다. 즉, 가장 낮은 연평균 초과수익률을 보인 5년은 2015년 10월부터 2020년 9월까지의 기간이며, 이 기간 연평균 초과수익률이 -4.42%p라는 의미입니다. 참고로 이 기간 PER 1그룹의 CAGR은 1.08%이며 벤치마크의 CAGR은 5.50%입니다. 따라서 이 둘의 차이를 나타내는 연평균 초과수익률이 -4.42%p가 된 것입니다.

5년 롤링 초과수익률 그래프에서 가장 중요하게 봐야 할 것은 그래프의 모습이 테스트 기간 전체에서 하향 추세를 보였다는 것입니다. 많은 투자자가 투자에는 사이클이 있다는 것을 알고 있습니다. 즉, 특정 투자 전략의 수익률이 좋지 못한 기간이 어느 정도 경과한 후에 다시 수익률이 좋아지고, 또 수익률이 좋은 기간이 어느 정도 경과한 후에 다시 수익률이 좋지 않은 기간이 온다는 것입니다. 옳은 이야기입니다. 실제로 [그림 11-5]의 그래프에서 작은 사이클을 확인할 수 있습니다. 하지만 아쉽게도 전체적인 추세는 우하향하는 모습입니다. PER 지표의 유용성이 증가했다 감소했다를 반복하지만 장기적으로는 서서히 감소해 왔다는 의미입니다.

또한, 5년 롤링 초과수익률 기준으로 2012년 이후부터는 유용하지 않았다는 것을 [그림 11-5]의 그래프로 확인할 수 있습니다. 이 이야기는 2012년 이전의 5년, 즉 2007년부터 투자했던 투자자는 저PER 투자로 벤치마크 대비 거의 아웃퍼폼하지 못했음을 의미합니다. 실제로 그런지 확인해 보겠습니다.

본격적으로 확인하기 전에 22년 전체 기간으로 그려진 [그림 11-6]을 먼

[그림 11-6] PER 1그룹과 벤치마크 시뮬레이션(2001~2022년)

저 살펴보겠습니다. 특별한 교훈을 얻기 위함입니다. 시뮬레이션 계좌의 22년 전체 기간의 그래프를 보면 2001년에 100만 원으로 투자를 시작하였다면 2022년에는 1,869만 원이 되어있습니다. 반면 벤치마크는 960만 원에 불과합니다. 전체 기간의 그래프만 살펴보면 PER 지표는 22년 동안 지속적으로 플러스의 초과수익이 나타난 것처럼 보입니다. 하지만 이것은 착시일 뿐입니다.

만약 2007년부터 100만 원으로 시작했다면 어떠했을까요? [그림 11-7]을 확인해 보겠습니다. 2007년부터 2022년까지 PER 1그룹은 399만 원이 되어 있습니다. 매우 높은 수익률이라고 생각할 수 있지만, 벤치마크도 확인해 봐야 합니다. 벤치마크에 투자하였다면 367만 원이 되어있습니다. 큰 차이가 없습니다. 즉, 2007년부터 지배주주순이익 흑자종목 중 저PER 상위 10% 종목을 찾아서 동일가중으로 투자하든, 지배주주순이익 흑자종목을 모두 동일

[그림 11-7] PER 1그룹과 벤치마크 시뮬레이션(2007~2022년)

가중으로 투자하든 수익률에 큰 차이가 없었다는 것을 의미합니다.

초과수익에 대해 충분한 시뮬레이션을 하지 않는다면 [그림 11-6]의 그래프만 보고 초과수익이 지속적으로 발생했을 것이라고 착각하기 쉽습니다. 롤링 초과수익률로 그래프를 그려보는 것이 중요하다는 것을 다시 한번 알 수 있습니다.

> ※ PER 지표에 대한 초과수익 추이를 살펴보기 위해서 최종적으로 롤링 초과수익률 그래프를 그렸습니다. 그것이 [그림 11-5] 그래프입니다. 이 그래프를 얻기까지의 과정을 자세히 설명해 드리기 위해 PER 1그룹 롤링 수익률 그래프인 [그림 11-3]과 벤치마크의 롤링 수익률 그래프인 [그림 11-4]를 책에 실었습니다. 하지만 뒤에 나오는 다른 지표나 팩터들의 경우에는 지면 관계상 앞의 두 과정을 생략하고 바로 최종 롤링 초과수익률 그래프만을 책에 실었습니다.

③ PBR 지표의 초과수익 검증

PBR(Price Book-value Ratio) 지표는 시가총액을 지배주주지분으로 나누어서 계산합니다.[13] 순자산가치 대비 저평가 여부를 판단하는 지표로, PBR 지표가 낮으면 저평가 상태를 의미하고 높으면 고평가 상태를 의미합니다. PBR 지표는 자본 항목을 이용하기 때문에 이익 항목을 이용하는 PER 지표에 비해 변동이 덜하다는 장점이 있습니다.

---

13 총자본을 지배주주지분과 비지배주주지분으로 구분할 수 있습니다. PBR을 구할 때 시가총액을 총자본으로 나누어서 구하기도 하지만 일반적으로는 지배주주지분으로 나누어서 구합니다.

$$PBR = \frac{시가총액}{지배주주지분}$$

유진 파마(Eugene Fama)와 케네스 프렌치(Kenneth French)의 1992년 논문
〈기대 주식 수익률의 단면〉[14]에는 1963년부터 1990년 사이의 미국 주식 데
이터를 분석한 결과가 있습니다. 이 논문을 통해 PBR 지표가 낮은 주식일수
록 수익률이 높다는 사실을 알 수 있습니다.

앞에서 진행했던 PER 지표와 마찬가지로 2001년부터 2017년까지의 기간
과 2018년부터 2022년까지의 기간으로 나누어서 10분위 백테스트를 진행해
보겠습니다. 이를 통해 PBR 지표의 초과수익이 최근까지도 이전과 유사하
게 유지되었는지, 아니면 감소하였는지를 확인할 수 있을 것입니다.

PBR에 따른 10분위 백테스트

- **기간:** 2001년~2022년
- **대상:** KOSPI, KOSDAQ 상장종목 중 리밸런싱 시점 12월 결산법인이면서 전년도(단, 3월 리밸런싱의 경우 전전년도) 회계기준 지배주주순이익이 흑자이고 동시에 지배주주 지분이 양수인 종목
- **리밸런싱 주기:** 1년에 4회(3, 6, 9, 12월 마지막 거래일)
- **방법:** 리밸런싱 시점의 시가총액과 전년도(단, 3월 리밸런싱의 경우 전전년도) 회계기준의 지배주주지분을 바탕으로 PBR을 계산합니다. PBR이 낮은 순서대로 1그룹부터 10그룹까지 10분위로 나눕니다. 각 그룹의 속한 종목들을 동일가중으로 리밸런싱합니다.

---

14 E. Fama and K. French, "The Cross-Section of Expected Stock Returns," Journal of Finance, 1992, Vol. 47, No. 2, 1992, pp. 427-465.

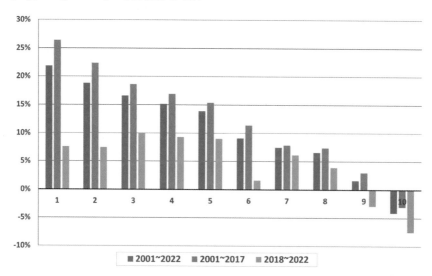

[그림 11-8] PBR 지표의 10분위 CAGR

■ 2001~2022　■ 2001~2017　■ 2018~2022

　[그림 11-8]을 살펴보겠습니다. 앞에서 살펴본 PER 지표와 유사한 양상을 PBR 지표에서도 확인할 수 있습니다. 2001년부터 2017년까지의 기간에서는 PBR 1그룹의 수익률이 가장 높으며 10그룹의 수익률이 가장 낮았습니다. 또한 그룹이 높아질수록(PBR 지표값이 커질수록) 수익률이 낮아지는 경향성이 매우 뚜렷하게 나타났습니다. 한국에서 저PBR 투자는 매우 훌륭한 투자 방법이었습니다. 그러나 2018년부터 2022년까지의 기간에는 과거에 비해 유용성이 많이 감소한 모습입니다. 1그룹의 수익률이 더 이상 가장 높지 않으며, 1그룹과 10그룹의 수익률 차이 역시 이전 기간에 비해 크게 줄어들었습니다.

　[표 11-2]에서 더 자세히 살펴보겠습니다. 2001년부터 2017년까지의 기간에서 1그룹과 10그룹의 CAGR은 29.50%p의 차이를 보여주었습니다. 그러나 2018년부터 2022년까지의 기간에서는 이 차이가 15.07%p로 절반 가

[표 11-2] PBR 지표 수익률(CAGR) 요약 표

	2001~2022	2001~2017	2018~2022
1그룹	21.86%	26.42%	7.55%
10그룹	−4.10%	−3.08%	−7.52%
벤치마크	10.84%	12.75%	4.59%
KOSPI	7.00%	9.79%	−1.95%
KOSDAQ	1.17%	2.49%	−3.18%
1그룹−10그룹	25.96%p	29.50%p	15.07%p
1그룹−벤치마크	11.02%p	13.67%p	2.96%p
1그룹−KOSPI	14.86%p	16.63%p	9.50%p
1그룹−KOSDAQ	20.69%p	23.93%p	10.73%p

※ 벤치마크: KOSPI, KOSDAQ 상장종목 중 리밸런싱 시점 12월 결산법인이면서 전년도(단, 3월 리밸런싱의 경우 전전년도) 회계기준 지배주주순이익이 흑자이고 지배주주지분이 양수인 종목 동일가중 분기 리밸런싱 수익률

까이 줄어듭니다. 또한 1그룹과 KOSPI 지수의 차이와 1그룹과 KOSDAQ 지수의 차이에서도 큰 감소를 확인할 수 있습니다. 가장 중요한 것은 1그룹과 벤치마크 수익률 차이입니다. 2001년부터 2017년까지의 기간에서는 1그룹 CAGR과 벤치마크 CAGR의 차이는 13.67%p였습니다. 하지만 2018년부터 2022년까지는 이 차이가 2.96%p로 크게 감소하였습니다.

[그림 11-9]를 통해 PBR 1그룹의 벤치마크 대비 5년 롤링 초과수익률을 살펴보겠습니다. 초과수익이 점차 감소하는 양상이 관찰됩니다. 5년이라는 기간 동안 투자했음에도 벤치마크를 언더퍼폼하는 경우는 2020년 이전까지는 한 번도 없었습니다. 하지만 2020년부터는 벤치마크 대비 언더퍼폼하는 5년이 자주 나타납니다. 그만큼 PBR 지표의 유용성이 컸던 과거에 비해서 최근 감소하였음을 의미합니다.

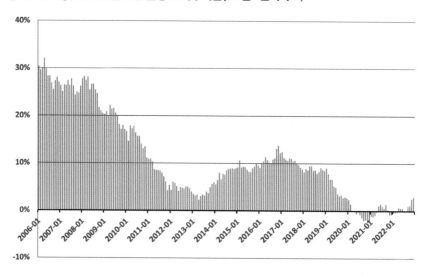

[그림 11-9] PBR 1그룹 5년 롤링 초과수익률(1그룹-벤치마크)

[그림 11-9]에서 막대그래프가 가장 높은 시점은 2006년 4월로 32.06%p를 나타내고 있습니다. 즉, PBR 1그룹의 연평균 초과수익률이 가장 높았던 5년은 2001년 5월부터 2006년 4월까지의 기간이며, 이 기간 연평균 초과수익률은 32.06%p라는 의미입니다. 참고로 이 기간 1그룹의 CAGR은 44.84%이며, 벤치마크의 CAGR은 12.78%입니다. 따라서 이 둘의 차이를 나타내는 연평균 초과수익률은 32.06%p가 된 것입니다. 누적 수익률의 차이를 확인해보겠습니다. 1그룹은 5년간 누적 537.54%의 수익률을 얻어간 반면, 벤치마크는 82.50%밖에는 얻지 못합니다. 이 둘의 누적 수익률 차이는 455.04%p입니다.

[그림 11-9]에서 막대그래프가 가장 낮은 시점은 2020년 11월로 -2.24%p를 나타내고 있습니다. 즉, PBR 1그룹의 연평균 초과수익률이 가장 낮은 5년은 2015년 12월부터 2020년 11월까지의 기간이며, 이 기간 연평균 초과수

익률은 -2.24%p라는 의미입니다. 참고로 이 기간 1그룹의 CAGR은 4.86%이며, 벤치마크의 CAGR은 7.10%입니다. 따라서 이 둘의 차이를 나타내는 연평균 초과수익률은 -2.24%p가 된 것입니다. 이 기간 누적 수익률을 살펴보면, 1그룹은 26.80%의 수익이 났으며, 벤치마크는 40.90%의 수익이 났습니다. 2015년 12월부터 저PBR 상위 10%에 5년 동안 투자했다면 누적 수익률로 벤치마크 대비 14.10%p 언더퍼폼을 경험했다는 의미입니다.

④ PSR 지표의 초과수익 검증

PSR(Price Sales Ratio) 지표는 시가총액을 매출액으로 나누어 계산하는 지표입니다. 제가 처음 PSR을 접했을 때는 선뜻 받아들이기가 어려웠습니다. 매출액은 손익계산서의 맨 위에 위치해 있는 항목입니다. 아직 비용을 차감하기도 전의 항목인 것입니다. 이런 항목으로 저평가 여부를 판단한다는 것은 무리가 있어 보였습니다. 그러나 막상 백테스트를 해보면 PSR 지표는 매우 잘 작동하는 지표입니다.

$$PSR = \frac{\text{시가총액}}{\text{매출액}}$$

PSR로 가장 유명한 투자자는 켄 피셔(Kenneth Fisher)입니다. 많은 사람이 이익이나 자본을 이용한 PER이나 PBR에 관심을 보일 때 켄 피셔는 매출액에 관심을 가졌습니다. 그리고 PER이나 PBR보다 PSR이 더 유용하다고 주장하며 투자에 이용하였습니다. 그는 매출액이 이익에 비해 변동 폭이 작아 안정적이라고 이야기합니다. 그의 저서 《슈퍼 스톡스》[15]에서 이와 관련된 내용을 다루고 있습니다. 이제 PSR 지표의 백테스트를 진행해 보겠습니다.

PSR에 따른 10분위 백테스트

- **기간:** 2001년~2022년
- **대상:** KOSPI, KOSDAQ 상장종목 중 리밸런싱 시점 12월 결산법인이면서 전년도(단, 3월 리밸런싱의 경우 전전년도) 회계기준 지배주주순이익 흑자종목
- **리밸런싱 주기:** 1년에 4회(3, 6, 9, 12월 마지막 거래일)
- **방법:** 리밸런싱 시점의 시가총액과 전년도(단, 3월 리밸런싱의 경우 전전년도) 회계기준의 매출액을 바탕으로 PSR을 계산합니다. PSR이 낮은 순서대로 1그룹부터 10그룹까지 10분위로 나눕니다. 각 그룹의 속한 종목들을 동일가중으로 리밸런싱합니다.

[그림 11-10] PSR 지표의 10분위 CAGR

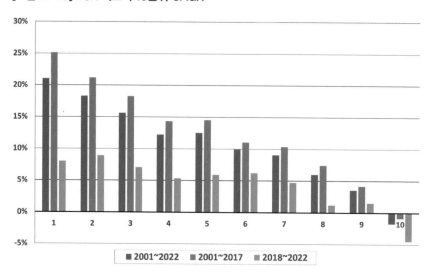

---

15 켄 피셔, 《슈퍼 스톡스》, 이건 역, 중앙북스, 2019.

[그림 11-10]을 보면 앞에서 살펴본 PER, PBR과 비슷한 모습입니다. 2001년부터 2017년까지의 기간에서는 PSR이 낮은 1그룹 종목들의 수익률이 가장 높았고, PSR이 높은 10그룹 수익률이 가장 낮았습니다. 또한 그룹이 높아질수록(PSR 지표값이 커질수록) 수익률이 하락하는 경향성도 뚜렷하게 나타났습니다. 그러나 2018년부터 2022년까지의 10분위 백테스트에서는 이전과 같은 강한 경향성은 보이지 않습니다.

[표 11-3] PSR 지표 수익률(CAGR) 요약 표

	2001~2022	2001~2017	2018~2022
1그룹	21.03%	25.14%	8.03%
10그룹	−1.70%	−0.86%	−4.51%
벤치마크	10.83%	12.73%	4.60%
KOSPI	7.00%	9.79%	−1.95%
KOSDAQ	1.17%	2.49%	−3.18%
1그룹−10그룹	22.73%p	26.00%p	12.54%p
1그룹−벤치마크	10.20%p	12.41%p	3.43%p
1그룹−KOSPI	14.03%p	15.35%p	9.98%p
1그룹−KOSDAQ	19.86%p	22.65%p	11.21%p

※ 벤치마크: KOSPI, KOSDAQ 상장종목 중 리밸런싱 시점 12월 결산법인이면서 전년도(단, 3월 리밸런싱의 경우 전전년도) 회계기준 지배주주순이익 흑자종목 동일가중 분기 리밸런싱 수익률

[표 11-3]을 살펴보면 PSR 지표의 1그룹 수익률을 확인할 수 있습니다. 2001년부터 2017년까지의 기간에는 25.14%의 높은 CAGR을 보여주었습니다. 하지만 2018년부터 2022년까지의 기간에는 CAGR 8.03%로 과거에 크게 못 미치는 성과를 보여줍니다. 2001년부터 2017년까지의 기간에는 1그룹과 10그룹 간 CAGR이 26.00%p의 차이가 납니다. 하지만 2018년부터 2022년까

지의 기간에는 과거의 약 절반 수준인 12.54%p의 차이를 보여주고 있습니다. 가장 중요한 1그룹과 벤치마크 수익률의 차이를 살펴보면, 2001년부터 2017년까지의 기간에서 CAGR의 차이가 12.41%p였습니다. 하지만 2018년부터 2022년까지의 기간에서 CAGR의 차이는 3.43%p로 많이 감소하였습니다. 최근 5년 동안에만 초과수익이 낮았던 것인지 아니면 꾸준히 감소해 왔던 것인지를 파악하고자 앞서와 마찬가지로 5년 롤링 초과수익률을 그래프로 살펴보겠습니다.

[그림 11-11]은 PSR 1그룹의 벤치마크 대비 5년 롤링 초과수익률을 보여주고 있습니다. 앞에서 살펴본 PER, PBR과 비슷한 양상을 보여줍니다. 과거 높았던 초과수익률을 뒤로하고 최근으로 올수록 지속적으로 하락하고 있습니다. 5년 롤링 초과수익률 기준으로 2013년 이전에는 PSR 지표의 유용성이 매우 뛰어났으나 그 이후부터는 큰 힘을 발휘하지 못하고 있습니다.

[그림 11-11] PSR 1그룹 5년 롤링 초과수익률(1그룹−벤치마크)

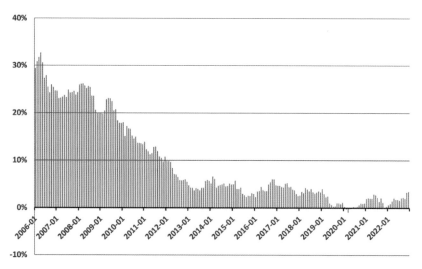

[그림 11-11]에서 그래프가 가장 높은 시점은 2006년 4월로 32.73%p를 나타내고 있습니다. 즉, PSR 1그룹의 연평균 초과수익률이 가장 높았던 5년은 2001년 5월부터 2006년 4월까지의 기간이며, 이 기간 연평균 초과수익률이 32.73%p라는 의미입니다. 참고로 이 기간 1그룹 CAGR은 45.47%이며 벤치마크 CAGR은 12.74%입니다. 따라서 이 둘의 차이를 나타내는 연평균 초과수익률은 32.73%p가 된 것입니다. 5년간 누적해 보면 1그룹은 551.40%의 수익률을 얻었지만, 벤치마크는 82.15%밖에는 얻어 가지 못합니다. 누적 수익률 차이는 469.25%p입니다.

[그림 11-11]에서 그래프가 가장 낮은 시점은 2020년 3월로 -0.95%p를 나타내고 있습니다. 즉, PSR 1그룹의 연평균 초과수익률이 가장 낮았던 5년은 2015년 4월부터 2020년 3월까지의 기간이며, 이 기간 초과수익률은 -0.95%p라는 의미입니다. 참고로 이 기간 PSR 1그룹의 CAGR은 -2.34%이며 벤치마크의 CAGR은 -1.39%입니다. 따라서 이 둘의 차이를 나타내는 연평균 초과수익률은 -0.95%p가 된 것입니다. 5년간 누적해 보면 1그룹의 누적 수익률은 -11.17%이며, 벤치마크는 누적 수익률은 -6.78%입니다. 2015년 4월부터 저PSR 상위 10%에 투자했다면 5년 동안 벤치마크 대비 누적 수익률 기준으로 4.39%p의 언더퍼폼을 경험하게 됩니다.

⑤ PCR 지표의 초과수익 검증

PCR(Price Cash-flow Ratio) 지표는 기업의 가치를 분석할 때 이익보다는 현금흐름에 초점을 맞추는 지표입니다. 기업이 주가 대비하여 얼마나 많은 현금을 생성하는지를 파악하기 위해 시가총액을 영업현금흐름으로 나누어 계산합니다. 기업의 이익이 100억 원이 난다고 해서 현금 100억 원이 기업으로 들어오는 것은 아니며, 기업이 10억 원의 비용이 발생했다고 해서 10억 원의 현금이 나가는 것도 아닙니다. 손익과 현금흐름은 다르다는 것을 앞에서 이미 배웠습니다. 현금흐름은 기업의 실질적인 현금 생성 능력을 나타내므로 기업의 재무 건강 상태를 파악하는 데 도움을 줍니다. PCR 지표의 10분위 백테스트를 진행해 보겠습니다.

$$PCR = \frac{시가총액}{영업현금흐름}$$

PCR에 따른 10분위 백테스트

- **기간:** 2001년~2022년
- **대상:** KOSPI, KOSDAQ 상장종목 중 리밸런싱 시점 12월 결산법인이면서 전년도(단, 3월 리밸런싱의 경우 전전년도) 회계기준 지배주주순이익이 흑자이고 동시에 영업활동현금흐름이 양수인 종목
- **리밸런싱 주기:** 1년에 4회(3, 6, 9, 12월 마지막 거래일)
- **방법:** 리밸런싱 시점의 시가총액과 전년도(단, 3월 리밸런싱의 경우 전전년도) 회계기준의 영업활동현금흐름을 바탕으로 PCR을 계산합니다. PCR이 낮은 순서대로 1그룹부터 10그룹까지 10분위로 나눕니다. 각 그룹의 속한 종목들을 동일가중으로 리밸런싱합니다.

[그림 11-12]의 그래프 역시 앞에서 살펴본 PER, PBR, PSR과 비슷한 모습입니다. 2001년부터 2017년까지의 기간에서는 PCR이 낮은 1그룹 종목들의 수익률이 높았고 PCR이 높은 10그룹 수익률이 가장 낮았습니다. 그룹이 높아질수록(PCR 지표 값이 커질수록) 수익률이 낮아지는 경향성도 뚜렷하였으나,

[그림 11-12] PCR 지표의 10분위 CAGR

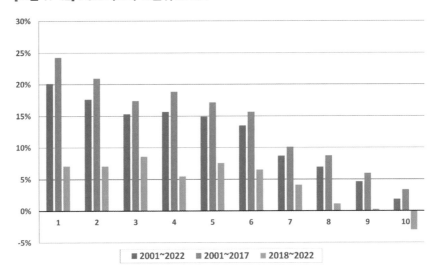

[표 11-4] PCR 지표 수익률(CAGR) 요약 표

	2001~2022	2001~2017	2018~2022
1그룹	20.12%	24.24%	7.09%
10그룹	1.87%	3.36%	−3.03%
벤치마크	12.15%	14.47%	4.59%
KOSPI	7.00%	9.79%	−1.95%
KOSDAQ	1.17%	2.49%	−3.18%
1그룹-10그룹	18.25%p	20.88%p	10.12%p
1그룹-벤치마크	7.97%p	9.77%p	2.50%p
1그룹-KOSPI	13.12%p	14.45%p	9.04%p
1그룹-KOSDAQ	18.95%p	21.75%p	10.27%p

※ 벤치마크: KOSPI, KOSDAQ 상장종목 중 리밸런싱 시점 12월 결산법인이면서 전년도(단, 3월 리밸런싱의 경우 전전년도) 회계기준 지배주주순이익이 흑자이고 영업활동현금흐름이 양수인 종목 동일가중 분기 리밸런싱 수익률

2018년부터 2022년까지의 10분위 백테스트에서는 이전만큼 강한 경향성은 보이지 않습니다. 특이하게 3그룹의 수익률이 가장 높고, 1그룹부터 7그룹까지는 거의 경향성도 보이지 않을 정도로 유용성이 감소했음을 확인할 수 있습니다.

[표 11-4]를 통해 PCR 지표의 1그룹의 수익률부터 살펴보겠습니다. 2001년부터 2017년까지의 기간에서는 CAGR 24.24%의 높은 수익률을 보였지만, 2018년부터 2022년까지의 기간에서는 CAGR 7.09%밖에는 보여주지 못하고 있습니다. 2001년부터 2017년까지의 기간에서 PCR 1그룹과 10그룹의 CAGR 차이는 20.88%p였습니다. 하지만 2018년부터 2022년까지의 기간에서는 10.12%p로 과거에 비해 크게 못 미치는 성과를 보여줍니다. 1그룹과 벤치마크와의 연평균 초과수익률 비교는 더 좋지 않습니다. 2001년부터 2017년까지의 1그룹과 벤치마크의 CAGR 차이는 9.77%p였습니다. 하지만 2018년부터 2022년까지의 경우 2.50%p입니다. 5년 롤링 초과수익률의 그래프를 통해 어떤 식으로 초과수익이 감소해 왔는지 더 자세히 살펴보겠습니다.

[그림 11-13]을 살펴보면 역시 5년 롤링 초과수익률이 지속적으로 감소해 오고 있습니다. 그래프가 가장 높은 시점은 2006년 4월로 23.94%p를 나타내고 있습니다. 즉, PCR 1그룹의 연평균 초과수익률이 가장 높았던 5년은 2001년 5월부터 2006년 4월까지의 기간이며, 이 기간 연평균 초과수익률은 23.94%p라는 의미입니다. 참고로 이 기간 1그룹의 5년간 CAGR은 40.48%이며, 같은 기간 벤치마크의 CAGR은 16.54%입니다. 따라서 이 둘의 차이를 나타내는 연평균 초과수익률은 23.94%p가 된 것입니다. 2001년 5월부터 2006년 4월까지 PCR 1그룹의 누적 수익률은 447.14%이고, 벤치마크의 누적 수익률은 114.95%입니다. 이 5년의 기간 동안 누적 수익률 기준으로

[그림 11-13] PCR 1그룹 5년 롤링 초과수익률(1그룹-벤치마크)

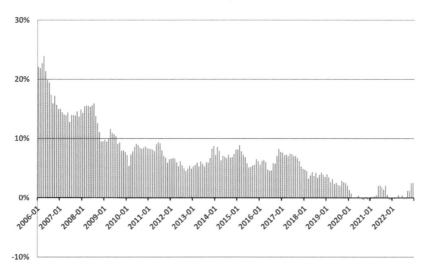

332.19%p를 아웃퍼폼했습니다.

[그림 11-13]에서 그래프가 가장 낮은 시점은 2020년 12월로 -0.58%p를 나타냅니다. 즉, PCR 1그룹의 연평균 초과수익률이 가장 낮았던 5년은 2016년 1월부터 2020년 12월까지의 기간이며, 이 기간 연평균 초과수익률이 -0.58%p임을 의미합니다. 참고로 이 기간 1그룹의 CAGR은 7.36%이며, 벤치마크의 CAGR은 7.94%입니다. 따라서 이 둘의 차이를 나타내는 연평균 초과수익률은 -0.58%p가 된 것입니다. 이 기간에 1그룹의 누적 수익률은 42.63%이고, 벤치마크의 누적 수익률은 46.50%입니다. 이 5년 동안 누적 수익률 기준으로 3.87%p를 언더퍼폼하였습니다.

⑥ 가치혼합 지표의 초과수익 검증

가치지표 4개를 모두 결합하여 새로운 지표를 만들어 보면 어떨까요? 이것을 가치혼합 지표라고 하겠습니다. 이 책에서 사용한 가치혼합 지표는 4개의 가치지표(PER, PBR, PSR, PCR)의 순위를 각각 구해서 이 순위를 합산한 값입니다. 예를 들어 A종목의 PER 순위는 2위, PBR은 5위, PSR은 10위, PCR은 5위라면, A종목의 가치혼합 지표값은 4개 순위를 모두 더한 22가 됩니다. 가치혼합 지표도 각 지표와 마찬가지로 낮을수록 저평가를 의미합니다. 이렇게 가치혼합 지표의 값이 낮은 상위 10%에 투자하는 전략을 가치혼합 전략이라고 합니다.

과거 저는 《실전 퀀트투자》에서 어떤 한 지표의 유용성이 떨어졌을 때 받을 수 있는 리스크를 피하기 위해 전략의 순위를 합산하는 지표를 사용하는 것이 유리할 것이라고 언급했습니다. 그러나 그 이후 5년을 살펴보면 1개의 가치지표만 유용성이 감소한 것이 아니라, 4개의 가치지표 모두 유용성이 감소한 것으로 나타납니다. 4개 지표의 유용성이 모두 감소했는데 가치지표 4개를 이용한 가치혼합 지표의 유용성이 그대로 유지되기는 힘들었을 것입니다. 실제로 그러한지 가치혼합 지표의 유용성도 확인해 보겠습니다.

[그림 11-14]를 살펴보겠습니다. 역시 예상했던 대로 가치지표 4개의 종합순위를 구해서 투자하는 전략의 유용성이 크게 감소했다는 것이 확인됩니다. 2001년부터 2017년까지의 기간에서는 그룹의 숫자가 높을수록 수익률이 하락하는 경향성이 뚜렷하였으나, 2018년부터 2022년까지의 기간에서는 경향성이 제대로 확인되지 않습니다. 특이하게 5그룹의 수익률이 가장 높았으며 1그룹부터 7그룹까지는 경향성도 전혀 확인되지 않습니다.

가치혼합 지표에 따른 10분위 백테스트

- **기간:** 2001년~2022년
- **대상:** KOSPI, KOSDAQ 상장종목 중 리밸런싱 시점 12월 결산법인이면서 전년도(단, 3월 리밸런싱의 경우 전전년도) 회계기준 지배주주순이익이 흑자이고 지배주주지분이 양수이고 영업활동현금흐름도 양수인 종목
- **리밸런싱 주기:** 1년에 4회(3, 6, 9, 12월 마지막 거래일)
- **방법:** 리밸런싱 시점의 시가총액과 전년도(단, 3월 리밸런싱의 경우 전전년도) 회계기준 재무제표를 바탕으로 PER, PBR, PSR, PCR을 계산합니다. 각 4개 지표의 순위를 매겨서 순위를 합산합니다. 합산한 값이 낮은 순서대로 1그룹부터 10그룹까지 10분위로 나눕니다. 각 그룹의 속한 종목들을 동일가중으로 리밸런싱합니다.

[그림 11-14] 4개 가치혼합 지표의 10분위 CAGR

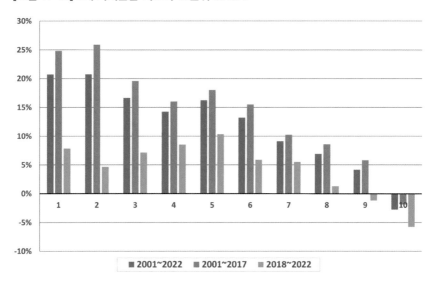

[표 11-5] 가치혼합 지표 수익률(CAGR) 요약 표

	2001~2022	2001~2017	2018~2022
1그룹	20.74%	24.82%	7.83%
10그룹	-2.78%	-1.88%	-5.78%
벤치마크	12.15%	14.47%	4.59%
KOSPI	7.00%	9.79%	-1.95%
KOSDAQ	1.17%	2.49%	-3.18%
1그룹-10그룹	23.52%p	26.70%p	13.61%p
1그룹-벤치마크	8.59%p	10.35%p	3.24%p
1그룹-KOSPI	13.74%p	15.03%p	9.78%p
1그룹-KOSDAQ	19.57%p	22.33%p	11.01%p

※ 벤치마크: KOSPI, KOSDAQ 상장종목 중 리밸런싱 시점 12월 결산법인이면서 전년도(단, 3월 리밸런싱의 경우 전전년도) 회계기준 지배주주순이익 흑자이고 지배주주지분 양수이고 영업활동현금흐름도 양수인 종목 동일가중 분기 리밸런싱 수익률

[표 11-5]를 살펴보면 가치혼합 지표의 모습도 앞에서 살펴본 4개 가치지표와 유사한 양상을 보입니다. 2001년부터 2017년까지의 기간에서 1그룹과 10그룹의 CAGR 차이는 26.70%p였으나 2018년부터 2022년의 기간에서는 이 차이가 13.61%p로 감소하였습니다. 추가적으로 살펴보면 KOSPI 지수 대비한 수익률이 3분의 1 정도 감소하였으며 KOSDAQ 지수와 대비해서는 절반가량 감소하였습니다. 이는 다시 앞으로 돌아가 4개 지표 각각을 살펴봐도 모두 비슷한 수준이었습니다. 가장 중요한 벤치마크 대비 초과수익 감소도 상당합니다. 2001년부터 2017년까지의 기간에서 1그룹과 벤치마크의 CAGR 차이는 10.35%p였으나 2018년부터 2022년까지의 기간에서는 이 차이가 3.24%p로 많이 감소하였습니다.

[그림 11-15]를 살펴보겠습니다. 가치혼합 지표 역시 앞에서 살펴본 4개

[그림 11-15] 가치혼합 지표 1그룹 5년 롤링 초과수익률(1그룹-벤치마크)

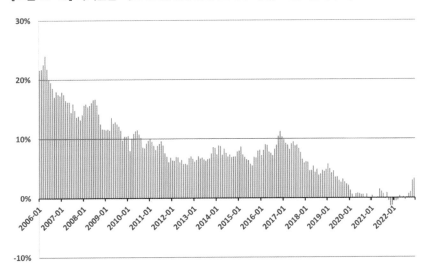

가치지표 각각의 모습과 크게 다르지 않습니다. 5년 롤링 초과수익률이 지속적으로 감소한 모습이 관찰됩니다. 그래프가 가장 높은 시점은 2006년 4월로 24.03%p를 나타내고 있습니다. 즉, 가치혼합 지표 1그룹의 연평균 초과수익률이 가장 높았던 5년은 2001년 5월부터 2006년 4월까지의 기간이며, 이 기간 연평균 초과수익률이 24.03%p라는 것을 의미합니다. 참고로 이 기간 1그룹의 CAGR은 40.57%이며, 벤치마크의 CAGR은 16.54%입니다. 따라서 이 둘의 차이를 의미하는 연평균 초과수익률은 24.03%p가 된 것입니다. 이 기간 동안 1그룹의 누적 수익률은 448.82%이고, 벤치마크의 누적 수익률은 114.95%입니다. 누적 수익률의 차이는 333.87%p로 계산됩니다.

[그림 11-15]에서 그래프가 가장 낮은 시점은 2021년 11월로 -1.42%p입니다. 즉, 가치혼합 지표 1그룹의 연평균 초과수익률이 가장 낮았던 5년은 2016년 12월부터 2021년 11월까지의 기간이며, 이 기간 연평균 초과수익률

이 -1.42%p라는 것을 의미합니다. 참고로 이 기간 1그룹의 CAGR은 8.32%, 벤치마크의 CAGR은 9.74%입니다. 따라서 이 둘의 차이를 의미하는 연평균 초과수익률은 -1.42%p가 된 것입니다. 이 5년의 기간 동안 1그룹 누적 수익률은 49.10%이고 벤치마크의 누적 수익률은 59.13%로, 1그룹은 벤치마크 대비 누적 수익률 기준으로 10.03%p 언더퍼폼하였습니다.

⑦ 밸류 팩터의 희망을 찾는다면

앞에서 가치지표 4개와 가치혼합 지표의 초과수익 추이를 살펴보았습니다. 퀀트투자자 입장에서는 약간 당혹스러울 것입니다. 최근 5년 동안만 밸류 팩터의 초과수익이 좋지 않았기 때문이 아닙니다. 투자하다 보면 어려운 기간은 언제든지 나타납니다. 더 나아가 5년 이상 지속되는 경우도 있습니다. 그러니 5년 동안 수익이 안 좋은 것이 문제가 아닙니다. 우리가 주목해야 할 점은 롤링 초과수익률이 22년에 걸쳐 추세적으로 하락하는 양상입니다. '초과수익이 추세적으로 하락한다는 것'은 '퀀트투자에 어려운 시기는 언제든지 올 수 있다는 것'과는 완전히 다른 이야기입니다. 이는 한국에서 가치지표의 유용성이 과거부터 현재까지 계속해서 감소하고 있다는 증거이기 때문입니다.

밸류 팩터의 초과수익 감소라는 결과가 퀀트투자자만 당혹스러운 것은 아닙니다. 가치지표를 활용하는 가치투자자도 마찬가지일 수 있습니다. 밸류 팩터의 초과수익 감소는 가치지표가 낮은 종목들을 찾아서 조금만 분석하고 적당히 투자해도 매우 높은 수익을 거둘 수 있었던 과거의 가치투자자들과 달리, 지금의 가치투자자들이 과거처럼 간단한 분석만으로는 높은 수익을 거두기 어렵다는 것을 의미합니다. 오늘날의 가치투자자는 과거와 같은 수준의 수익률을 올리기 위해 과거보다 더 큰 노력과 더 깊이 있는 분석을 해야 합니다.

지금까지 알아본 사실을 바탕으로 한국에서 밸류 팩터의 유용성은 이미 끝났다고 결론을 내려야 할까요? 롤링 초과수익률의 하락 추세가 다시 상승 추세로 전환되어 과거와 같은 높은 초과수익을 달성할 가능성은 없을까요? 한국보다 장기적인 데이터를 가지고 있는 미국 시장을 분석해 볼 필요가 있습니다. 혹시 미국 시장에서 20년 가까이 장기간 초과수익이 지속적으로 감소한 후 다시 이전과 같은 높은 초과수익을 보인 경험이 있다면, 한국에서도 이런 일이 일어나지 말라는 법이 없기 때문입니다. 다행히도 케네스 프렌치 데이터 라이브러리 웹사이트[16]에서 자료를 다운받아 90년 이상의 기간 동안 PBR 지표의 초과수익이 어떻게 되었는지를 알아볼 수 있었습니다. PER과 PCR의 데이터도 얻을 수 있으나 지면 관계상 PBR 지표만 확인하겠습니다.

[그림 11-16]은 미국의 90년이 넘는 장기간의 5년 롤링 초과수익률 그래프입니다. 다행히도 미국 시장의 경우 91년 동안 지속적으로 초과수익이 감소하지 않았습니다. 초과수익의 감소와 증가가 반복적으로 나타나고 있네요. 이 안에서 한국의 모습과 비슷한 17년의 그래프를 찾을 수 있을까요?[17] 네, 있습니다. 바로 1946년부터 1962년까지의 그래프입니다. 이 기간만 따로 확대해서 그래프를 확인해 보겠습니다.

---

16 https://mba.tuck.dartmouth.edu/pages/faculty/ken.french/data_library.html
17 17년의 기간으로 찾는 이유가 있습니다. 앞에서 살펴본 한국의 5년 롤링 초과수익률 그래프의 X축 전체 기간이 17년이기 때문입니다. 이 그래프와 가장 비슷한 모습을 미국에서 찾기 위해 17년으로 잡았습니다.

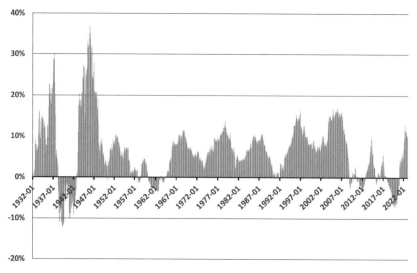

[그림 11-16] 미국 시장 PBR 지표 1그룹 5년 롤링 초과수익률
(1그룹-벤치마크, 1932~2022년)

자료: Kenneth French Data Library 웹사이트

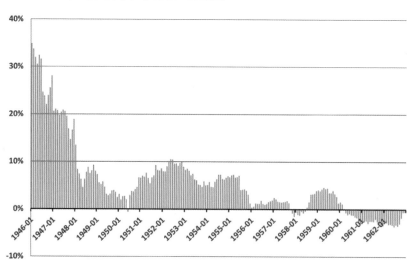

[그림 11-17] 미국 PBR 지표 1그룹 5년 롤링 초과수익률
(1그룹-벤치마크, 1946~1962년)

자료: Kenneth French Data Library 웹사이트

[그림 11-17]은 미국 시장 PBR 1그룹의 벤치마크 대비 5년 롤링 초과수익률을 1946년부터 1962년까지의 기간만 따로 확대해서 보여주는 그래프입니다. 이 그래프를 보면 초과수익이 지속적으로 감소하는 모습을 확인할 수 있습니다. 만약 이 기간의 그래프만을 보고 가치지표의 초과수익이 사라졌고 앞으로도 유용성이 없을 것으로 판단했다면 큰 오산입니다. 90년 이상의 전체 그래프인 [그림 11-16]을 다시 살펴보면 1962년 이후에 다시 큰 폭의 초과수익 상승이 나타난 것을 알 수 있습니다. 만약 1960년 초 미국의 한 투자자가 1946년부터 1962년까지의 롤링 초과수익률 그래프만 보고 가치지표의 유용성이 사라졌다고 결론지어 가치지표를 활용한 투자를 포기했다면 크게 후회했을 것입니다.

미국 시장에서도 1940년대부터 1960년대까지 초과수익이 감소한 이후에 다시 회복되는 경험이 있었음을 알았습니다. 따라서 한국 시장에서도 가치지표의 초과수익이 장기적으로 감소해 왔지만, 다시 이전처럼 높은 초과수익을 보여줄 가능성이 전혀 없지 않음을 알 수 있습니다. 우리가 확인한 한국 시장의 22년 기간 분석은 초과수익이 장기적으로 감소하고 있다는 증거를 제시합니다. 그러나 미국 시장의 분석을 통해 다시 이전처럼 높은 초과수익이 나타날 수 있을 것이라는 희망도 보았습니다.

결론을 어떻게 내려야 할까요? 미국 시장의 모습을 염두에 두되 과도한 낙관적 전망은 피해야 합니다. 1940년대부터 1960년대까지의 기간은 너무 오래전의 모습이며 그 당시의 상황은 현재와 다를 수 있기 때문입니다. 그 당시는 유진 파마와 케네스 프렌치의 PBR 관련 논문[18]도 발표되기 전이며,

---

18 E. Fama and K. French, "The Cross-Section of Expected Stock Returns," Journal of Finance, 1992, Vol. 47, No. 2, 1992, pp. 427-465.

제대로 된 백테스트 소프트웨어도 세상에 존재하지 않았습니다. PC의 보급도 되지 않았을 때입니다. 게다가 미국에서도 2010년 이후의 PBR 지표의 롤링 초과수익의 모습은 좋지 않습니다.

미국 시장을 보며 한국 시장에서 초과수익이 다시 과거와 같은 수준으로 회복될 수 있는 가능성에 희망을 가질 수는 있습니다. 하지만 이를 지나치게 과대평가해서 한국에서 2000년대 초반의 엄청난 초과수익이 반드시 다시 나타날 것이라고 확신하는 것은 다소 무리가 있습니다. 희망과 확신은 다릅니다.

핵심 요약

1 PER, PBR, PSR, PCR 지표가 낮은 종목에 투자하는 방법의 22년 기간 백테스트를 살펴보면 상당히 높은 수익률을 보여줍니다.

2 하지만 이들 지표의 초과수익 증감을 분석해 보면 초과수익은 드라마틱하게 감소하였습니다. 최근에 갑자기 감소한 것이 아니라 22년에 걸쳐서 꾸준히 감소하는 모습은 퀀트투자자 입장에서는 좋은 신호가 아닙니다.

3 미국 주식시장을 살펴보면 과거에 초과수익이 꾸준히 감소하다가 다시 살아난 경험이 있기 때문에 어느 정도 희망을 가질 수는 있습니다. 하지만 이를 지나치게 과대평가해서 한국에서 2000년대 초반에 있었던 밸류 팩터의 엄청난 초과수익이 반드시 다시 나타날 것이라고 확신하기에는 무리가 있습니다.

백테스트 소프트웨어 사용 실습①
백테스트와 롤링 수익률 그래프 만들기

이 책에 수록된 백테스트 대다수는 파이썬으로 진행하였습니다. 하지만 일반적인 투자자들이 값비싼 로우 데이터를 구하고, 파이썬을 공부하여 백테스트를 하기에는 많은 어려움이 따릅니다. 그래서 Section 2에서 백테스트 소프트웨어를 사용할 것을 권장하였습니다. 여기서는 실제로 특정 소프트웨어를 활용하여 백테스트하는 과정을 같이 알아보겠습니다. 더 나아가 백테스트 소프트웨어로부터 결과를 엑셀로 다운받고, 추가적인 엑셀 작업을 통해 롤링 초과수익률의 그래프를 그리는 방법까지 확인해 보겠습니다.

여기에서는 Section 2의 [표 2-1]에서 소개했던 5가지 백테스트 소프트웨어 중에 '퀀트킹'을 사용했습니다. 퀀트킹 인터넷 커뮤니티는 상당히 활발한데 저 역시 좋은 아이디어를 얻기 위해 자주 방문합니다. 퀀트킹 인터넷 커뮤니티에 자주 방문하여 좋은 내용의 글을 읽다 보니, 퀀트킹 소프트웨어가 저절로 친근해졌습니다. 이것이 퀀트킹을 예시로 삼은 이유입니다.

진행해 볼 백테스트는 Section 11에서 살펴본 가치지표 4개를 혼합한 '가치혼합 지표'의 백테스트입니다. 앞에서 우리는 10분위 백테스트를 했지만, 퀀트킹 소프트웨어에서 10분위 백테스트는 2023년 기준으로는 지원되지 않고 있습니다. 따라서 가치혼합 지표가 가장 낮은 100종목에 투자하는 방식으로 백테스트를 진행하겠습니다.

퀀트킹으로 가치혼합 지표 백테스트하기

퀀트킹에 유료 회원으로 가입한 후 로그인을 합니다. 만약 가격이 부담된다면 퀀트킹에서는 매 분기(4월 15일, 7월 15일, 10월 15일, 1월 15일. 한국시간 오전 9시 시작)에 한국을 포함한 모든 글로벌 데이터를 무료로 사용할 수 있는 '프리오픈데이'를 하고 있습니다. 이를 활용한다면 무료로 사용이 가능합니다.

[그림 B-1] 퀀트킹 로그인 화면

[그림 B-2] 퀀트킹 기본 화면

로그인이 완료되면 상단 메뉴 중 '백테스트' 버튼을 찾아서 클릭합니다.

본격적으로 백테스트를 진행해 볼 수 있는 화면이 나타납니다. [그림 B-3]의 화면은 제가 가치혼합 지표가 낮은 상위 100개 종목에 투자하는 전략의 백테스트를 하기 위해 설정한 화면입니다. 전체 화면에서 구역을 A~F로 나누어 세부적으로 알아보도록 하겠습니다.

A구역을 설정해 보겠습니다. 현재 원고를 작성하고 있는 시점은 2023년 12월입니다. 퀀트킹에서는 최대 20년의 기간 백테스트를 제공하고 있기 때문에 2003년 11월 말부터 2023년 11월 말까지 백테스트를 수행할 수 있습니다. 만약 여러분이 직접 진행하게 된다면 기간 설정이 바뀌어 있을 것입

[그림 B-3] 퀀트킹 백테스트 전체 화면

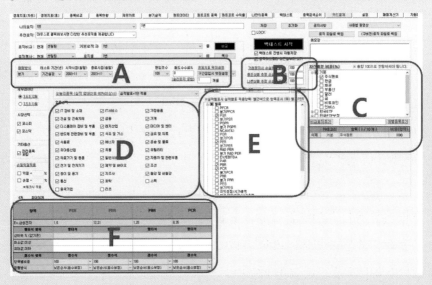

[그림 B-4] A구역 설정

니다. 예를 들어 2024년 6월에 진행한다면, 최대 기간이 2004년 5월 말부터 2024년 5월 말로 바뀌어 있을 것입니다. 어찌 되었든 매매 방식은 '분기'로, 테스트 기간은 '기간 설정'으로, 시작 시점과 종료 시점은 할 수 있는 최대한의 기간으로 설정해 줍니다.

종목 편입개수를 설정할 수 있습니다. 최대 100종목까지 가능합니다(2023년 버전 기준). 최대값인 100으로 설정합니다. 매도 수수료는 편의상 0으로 설정하겠습니다.

B구역입니다. 거래정지 시 손실처리율, 좋은상폐 추정 손실처리율, 나쁜 상폐 추정 손실처리율을 사용자가 입력할 수 있습니다. 여기서는 모두 100으로 설정하였습니다. 최대한 보수적으로 성과를 측정하는 것이 저의 가치관과 맞기 때문입니다(이 책에서 파이썬으로 진행한 다른 백테스트에서도 마찬가지로 보수적으로 처리하였습니다). 하지만 이것은 소프트웨어 이용자의 성향이나 가치관에 따라 자율적으로 설정할 수 있습니다.

C구역 설정을 알아보겠습니다. 자산배분 백테스트가 아닌 순수 주식 퀀트의 백테스트 결과를 알고 싶은 것이므로 '기본' → '주식퀀트'를 선택합니

[그림 B-6] C구역 설정

[그림 B-5] B구역 설정

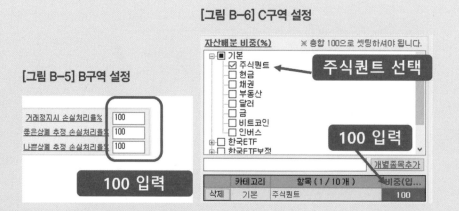

다. 다른 옵션은 전혀 선택하지 않습니다. 하단 부분 주식퀀트의 비중을 100 으로 입력합니다.

D구역에서는 업종을 선택할 수 있습니다. 스팩, 중국기업, 리츠를 제외하는 것으로 진행하였습니다. 나머지는 모두 선택되게 설정합니다.

E구역에서는 우리가 사용할 지표를 선택해야 합니다. 가치혼합 지표는 PER, PBR, PSR, PCR의 순위를 각각 구한 후 이를 합산한 것입니다. 따라서 '밸류'를 선택한 후 PER, PBR, PSR, PCR을 모두 선택해 줍니다.

F구역에는 앞서 E구역에서 선택한 4개의 지표가 모두 표시됩니다. 항목별 비중은 모두 100으로 설정합니다. 4개 지표 비중을 모두 동일하게 적용한다는 의미입니다. 정렬방식은 '낮은순서(음수보정)'으로 선택합니다. 지표의 숫자가 낮은 종목이 순위에서 우선한다는 의미입니다. PER, PBR, PSR, PCR 지표 모두 낮은 것이 좋습니다. 그렇다고 음수가 나오는 종목(지배주주순이익

[그림 B-7] D구역 설정

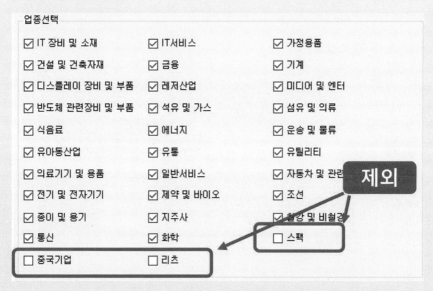

[그림 B-8] E구역 설정

※실적발표시 실적발표 적용항목: 빨간색으로 항목표시.(예) 발표PER

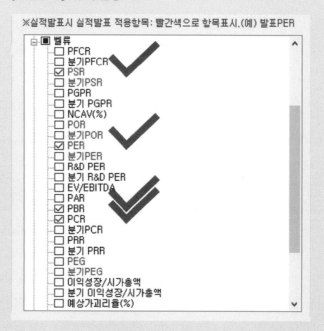

[그림 B-9] F구역 설정

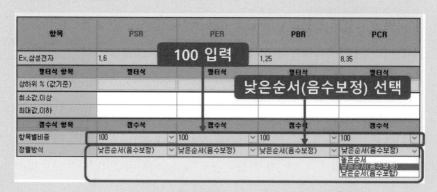

항목	PSR	PER	PBR	PCR
Ex.삼성전자	1.6		1.25	8.35
필터식 항목	필터식	필터식	필터식	필터식
상하위 % (값기준)				
최소값.이상				
최대값.이하				
점수식 항목	점수식	점수식	점수식	점수식
항목별비중	100	100	100	100
정렬방식	낮은순서(음수보정)	낮은순서(음수보정)	낮은순서(음수보정)	낮은순서(음수보정)
				높은순서 / 낮은순서(음수보정) / 낮은순서(음수포함)

이 적자이거나 지배주주지분이 마이너스인 종목)을 더 우선하는 종목이라고 표시하면 안 되기 때문에 '음수보정'이 들어간 것을 선택해야 합니다.

마지막으로 백테스트 시작 버튼을 클릭하면 백테스트를 진행하게 됩니다.

백테스트 작업이 완료되면 백테스트 결과 화면을 볼 수 있습니다. 20년 (2003.12~2023.11) 동안 가치혼합 지표가 낮은 100개 종목을 편입하는 방법으로 분기 리밸런싱하여 투자했다면 CAGR 26.68%를 달성했으며 MDD는

[그림 B-10] 백테스트 시작

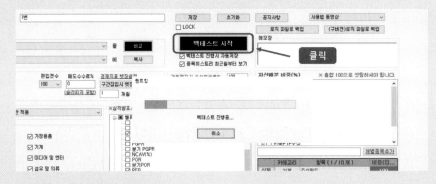

[그림 B-11] 백테스트 결과 화면(1)

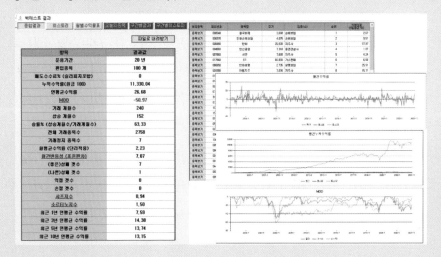

-50.97%입니다(여러분이 할 때는 기간이 다르므로 다른 결과가 나오게 됩니다). 월간 수익률 그래프와 누적 수익률 그래프 결과도 확인할 수 있으며 '히스토리'에서는 20년간 투자종목의 변화를 확인할 수 있습니다. 또한 '오늘의 종목' 메뉴에서는 오늘 기준 가치혼합 지표 상위 100종목의 리스트도 확인할 수 있습니다.

엑셀에서 롤링 초과수익률 그래프 그리기

지금까지 퀀트킹 소프트웨어를 사용하여 백테스트하는 과정을 살펴보았습니다. 이제 한 단계 더 나아가서 롤링 초과수익률 그래프를 그려서 초과수익의 증감을 분석해 보겠습니다. 이 작업을 수행하기 위해서는 퀀트킹 소프트웨어에서 제공하는 수익률 데이터를 다운로드하고, 이를 엑셀로 가공해야 합니다. 엑셀을 다루어야 하니 약간 내용이 어렵습니다. 그래도 잘 따라오면 충분히 할 수 있습니다.

수익률 결과를 엑셀로 다운받기 위해 종합결과에 있는 '파일로 내려받기' 버튼을 클릭합니다.

다운받은 엑셀파일을 열면 오른쪽 부분에 월간 수익률표가 나옵니다. 자세히 살펴보면 2003년 12월부터 2023년 11월까지의 수익률이 기록되어 있습니다. 2023년 12월에 백테스트를 진행했으며 제공되는 최대 기간이 20년이기 때문입니다. 여러분이 실행할 때는 진행한 날짜에 따라 수익률이 기록된 시작 시점과 마지막 시점이 다를 것입니다.

다음 항목 3가지를 종이에 따로 적어 두세요. 날짜는 예시이며, 백테스트

[그림 B-12] 백테스트 결과 화면(2)

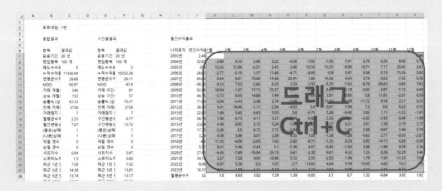

백테스트 결과

| 종합결과 | 히스토리 | 월별수익률표 | 오늘의종목 | 구간별결과 | 구간별히스토리 |

클릭 → **파일로 내려받기**

항목	결과값
운용기간	20 년
편입종목	100 개
매도수수료% (슬리피지포함)	0
누적수익률(원금 100)	11,330.04
연평균수익률	26.68
MDD	−50.97
거래 개월수	240
상승 개월수	152
승률% (상승개월수/거래개월수)	63.33
전체 거래종목수	2758
거래정지 종목수	7
월평균수익률 (단리적용)	2.23
월간변동성 (표준편차)	7.07
(좋은)상태 갯수	7
(나쁜)상태 갯수	1
익절 갯수	0
손절 갯수	0
샤프지수	0.94
소르티노지수	1.50
최근 1년 연평균 수익률	7.59
최근 3년 연평균 수익률	14.38
최근 5년 연평균 수익률	13.74
최근 10년 연평균 수익률	13.15

[그림 B-13] 백테스트 결과 엑셀파일(1)

를 진행하는 여러분은 각자 백테스트에 나오는 날짜를 기록해야 합니다.

종이에 따로 적을 항목 3가지

① 표의 시작 시점: 2003년 1월(예시)
② 표에 수익률이 처음으로 나타나는 시점: 2003년 12월(예시)
③ 표에 수익률이 마지막으로 나타나는 시점: 2023년 11월(예시)

우리는 월간 수익률표 부분을 따로 떼어내서 이용할 것입니다. 정확하게 월별로 수익률이 표시된 범위만을 선택([그림 B-13]의 예시 엑셀파일에서는 K7셀부터 V27셀까지 선택)하여 키보드에서 Ctrl+C를 누릅니다. 복사하기 기능입니다. 이때 연간 수익률이나 월평균 수익률까지 선택되지 않도록 주의하세요.

완전히 새로운 엑셀파일을 엽니다. 우리는 이 새로운 엑셀파일에서 롤링 초과수익률 그래프를 그릴 것입니다. 새로운 엑셀파일의 B2 셀로 이동한 후 Ctrl+V를 이용하여 복사한 내용을 붙여 넣습니다. 정확히 진행했다면 21개(1월에 진행했다면 20개)의 행과 12개의 열로 이루어진 표가 붙여 넣어질 것입니다.

지금까지 가치혼합 지표가 낮은 100개 종목을 편입하여 투자하는 전략의

[그림 B-14] 롤링 초과수익률 작업을 위한 엑셀파일(1)

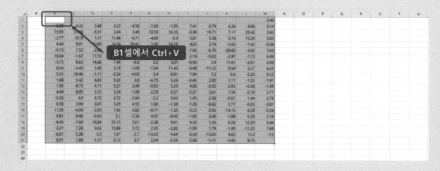

월별 수익률을 새로운 엑셀파일로 가져왔습니다. 이제 벤치마크의 월별 수익률을 가져와야 합니다. 앞에서도 충분히 설명했듯이 팩터의 유용성을 파악하기 위한 가장 적합한 벤치마크는 전략의 필터 조건과 리밸런싱 조건을 동일하게 적용한 전 종목 동일가중 수익률입니다. 실제로 우리는 앞에서 가치혼합 지표 전략의 벤치마크로 3가지 필터 조건(지배주주순이익 흑자, 지배주주지분 플러스, 영업활동현금흐름 플러스)에 모두 해당하는 전 종목을 분기 리밸런싱한 수익률을 사용하였습니다. 매년 다르겠지만 보통 3가지 조건에 모두 해당하는 종목은 1천 개가 넘습니다. 하지만 아쉽게도 2023년 기준, 현재의 퀀트킹으로는 전략에 편입할 수 있는 종목 수가 최대 100개로 제한되어 있습니다. 따라서 우리가 앞에서 진행한 것과 같은 벤치마크의 수익률을 구할 수 없습니다.

차선책으로 가치혼합 지표가 가장 높은 상위 100개 종목을 편입하여 투자한 수익률을 벤치마크로 지정하겠습니다. 가치혼합 지표가 가장 낮은 100종목에 투자했을 때와 가장 높은 100종목에 투자했을 때의 수익률 차이를 바탕으로 가치혼합 지표의 유용성을 확인해 보려는 것입니다. 정확하지는 않

[그림 B-15] 퀀트킹 F구역 다시 설정

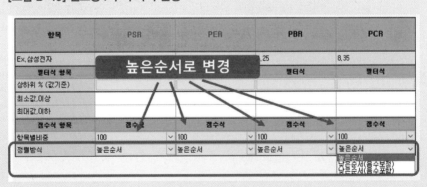

지만 10분위 백테스트에서 1그룹과 10그룹의 수익률 차이를 비교하는 것과 유사한 개념으로 이해하면 됩니다. 이 방법으로도 가치혼합 지표의 유용성 변화를 상당히 의미 있게 평가할 수 있습니다

다시 퀀트킹 소프트웨어로 돌아와 F구역의 설정을 변경합니다. 이번에는 정렬 방식을 높은 순서로 변경하는 것입니다. 4개 지표를 모두 '높은순서'로 변경한 후에 백테스트를 실행합니다. 가치혼합 지표가 높은 상위 100종목을 투자했을 때 월별 수익률을 획득하기 위한 것입니다.

[그림 B-16] 백테스트 결과 화면(3)

백테스트 결과

종합결과 | 히스토리 | 월별수익률표 | 오늘의종목 | 구간별결과 | 구간별히스토리

클릭 → 파일로 내려받기

항목	결과값
운용기간	20 년
편입종목	100 개
매도수수료% (슬리피지포함)	0
누적수익률(원금 100)	165.25
연평균수익률	2.54
MDD	-59.91
거래 개월수	240
상승 개월수	127
승률% (상승개월수/거래개월수)	52.92
전체 거래종목수	2846
거래정지 종목수	13
월평균수익률 (단리적용)	0.47
월간변동성 (표준편차)	7.19
(좋은)상폐 갯수	6
(나쁜)상폐 갯수	3
익절 갯수	0
손절 갯수	0
샤프지수	-0.05
소르티노지수	-0.07
최근 1년 연평균 수익률	4.98
최근 3년 연평균 수익률	-7.16
최근 5년 연평균 수익률	3.47
최근 10년 연평균 수익률	3.40

결과를 간단히 확인해 보겠습니다. 확실히 가치혼합 지표가 높은 상위 종목 100개를 편입하여 투자하는 방법의 수익률은 형편없습니다. 20년 동안 CAGR 2.54%이며 MDD -59.91%입니다(여러분이 할 때는 기간이 다르므로 다른 결과가 나오게 됩니다). 이 방법으로 투자하려는 것이 아닙니다. 우리는 이것을 벤치마크로 사용할 것입니다. 월별 수익률 데이터를 구하기 위해 '파일로 내려받기' 버튼을 클릭합니다.

앞에서 진행했던 것과 같은 방법으로 월별 수익률표에서 정확하게 월별로 수익률이 표시된 범위만을 선택하고 Ctrl+C를 눌러 복사합니다.

앞에서 가치혼합 지표가 낮은 100종목에 투자한 월별 수익률을 붙여 놓았던 엑셀파일로 이동합니다. 해당 엑셀파일 P1셀로 이동하여 Ctrl+V를 눌러

[그림 B-17] 백테스트 결과 엑셀파일(2)

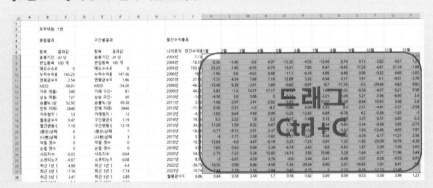

[그림 B-18] 롤링 초과수익률 작업을 위한 엑셀파일(2)

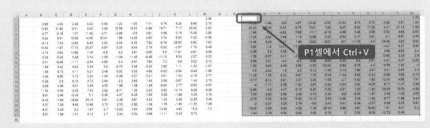

서 표를 붙여 넣습니다. 이렇게 되면 왼쪽에는 우리가 알아볼 전략(가치혼합
지표가 가장 낮은 100종목 투자 전략)의 수익률표가 있고, 오른쪽에는 우리가 벤
치마크로 사용할 전략(가치혼합 지표가 가장 높은 100종목 투자 전략)의 수익률표
가 배치됩니다. 양쪽 모두 21행 12열의 표입니다(만약 1월에 진행한다면 20행 12
열의 표일 것입니다).

앞에서 제가 종이에 따로 적어 놓으라고 했던 ①번을 기억하시나요? 표의
시작시점이 2003년 1월이었습니다(이는 해당 백테스트를 언제 진행하느냐에 따
라 변할 수 있습니다). A25셀에 '시작년도-시작월' 형식으로 입력해야 합니다.
여기서는 시작시점이 2003년 1월이므로 A25셀에 '2003-01'을 입력하고 엔터
를 누릅니다. 그럼 날짜형식으로 'Jan-03'으로 셀이 변경됩니다. '2003년 1월
(January)'을 나타냅니다.

또 종이에 따로 적어 놓으라는 ③번을 기억하나요? 표에 수익률이 마지막
으로 나타난 시점입니다. 앞의 예시에서는 2023년 11월이었습니다. 따라서

[그림 B-19] 롤링 초과수익률 작업을 위한 엑셀파일(3)

	A	B	C	D	E	F
15		0.38	3.06	0.01	3.29	4.55
16		11.35	-4.09	-2.03	7.42	2.82
17		9.61	0.46	-0.43	5.1	-5.36
18		-6.45	-7.69	-16.84	25.15	5.61
19		3.27	7.28	9.93	10.86	5.72
20		-6.01	5.28	5.3	1.67	-2.7
21		8.01	1.89	-1.31	0.13	2.7
22						
23						
24						
25	2003-01					
26						
27						
28						
29						

표 시작시점을
'시작년도-시작월' 형식으로
입력

[그림 B-20] 롤링 초과수익률 작업을 위한 엑셀파일(4)

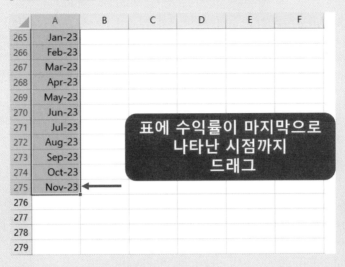

[그림 B-21] 롤링 초과수익률 작업을 위한 엑셀파일(5)

	A	B	C	D	E	F	G	H	I	J	
19		3.38	7.66	8.77	10.98	5.74	4.2	-3.09	-1.12	1.21	
20		-5.47	5.25	5.14	1.92	-2.6	-13.51	4.64	0.72	-12.02	
21		7.97	1.63	-1.6	0.4	2.84	2.74	-2.59	0.96	-1.29	
22											
23											
24											
25	Jan-03	=OFFSET(B1, ROUNDDOWN((ROW()-25)/12,0),ROUNDDOWN(MOD(ROW()-25,12),0))									
26	Feb-03										
27	Mar-03										
28	Apr-03										
29	May-03										
30	Jun-03										
31	Jul-03										
32	Aug-03										
33	Sep-03										

2023년 11월이 나올 때까지 계속 드래그하여 날짜를 채워 넣습니다.

이제 21행 12열로 되어있는 전략의 수익률을 1열로 바꾸는 작업을 진행할 것입니다. B25셀에 가서 다음과 같이 입력하고 엔터를 누릅니다.

B25셀: =OFFSET(B1, ROUNDDOWN((ROW()−25)/12,0),ROUNDDOWN (MOD(ROW()−25,12),0))

위의 함수에서 B1가 의미하는 것은 전략의 수익률표가 시작된 지점입니다. 또한 25라는 숫자가 자주 등장합니다. 이 함수를 입력하는 셀이 B25셀입니다. 25번째 행에서 입력을 시작했다는 의미로 보면 됩니다. 참고로 12라는 숫자는 월별 수익률표가 12열로 되어 있다는 의미입니다.

다음으로 C25셀에 가서 다음과 같이 입력하고 엔터를 누릅니다.

C25셀: =OFFSET(P1, ROUNDDOWN((ROW()−25)/12,0),ROUNDDOWN (MOD(ROW()−25,12),0))

참고로 B25셀에 입력한 함수에서 B1이 P1으로만 변경된 것입니다. 벤치마크로 사용할 수익률표가 P1셀에서 시작했기 때문입니다.

B25셀과 C25셀의 입력이 끝났다면 아래로 드래그하여 채워 넣어 주세요. B열에 있는 것은 우리가 알아볼 전략의 수익률입니다. 즉, 가치혼합 지표가 낮은 100개 종목을 편입하여 투자한 전략의 수익률입니다. C열에 있는 것은 우리가 사용할 벤치마크의 수익률입니다. 즉, 가치혼합 지표가 높은 100개 종목을 편입하여 투자한 전략의 수익률입니다. 이렇게 하면 두 개의 21행 12열의 수익률표가 두 개의 1열 수익률표로 변경됩니다.

지금까지 잘 진행했습니다. B열과 C열을 자세히 살펴보면 수익률이 %를 제외하고 표시되어 있습니다. 2.46%의 수익률을 2.46으로 나타내는 방식입니다. 이렇게 하면 초과수익을 계산하기가 어렵습니다. 제대로 하려면

[그림 B-22] 롤링 초과수익률 작업을 위한 엑셀파일(6)

⊿	A	B	C	D	E	F	G
18		-6.45	-7.69	-16.84	25.15	5.61	-2.38
19		3.27	7.28	9.93	10.86	5.72	2.55
20		-6.01	5.28	5.3	1.67	-2.7	-13.63
21		8.01	1.89	-1.31	0.13	2.7	2.24
22							
23							
24							
25	Jan-03	0	0				
26	Feb-03	0	0				
27	Mar-03	0	0				
28	Apr-03	0	0				
29	May-03	0	0				
30	Jun-03	0	0				
31	Jul-03	0	0				
32	Aug-03	0	0				
33	Sep-03	0	0				
34	Oct-03	0	0				
35	Nov-03	0	0				
36	Dec-03	2.46	1.75				
37	Jan-04	-2.89	-0.36				
38	Feb-04	4.33	-1.46				
39	Mar-04	2.48	-0.9				
40	Apr-04	3.22	4.97				

B25셀: =OFFSET(B1, ROUNDDOWN((ROW()-25)/12,0),ROUNDDOWN(MOD(ROW()-25,12),0))

C25셀: =OFFSET(P1, ROUNDDOWN((ROW()-25)/12,0),ROUNDDOWN(MOD(ROW()-25,12),0))

[그림 B-23] 롤링 초과수익률 작업을 위한 엑셀파일(7)

⊿	A	B	C	D	E	F	G
18		-6.45	-7.69	-16.84	25.15	5.61	-2.38
19		3.27	7.28	9.93	10.86	5.72	2.55
20		-6.01	5.28	5.3	1.67	-2.7	-13.63
21		8.01	1.89	-1.31	0.13	2.7	2.24
22							
23							
24							
25	Jan-03	0	0	0	0		
26	Feb-03	0	0	0	0		
27	Mar-03	0	0	0	0		
28	Apr-03	0	0	0	0		
29	May-03	0	0	0	0		
30	Jun-03	0	0	0	0		
31	Jul-03	0	0	0	0		
32	Aug-03	0	0	0	0		
33	Sep-03	0	0	0	0		
34	Oct-03	0	0	0	0		
35	Nov-03	0	0	0	0		
36	Dec-03	2.46	1.75	0.0246	0.0175		
37	Jan-04	-2.89	-0.36	-0.0289	-0.0036		
38	Feb-04	4.33	-1.46	0.0433	-0.0146		
39	Mar-04	2.48	-0.9	0.0248	-0.009		
40	Apr-04	3.22	4.97	0.0322	0.0497		

D25셀: =B25/100

E25셀: =C25/100

0.0246으로 표시해야 합니다. 이렇게 바꿔주도록 하겠습니다. 상당히 간단합니다. D25셀과 E25셀에 다음과 같이 입력하고 드래그 방식으로 아래까지 채워 넣습니다.

D25셀: =B25/100
E25셀: =C25/100

이제 5년 동안의 복리수익률을 구하는 방법을 알아보겠습니다. 엑셀에는 기하평균을 구하는 GEOMEAN이라는 함수가 있습니다. 이것을 이용해 보겠습니다. 앞에서 제가 종이에 따로 적어 놓으라고 했던 ②번을 기억하시나요? 표에 수익률이 처음으로 나타나는 시점입니다. 앞의 예시에서는 2003년 12월입니다. 2003년 12월을 포함하여 5년 동안의 복리수익률을 구해야 합니다. 즉, 2003년 12월부터 2008년 11월까지의 기간(총 60개월)입니다. 2003년 12월의 수익률이 표시된 행이 몇 번째 행인지 확인해 봅니다. 36행입니다.

[그림 B-24] 롤링 초과수익률 작업을 위한 엑셀파일(8)

	A	B	C	D	E	F	G	H	I
90	Jun-08	-3.55	-8.91	-0.0355	-0.0891				
91	Jul-08	-5.35	-8.7	-0.0535	-0.087				
92	Aug-08	-7.62	-11.76	-0.0762	-0.1176				
93	Sep-08	-6.76	-3.5	-0.0676	-0.035				
94	Oct-08	-28.83	-29.46	-0.2883	-0.2946				
95	Nov-08	-3.62	4.83	-0.0362	0.0483	=GEOMEAN(D36:D95+1)-1			
96	Dec-08	7.63	9.92	0.0763	0.0992				
97	Jan-09	10.04	5.83	0.1004	0.0583				
98	Feb-09	-1.67	-1.6	-0.0167	-0.016				
99	Mar-09	17.73	14.37	0.1773	0.1437				
100	Apr-09	25.37	17.17	0.2537	0.1717				
101	May-09	6.97	6.12	0.0697	0.0612				
102	Jun-09	0.35	-4.85	0.0035	-0.0485				
103	Jul-09	8.43	1.64	0.0843	0.0164				
104	Aug-09	2.19	1.65	0.0219	0.0165				

또한 2008년 11월이 표시된 행은 몇 번째 행인지 살펴봅니다. 95행입니다(이 것은 예시일 뿐 백테스트를 진행한 날짜에 따라 행의 숫자는 바뀝니다. 여러분이 스스로 확인해야 합니다).

2008년 11월이 엑셀의 95행에 해당하니 95행부터 본격적으로 엑셀을 다 루기 시작하면 됩니다. 이제 F95셀과 G95셀에 다음과 같이 입력하고 엔터를 누릅니다. 만약 엔터를 눌렀는데 에러가 난다면 엑셀 버전의 차이 때문입니 다. 에러가 날 경우 다시 함수를 입력한 후 Ctrl+Shift를 누른 상태에서 엔터 를 누르면 됩니다.

> F95셀: =GEOMEAN(D36:D95+1)−1
> G95셀: =GEOMEAN(E36:E95+1)−1

백테스트를 진행한 날짜에 따라 함수를 입력할 셀의 위치와 행의 숫자가 다를 것입니다. 여러분은 F95와 G95가 아닌 적합한 셀에 입력해야 합니다. 또한 위의 함수식에서 36, 95가 아닌 여러분이 파악한 숫자를 찾아 변경하여 입력해야 합니다.

[그림 B-25] 롤링 초과수익률 작업을 위한 엑셀파일(9)

	A	B	C	D	E	F	G	H	I
90	Jun-08	-3.55	-8.91	-0.0355	-0.0891	F95셀: =GEOMEAN(D36:D95+1)-1			
91	Jul-08	-5.35	-8.7	-0.0535	-0.087				
92	Aug-08	-7.62	-11.76	-0.0762	-0.1176				
93	Sep-08	-6.76	-3.5	-0.0676	-0.035	G95셀: =GEOMEAN(E36:E95+1)-1			
94	Oct-08	-28.83	-29.46	-0.2883	-0.2946				
95	Nov-08	-3.62	4.83	-0.0362	0.0483	0.029284	-0.00309		
96	Dec-08	7.63	9.92	0.0763	0.0992	0.030129	-0.0018		
97	Jan-09	10.04	5.83	0.1004	0.0583	0.032277	-0.0008		
98	Feb-09	-1.67	-1.6	-0.0167	-0.016	0.031259	-0.00082		
99	Mar-09	17.73	14.37	0.1773	0.1437	0.033646	0.001565		
100	Apr-09	25.37	17.17	0.2537	0.1717	0.037	0.003402		
101	May-09	6.97	6.12	0.0697	0.0612	0.038977	0.006791		
102	Jun-09	0.35	-4.85	0.0035	-0.0485	0.039217	0.006739		
103	Jul-09	8.43	1.64	0.0843	0.0164	0.040803	0.009437		
104	Aug-09	2.19	1.65	0.0219	0.0165	0.039939	0.008303		

F95셀과 G95셀에 입력이 끝났다면 드래그하여 아래까지 채워넣습니다. F95셀에 입력되어 있는 값은 가치혼합 지표가 가장 낮은 100개 종목을 편입한 전략의 과거 2003년 12월부터 2008년 11월까지의 월평균 복리수익률입니다. 또한 F96셀에 입력되어 있는 값은 가치혼합 지표가 가장 낮은 100개 종목을 편입한 전략의 과거 2004년 1월부터 2008년 12월까지의 월평균 복리수익률입니다. F97셀, F98셀… 모두 이해할 수 있을 것입니다. 해당 월의 과거 5년 동안의 월평균 복리수익률을 나타냅니다.

이미 충분히 알고 있겠지만 추가로 얘기하자면 G95셀에 입력되어 있는 값은 가치혼합 지표가 가장 높은 100개 종목을 편입한 전략의 2003년 12월부터 2008년 11월까지의 월평균 복리수익률입니다. G96셀, G97셀, G98셀… 모두 따로 언급하지 않더라도 충분히 이해할 수 있을 것입니다.

우리가 알고 싶은 것은 CAGR입니다. CAGR은 연평균 복리수익률의 개념입니다. 이제 F열과 G열에 나와있는 월평균 복리수익률을 연평균 복리수익률로 바꿔주는 엑셀 작업이 필요합니다. H95셀과 I95셀에 다음과 같이 입력하고 드래그하여 아래까지 채워 넣습니다.

[그림 B-26] 롤링 초과수익률 작업을 위한 엑셀파일(10)

	A	B	C	D	E	F	G	H	I	J
90	Jun-08	-3.55	-8.91	-0.0355	-0.0891	H95셀: =(1+F95)^12-1				
91	Jul-08	-5.35	-8.7	-0.0535	-0.087					
92	Aug-08	-7.62	-11.76	-0.0762	-0.1176	I95셀: =(1+G95)^12-1				
93	Sep-08	-6.76	-3.5	-0.0676	-0.035					
94	Oct-08	-28.83	-29.46	-0.2883	-0.2946					
95	Nov-08	-3.62	4.83	-0.0362	0.0483	0.029284	-0.00309	0.413913	-0.03644	
96	Dec-08	7.63	9.92	0.0763	0.0992	0.030129	-0.0018	0.427903	-0.02144	
97	Jan-09	10.04	5.83	0.1004	0.0583	0.032277	-0.0008	0.46405	-0.00957	
98	Feb-09	-1.67	-1.6	-0.0167	-0.016	0.031259	-0.00082	0.446809	-0.00985	
99	Mar-09	17.73	14.37	0.1773	0.1437	0.033646	0.001565	0.487513	0.018939	
100	Apr-09	25.37	17.17	0.2537	0.1717	0.037	0.003402	0.546489	0.041594	
101	May-09	6.97	6.12	0.0697	0.0612	0.038977	0.006791	0.582236	0.084611	
102	Jun-09	0.35	-4.85	0.0035	-0.0485	0.039217	0.006739	0.586624	0.083928	
103	Jul-09	8.43	1.64	0.0843	0.0164	0.040803	0.009437	0.615924	0.119309	
104	Aug-09	2.19	1.65	0.0219	0.0165	0.039939	0.008303	0.599903	0.104317	

H95셀: =(1+F95)^12-1

I95셀: =(1+G95)^12-1

이제 H열은 F열에 있는 월평균 복리수익률을 연평균 복리수익률로 바꾼 것이며, I열은 G열에 있는 월평균 복리수익률을 연평균 복리수익률로 바꾼 것입니다. 즉, 둘 다 모두 CAGR로 표시가 되었습니다.

마지막으로 초과수익을 구해야 합니다. 간단합니다. 전략의 CAGR에서 벤치마크의 CAGR을 차감하면 됩니다. H열에 전략의 CAGR이 나타나 있습니다. 완벽한 벤치마크를 만들 수 없기 때문에 가치혼합 지표가 높은 상위 100개 종목에 투자하는 전략을 벤치마크로 사용하기로 했었습니다. 그것이 바로 I열입니다. 이제 H열에서 I열을 차감하면 됩니다. J95셀에 다음과 같이 입력하고 아래 부분까지 드래그해서 채워 넣습니다.

J95셀: =H95-I95

94행에 적합한 열 이름을 입력하세요. 여기서는 "저밸류(월)", "고밸류(월)", "저밸류(CAGR)", "고밸류(CAGR)", "롤링 초과수익(CAGR)"로 입력하였습

[그림 B-27] 롤링 초과수익률 작업을 위한 엑셀파일(11)

	A	B	C	D	E	F	G	H	I	J	K	L
90	Jun-08	-3.55	-8.91	-0.0355	-0.0891							
91	Jul-08	-5.35	-8.7	-0.0535	-0.087			**J95셀: =H95-I95**				
92	Aug-08	-7.62	-11.76	-0.0762	-0.1176							
93	Sep-08	-6.76	-3.5	-0.0676	-0.035							
94	Oct-08	-28.83	-29.46	-0.2883	-0.2946	저밸류(월)	고밸류(월)	저밸류(CAGR)	고밸류(CAGR)	롤링 초과수익률(CAGR)		
95	Nov-08	-3.62	4.83	-0.0362	0.0483	0.029284	-0.00309	0.413913	-0.03644	0.45035		
96	Dec-08	7.63	9.92	0.0763	0.0992	0.030129	-0.0018	0.427903	-0.02144	0.44934		
97	Jan-09	10.04	5.83	0.1004	0.0583	0.032277	-0.0008	0.46405	-0.00957	0.47362		
98	Feb-09	-1.67	-1.6	-0.0167	-0.016	0.031259	-0.00082	0.446809	-0.00985	0.456661		
99	Mar-09	17.73	14.37	0.1773	0.1437	0.033646	0.001565	0.487513	0.018939	0.468575		
100	Apr-09	25.37	17.17	0.2537	0.1717	0.037	0.003402	0.546489	0.041594	0.504895		
101	May-09	6.97	6.12	0.0697	0.0612	0.038977	0.006791	0.582236	0.084611	0.497625		
102	Jun-09	0.35	-4.85	0.0035	-0.0485	0.039217	0.006739	0.586624	0.083928	0.502696		
103	Jul-09	8.43	1.64	0.0843	0.0164	0.040803	0.009437	0.615924	0.119309	0.496615		
104	Aug-09	2.19	1.65	0.0219	0.0165	0.039939	0.008303	0.599903	0.104317	0.495586		

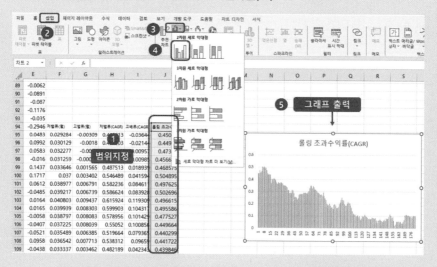

니다. 가치혼합 지표 자체가 밸류지표 4개를 혼합한 지표이기 때문입니다.

롤링 초과수익률이 나와있는 부분은 J열입니다. J열 부분을 드래그로 범위지정을 하고 엑셀 상단 부분의 '삽입' 메뉴를 클릭한 후 '2차원 막대그래프'를 선택하면 그래프가 출력됩니다.

그래프를 확인해 보면 롤링 초과수익률 그래프가 우하향하는 모습을 볼 수 있습니다. 가치혼합 지표가 가장 낮은 100개 종목을 편입하여 투자하는 것과 가치혼합 지표가 가장 높은 100개 종목을 편입하는 것의 수익률 차이가 점차 줄어들고 있다는 의미입니다. 이 그래프를 통해 가치혼합 지표의 유용성이 20년에 걸쳐 점차 감소해 왔음을 알 수 있습니다.

그래프에서 X축이 날짜로 표시되지 않고 숫자로 표시되었습니다. X축에 정확한 날짜가 나오게끔 엑셀에서 편집할 수는 있지만 퀀트를 넘어 엑셀 그래프 꾸미기와 관련된 내용이므로 이 책에서 이것까지 다루지는 않겠습니다. 인터넷에 '엑셀 그래프 다루기'와 관련된 내용을 검색하면 어렵지 않게 할 수 있을 것입니다.

[그림 B-29] 최종 출력된 롤링 초과수익률 그래프

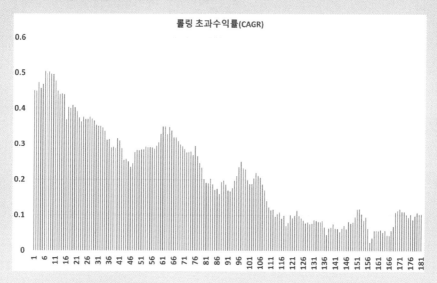

롤링 초과수익률(CAGR)

　※ 해당 내용은 2023년 기준으로 작성되었습니다. 작성 이후 2024년 1월 퀀트킹 소프트웨어가 10분위 백테스트를 할 수 있도록 업그레이드되었습니다. 또한 1 그룹과 10그룹의 월간 수익률 자료를 엑셀로 다운받을 수 있게 되었습니다. 따라서 이를 활용한다면 앞서와 같은 방법으로 가치혼합 지표 10분위 백테스트에서 10그룹 대비 1그룹의 롤링 초과수익률 그래프를 그릴 수 있습니다. 상하위 100종목을 이용해 그래프를 그리는 것보다 이것이 더 의미가 있을 것입니다. 퀀트킹 유저라면 직접 해보시길 권합니다. 물론 10그룹 대비 1그룹의 롤링 초과수익률을 분석하여도 마찬가지로 가치혼합지표의 유용성이 점차 감소해 왔음을 확인할 수 있습니다.

　※ 퀀트킹 소프트웨어를 예시로 들었지만 퀀트킹이 아니더라도 전략의 월간 수익률과 벤치마크의 월간 수익률을 엑셀로 얻을 수 있다면, 앞에서 진행한 방법을 응용하여 얼마든지 롤링 초과수익률 그래프를 그릴 수 있을 것입니다.

12

저변동성 투자의 초과수익은
어떻게 흘러왔는가

QUANTITATIVE　　　　INVESTING

① 저변동성 팩터에 대한 이해

변동성이 높은 주식에 투자하는 것이 유리할까요, 변동성이 낮은 주식에 투자하는 것이 유리할까요? 일반적으로 변동성이 높은 주식은 변동성이 낮은 주식보다 더 위험합니다. '고위험 고수익, 저위험 저수익'이라는 공식을 고려할 때 변동성이 높은 종목에서 더 높은 수익이 발생해야 한다고 생각할 수 있습니다. 그러나 실제 백테스트를 통해 알아보면 변동성이 낮은 주식이 오히려 높은 수익률을 보입니다. 이러한 현상을 '저변동성 이상 현상(Low Volatility Anomaly)'이라고 하며, 이를 기반으로 변동성이 낮은 종목에 투자하는 전략을 '로우볼(Low Volatility) 전략'이라고 합니다.

나딘 베이커(Nardin Baker)와 로버트 하우겐(Robert Haugen)은 2012년 논문

〈저위험 주식이 전 세계적으로 유용하다〉[19]에서 저변동성 이상 현상이 전 세계적으로 나타나고 있음을 보여주었습니다. 해당 논문에는 한국의 분석도 포함되어 있습니다. 1990년부터 2011년의 기간으로 분석이 되어있는데, 한국은 저변동성 이상 현상이 다른 국가와 비교해서 상대적으로 강한 편에 속하는 것을 확인할 수 있습니다.

국내 주식을 심도 있게 분석한 논문으로는 고봉찬, 김진우의 〈저변동성 이상 현상과 투자전략의 수익성 검증〉[20]이 있습니다. 해당 논문에는 1990년부터 2012년까지 한국거래소 유가증권시장에 상장된 주식들을 대상으로, 매월 과거 1년간의 일별수익률의 변동성과 과거 5년간의 월별수익률의 변동성에 따라 5분위 백테스트를 수행한 결과가 있습니다. 연구 결과는 로우볼 전략이 한국 주식시장에서도 효과적임을 보여주며, 긴 기간 동안 안정적인 수익을 제공할 수 있다는 점을 강조합니다.

김병규, 이현열의 저서 《SMART BETA》[21]에서는 2000년부터 2016년까지의 기간 동안 KOSPI 종목을 대상으로, 과거 5년 월별 수익률의 표준편차를 변동성으로 삼아 분기별 리밸런싱한 5분위 백테스트의 결과를 제시하고 있습니다. 역시 변동성이 낮은 포트폴리오의 수익률이 장기적으로 좋으며, 변동성이 높은 포트폴리오의 수익률이 매우 좋지 않음을 확인할 수 있습니다.

19 N. Baker and R. Haugen, "Low Risk Stocks Outperform within All Observable Markets of the World," Working paper, 2012.
20 고봉찬, 김진우, 〈저변동성 이상 현상과 투자전략의 수익성 검증〉, 한국증권학회지, 43권, 3호, 2014, pp. 573~603.
21 김병규, 이현열, 《SMART BETA》, 워터베어프레스, 2017.

② 저변동성 팩터의 초과수익 검증

로우볼 전략의 초과수익은 최근까지도 높은 상태를 유지하고 있을까요? KOSPI와 KOSDAQ 상장종목을 대상으로 2001년부터 2022년까지 과거 12개월 동안의 월간 수익률의 표준편차를 변동성으로 측정하여, 분기 리밸런싱 방법으로 10분위 백테스트를 수행하였습니다. 1그룹에는 변동성이 낮은 종목(저변동성 종목) 상위 10%가 편입되고, 10그룹에는 변동성이 높은 종목(고변동성 종목) 상위 10%가 편입됩니다.

변동성 10분위 백테스트

- **기간:** 2001년~2022년
- **대상:** KOSPI, KOSDAQ 상장종목 중 리밸런싱 시점 과거 12개월 동안 1개월 이상 거래 정지 되지 않았던 종목
- **리밸런싱 주기:** 1년에 4회(3, 6, 9, 12월 마지막 거래일)
- **방법:** 리밸런싱 시점 과거 12개월 동안 월간 수익률의 표준편차를 계산합니다. 표준편차값이 낮은 순서대로 1그룹부터 10그룹까지 10분위로 나눕니다. 각 그룹의 속한 종목들을 동일가중으로 리밸런싱합니다.

[그림 12-1]을 확인해 보겠습니다. 2001년부터 2022년까지의 기간 동안 그룹별 수익률을 살펴보면, 변동성이 가장 낮은 10% 종목으로 구성된 1그룹의 수익률이 변동성이 가장 높은 10% 종목으로 구성된 10그룹의 수익률보다 높은 것을 확인할 수 있습니다. 더불어 저변동성 팩터는 그룹의 숫자가 늘어날수록 수익률이 점차적으로 감소하는 경향성이 강한 팩터는 아니라는 사실도 알 수 있습니다. 1그룹부터 5그룹까지 거의 수익률 차이가 없으며, 7그룹부터 점차적으로 수익률이 하락합니다. 즉, 로우볼 투자 전략을 사용

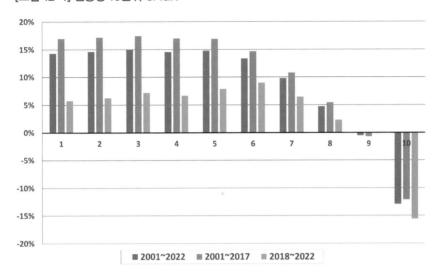

[그림 12-1] 변동성 10분위 CAGR

■ 2001~2022 ■ 2001~2017 ■ 2018~2022

할 때 굳이 1그룹 종목들을 고집할 필요는 없습니다. 1그룹이든 5그룹이든 크게 상관이 없습니다. 다만 9그룹, 10그룹의 종목은 수익률이 나쁘기 때문에 반드시 피해야 합니다.

앞에서 밸류 팩터를 살펴봤던 방식과 같이 두 개의 기간으로 나누어서 살펴보겠습니다. 2001년부터 2017년까지의 기간과 2018년부터 2022년까지의 기간을 분리해서 살펴보는 것입니다. 분리한 두 개의 기간 모두에서 변동성이 큰 10그룹의 주식이 확실히 수익률이 매우 좋지 않은 것은 동일하게 나타납니다. 이것을 통해 다시 한번 변동성이 큰 주식은 반드시 피해야 한다는 사실을 알 수 있습니다.

[표 12-1]의 수치를 바탕으로 더 자세히 살펴보겠습니다. 1그룹의 수익률이 2001년부터 2017년 기간에 비해 2018년부터 2022년의 기간에는 크게 줄어든 것이 확인됩니다. 2017년 말에 한국의 어떤 투자자가 로우볼 전략의 백테스트를 수행하고, 2018년부터 변동성이 가장 낮은 1그룹 종목에 동일가

[표 12-1] 변동성 수익률(CAGR) 요약 표

	2001~2022	2001~2017	2018~2022
1그룹	14.32%	16.97%	5.77%
10그룹	-12.90%	-12.09%	-15.60%
벤치마크	8.85%	10.45%	3.58%
KOSPI	7.00%	9.79%	-1.95%
KOSDAQ	1.17%	2.49%	-3.18%
1그룹-10그룹	27.22%p	29.06%p	21.37%p
1그룹-벤치마크	5.47%p	6.52%p	2.19%p
1그룹-KOSPI	7.32%p	7.18%p	7.72%p
1그룹-KOSDAQ	13.15%p	14.48%p	8.95%p

※ 벤치마크: KOSPI, KOSDAQ 상장종목 중 리밸런싱 시점 과거 12개월 동안 1개월 이상 거래정지되지 않았던 종목

중으로 투자를 시작했다고 가정해 보겠습니다. 이 투자자는 백테스트 결과를 통해 앞으로 CAGR 16.97%의 수익을 기대했을 것입니다. 그러나 실제 결과는 5년간 CAGR 5.77%를 얻게 됩니다. 이는 한국의 주식시장 자체가 과거보다 성과가 좋지 않았다는 것이 이유 중 하나일 수 있습니다. KOSPI 지수 대비 초과수익을 분석해 보면 CAGR 차이가 전혀 감소하지 않았습니다. 또한 10그룹 대비 초과수익을 분석해 보면 감소하기는 하였으나 2018년부터 2022년의 기간에도 여전히 20%p 이상의 높은 연평균 초과수익률을 보여줍니다. 그러나 벤치마크와 비교하면 연평균 초과수익률은 약 3분의 1로 감소한 것을 확인할 수 있습니다.

어떤 기준으로 비교하는가에 따라 유용성이 크게 줄어든 것 같기도 하고 아직도 충분한 남아있는 것 같기도 합니다. 우리가 검증하는 전략은 동일가중 전략이고 벤치마크가 동일가중 수익률을 바탕으로 만들어졌기 때문에,

유용성을 판단할 때 벤치마크와 비교하는 것이 가장 우선입니다. 따라서 벤치마크 대비 초과수익률부터 시계열로 살펴보겠습니다.

[그림 12-2]의 변동성 1그룹의 벤치마크 대비 5년 롤링 초과수익률 그래프를 살펴보면, 초과수익률이 점차 감소하는 모습이 보입니다. 2020년 이전까지는 5년 동안 투자한 경우 벤치마크 대비 언더퍼폼한 케이스는 전혀 없었습니다. 그러나 그래프상 2020년부터 이러한 상황이 자주 발생하고 있습니다. 최근에는 필터 조건(리밸런싱 시점 과거 12개월 동안 1개월 이상 거래정지되지 않았던 종목)에 해당하는 모든 종목에 동일가중으로 투자하는 것과 그중에서 저변동성 종목 상위 10%(1그룹)에 동일가중으로 투자하는 것의 수익률 차이가 거의 없는 상황입니다. 이는 로우볼 전략이 더 이상 과거만큼 효과적이지 않다는 것을 의미합니다.

[그림 12-2]에서 그래프가 가장 높은 시점은 2006년 5월로 14.05%p를 나타내고 있습니다. 즉, 변동성 1그룹의 연평균 초과수익률이 가장 높았던

[그림 12-2] 변동성 1그룹 5년 롤링 초과수익률(1그룹-벤치마크)

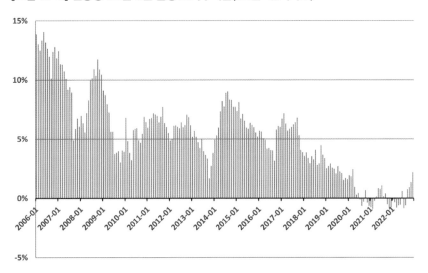

5년은 2001년 6월부터 2006년 5월까지의 기간이며, 이 기간 연평균 초과수익률은 14.05%p라는 의미입니다. 참고로 이 기간 변동성 1그룹의 CAGR은 23.22%이고, 벤치마크의 CAGR은 9.17%였습니다. 따라서 이 둘의 차이를 나타내는 연평균 초과수익률은 14.05%p가 된 것입니다. 2001년 6월부터 2006년 5월까지 변동성 1그룹의 누적 수익률은 184.02%를 달성했으며, 이에 비해 벤치마크의 누적 수익률은 55.09%에 그쳤습니다. 이 5년 변동성 1그룹은 누적 수익률 기준으로 벤치마크 대비 128.93%p의 아웃퍼폼을 보였습니다.

[그림 12-2]에서 그래프가 가장 낮은 시점은 2021년 2월로 -0.89%p를 나타냅니다. 이것은 연평균 초과수익률이 가장 낮았던 5년이 2016년 3월부터 2021년 2월까지의 기간이며, 이 기간 연평균 초과수익률은 -0.89%p임을 의미합니다. 참고로 이 기간 1그룹의 CAGR은 7.91%이고, 벤치마크의 CAGR은 8.80%였습니다. 따라서 이 둘의 차이를 나타내는 연평균 초과수익률은 -0.89%p가 된 것입니다. 2016년 3월부터 2021년 2월까지 1그룹의 누적 수익률은 46.31%인 것에 비해 벤치마크의 누적 수익률은 52.48%입니다. 이 5년 동안 1그룹은 누적 수익률 기준으로 벤치마크에 비해 6.17%p 언더퍼폼했다는 사실을 알 수 있습니다.

③ 롱숏 전략의 유용성은 충분하다

벤치마크 대비하여 1그룹의 초과수익률을 살펴보면 최근 로우볼 전략의 유용성은 거의 없다고 볼 수 있습니다. 하지만 10그룹의 수익률을 살펴보면 이야기가 다릅니다. 10그룹의 수익률이 크게 좋지 않은 현상은 과거와 비슷하기 때문입니다. 따라서 로우볼 전략을 적용할 때 1그룹 종목을 매수하는 것보다는 10그룹 종목들을 공매도하는 것이 더 적합한 방법일 수도 있습니다. 또한 1그룹과 10그룹의 CAGR 차이가 최근 5년에도 20%p대의 높은 수치를 보여주고 있습니다. 이에 특별히 저변동성 팩터의 경우는 1그룹 5년 CAGR에서 10그룹 5년 CAGR을 차감한 5년 롤링 초과수익률 그래프를 추가로 확인해 보겠습니다.

[그림 12-3]의 그래프는 (벤치마크 대비가 아닌) 10그룹 대비 1그룹의 5년 롤링 초과수익률을 보여주고 있습니다. 예상했듯이 과거 30%대에 비해 하락하였지만, 최근까지도 20%대로 강하게 유지되고 있습니다. 1그룹의 수익률에서 벤치마크의 수익률을 차감한 이전 그래프 [그림 12-2]의 결과와는 차이가 명확합니다. [그림 12-3]에서 최근까지도 이어지고 있는 강한 초과수익률

[그림 12-3] 변동성 1그룹의 5년 롤링 초과수익률(1그룹−10그룹)

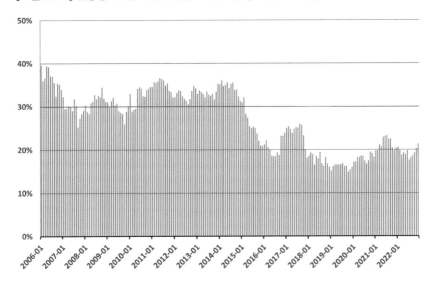

의 모습은 1그룹의 수익률이 좋았기 때문이 아니라 10그룹의 수익률이 크게 안 좋았기 때문입니다. 따라서 1그룹 종목들을 매수하고 10그룹 종목을 공매도하거나 대차매도하는 롱숏 전략을 활용하면 1그룹과 10그룹의 차이에 해당하는 수익률을 얻는 것이 이론적으로 가능합니다. 그러나 이는 개인투자자가 접근하기에는 어려운 영역이기도 합니다.

2018년부터 2022년까지의 5년간 저변동성 팩터에서 단순히 1그룹 종목을 매수하는 전략으로는 벤치마크 대비 초과수익을 얻기 어려운 상황이었지만, 롱숏 전략을 통해 상당한 수준의 초과수익을 얻을 수 있었습니다. 이를 고려할 때 로우볼 전략의 유용성이 많이 감소했다고 결론 내려야 할까요, 아니면 충분하다고 결론 내려야 할까요? 다음과 같이 결론을 내릴 수 있을 것 같습니다.

"롱숏을 자유롭게 구사할 수 있는 투자자에게는 아직 충분하다고 말할 수 있겠으나, 이를 할 수 없는 투자자에게는 많이 감소하였다고 말할 수밖에 없다."

핵심 요약

1 과거 변동성이 낮았던 종목이 변동성이 높았던 종목보다 수익률이 높다는 다양한 연구 결과가 있습니다. 변동성이 낮은 종목에 투자하는 전략을 '로우볼(Low Volatility) 전략'이라고 합니다.

2 벤치마크와 비교해 봤을 때 로우볼 전략의 유용성이 장기적으로 감소했던 것으로 확인됩니다.

3 백테스트 결과를 보면 저변동성 종목의 수익률이 좋은 것보다는 고변동성 종목의 수익률이 좋지 않은 현상이 더 확실하게 나타납니다.

4 저변동성 팩터의 경우 벤치마크가 아닌 10그룹 대비 1그룹의 초과수익을 확인해 보면 유용성이 어느 정도 유지되고 있습니다.

13

모멘텀 투자의 초과수익은
어떻게 흘러왔는가

QUANTITATIVE   INVESTING

① 상대 모멘텀 효과의 이해

　과거 주가가 강했던 종목이 약했던 종목보다 더 수익률이 좋다는 다양한 연구 결과들이 있습니다. 이를 '상대 모멘텀 효과(Relative Momentum Effect)'라고 합니다. 여기서 모멘텀은 과거 주가 상승률을 의미합니다. 우선 미국 시장 연구 결과부터 살펴보겠습니다. 제임스 오쇼너시(James O'Shaughnessy)의 저서《월가의 퀀트 투자 바이블》[22]에는 6개월 가격 모멘텀과 12개월 가격 모멘텀으로 진행한 10분위 백테스트 결과가 있습니다. 이를 통해 6개월과 12개월 모멘텀 투자 방법 모두 벤치마크 대비 높은 수익률을 보여주고 있음을 알 수 있습니다.

---

[22] 　제임스 오쇼너시, 《월가의 퀀트 투자 바이블》, 이건 외 7명 역, 에프엔미디어, 2021.

그런데 한국 시장의 경우 전체 상장 종목으로 백테스트를 하면 상대 모멘텀 효과가 관찰되지 않습니다. 문병로의 저서 《문병로 교수의 메트릭 스튜디오》[23]에는 2000년부터 2012년까지 한국에 상장된 전체 주식에 대해 분석한 내용이 있습니다. 6개월 모멘텀을 바탕으로 10분위 분석을 하였는데 1그룹과 10그룹의 수익률이 모두 좋지 못했고, 과거에 적당히 오른 중간 그룹이 가장 수익률이 좋았음을 밝히고 있습니다. 저의 저서 《실전 퀀트투자》에서도 2000년 7월부터 2017년 6월의 기간으로 KOSPI 시장과 KOSDAQ 시장에 상장된 종목을 대상으로 백테스트하여 1년 모멘텀 20분위 결과를 실었는데, 문병로 교수와 같은 결론이었습니다. 이렇듯 한국에 상장된 전체 종목을 대상으로 모멘텀 백테스트를 하면 모멘텀 효과가 관찰되지 않습니다. 한국 시장에서 상대 모멘텀 효과는 대형주에서만 통하기 때문입니다. 강환국의 저서 《할 수 있다! 퀀트 투자》[24]에서는 한국은 상대적 모멘텀 전략이 대형주에서만 알파를 창출했고 중형 및 소형주에서는 주가지수를 이기지 못했음을 밝히고 있습니다.

KOSPI 시장은 KOSDAQ 시장과 비교하면 시가총액이 큰 대형주의 비중이 높습니다. 한국의 상대 모멘텀이 대형주에서만 관찰된다면, KOSDAQ 상장종목을 제외하고 KOSPI 상장종목만을 대상으로 연구한 결과에서는 어느 정도 상대 모멘텀 효과가 관찰될 것입니다. 실제로 김병규, 이현열의 저서 《SMART BETA》[25]에서는 2000년부터 2016년까지 KOSPI 상장종목을 대상으

23 문병로, 《문병로 교수의 메트릭 스튜디오》, 김영사, 2014.
24 강환국, 《할 수 있다! 퀀트 투자》 신진오 감수, 에프엔미디어, 2017.
25 김병규, 이현열, 《SMART BETA》, 워터베어프레스, 2017.

로 5분위 실험을 진행했습니다. 과거 12개월 중 최근 1개월을 제외[26]한 주가 상승률을 기준으로 모멘텀을 측정하여 백테스트를 진행하였고, 이 방법으로 한국 주식시장에 '상대 모멘텀 효과'가 있음을 증명하였습니다.

한국에서의 상대 모멘텀 효과를 연구하기 위해 대형주 위주의 검증이 필요하다는 것을 알 수 있습니다. 앞서 KOSPI 상장종목만을 대상으로 연구했을 때 효과가 있다고 말했는데요. 더 좋은 방법이 있습니다. 매수 시점에 KOSPI200 편입 종목만을 대상으로 백테스트하는 것입니다. 이 경우에 상대 모멘텀 효과가 잘 관찰될 것입니다. 한국은 대형주에서만 상대 모멘텀 효과가 존재하고 KOSPI200 편입 종목들은 주로 대형주이기 때문입니다.[27]

② 상대 모멘텀 전략의 초과수익 검증

리밸런싱 당시 시점에 KOSPI200에 편입되어 있는 종목들을 대상으로 과거 1년간의 수익률을 모멘텀으로 정의하였고, 3개월 리밸런싱 조건으로 5분위 백테스트를 수행하였습니다. 이때 10분위가 아닌 5분위로 줄인 이유는 KOSPI200의 대상 종목 자체가 200개로 상대적으로 적기 때문입니다. 1그룹에는 모멘텀 상위 20%의 종목이 편입되고, 5그룹에는 모멘텀 하위 20%의 종

---

26 김병규, 이현열은 최근 1개월의 수익률을 제외한 이유를 단기 모멘텀의 수익률 반전 현상 때문이라고 밝히고 있습니다. 단기 모멘텀 수익률 반전 현상은 단기에 강하게 오른 종목은 미래에 단기적으로 수익률이 좋지 않은 현상을 의미합니다. 김병규, 이현열의 연구 이외의 다른 상대 모멘텀 연구에서도 이런 점 때문에 모멘텀을 구할 때 가장 가까운 1개월에서 2개월을 제외하고 구하는 방법을 사용하는 경우가 많습니다.

27 과거 KOSPI200 편입 종목 데이터를 구하여 과거의 매수 시점에서 KOSPI200 종목을 추출하여 백테스트를 진행하였습니다. 현재 KOSPI200에 편입되어 있는 종목을 대상으로 백테스트를 수행한다면 미래 참조 편향에 해당하기 때문입니다.

목이 편입됩니다.

[그림 13-1] 상대 모멘텀 5분위 CAGR

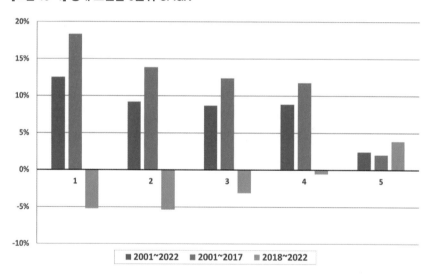

[그림 13-1]에서 2001년부터 2017년까지의 수익률을 살펴보면 그룹이 올라갈수록 수익률이 감소하는 경향이 명확하게 나타납니다. 1그룹이 모멘텀이 가장 큰 주식이고 5그룹이 모멘텀이 가장 작은 주식이니, 모멘텀이 큰 주식이 더 높은 수익률을 보인다는 것을 의미합니다. 이는 앞에서 살펴보았던

다양한 연구 결과와 일치합니다. 그러나 2018년부터 2022년까지의 백테스트 결과를 확인하면 놀랍게도 완전히 반대의 결과가 나옵니다. 이 기간에는 1그룹에서 5그룹으로 갈수록 오히려 수익률이 증가하는 현상이 나타나고 있습니다.

[표 13-1] 상대 모멘텀 수익률(CAGR) 요약 표

	2001~2022	2001~2017	2018~2022
1그룹	12.52%	18.34%	−5.20%
5그룹	2.43%	2.01%	3.86%
벤치마크	8.68%	12.01%	−1.90%
KOSPI200	7.18%	10.09%	−2.16%
1그룹−5그룹	10.09%p	16.33%p	−9.06%p
1그룹−벤치마크	3.84%p	6.33%p	−3.30%p
1그룹−KOSPI200	5.34%p	8.25%p	−3.04%p

※ 벤치마크: 리밸런싱 시점 KOSPI200에 편입되어 있는 종목의 동일가중 분기 리밸런싱 수익률

[표 13-1]을 확인해 보면 당황스러운 점이 많습니다. 한국의 퀀트투자자한 명을 가정해 보겠습니다. 이 퀀트투자자는 상대 모멘텀 효과 백테스트를 2017년 말에 진행하였고, 상대 모멘텀 효과가 있다는 사실을 2017년 말에 알았습니다. 만약 해당 투자자가 백테스트를 하고 나서 CAGR 18% 수준을 얻을 수 있고 KOSPI200 지수 대비 연평균 8%p 수준으로 아웃퍼폼할 것이라 기대하며 모멘텀 퀀트투자를 시작했다면 어떻게 되었을까요? 5년 동안 과거의 백테스트 결과와는 완전히 다른 계좌 상태에 당황할 것입니다. 2018년부터 2022년까지 5년간 CAGR -5.20%를 경험하게 되며, KOSPI200 지수 대비해서는 아웃퍼폼은커녕 오히려 연평균 3.04%p의 언더퍼폼을 경험하게 됩니

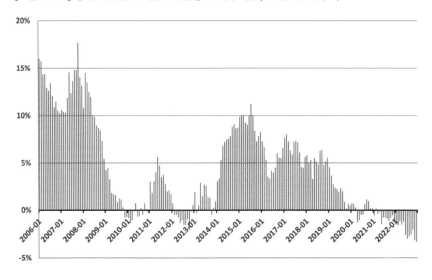

[그림 13-2] 상대 모멘텀 1그룹 5년 롤링 초과수익률(1그룹-벤치마크)

다.

[그림 13-2]의 벤치마크 대비 5년 롤링 초과수익률 그래프를 살펴보면 최근에는 마이너스 수준을 기록하고 있음을 알 수 있습니다. 이는 이전과는 크게 다른 모습이어서 특이한 현상으로 볼 수 있습니다. 예전에는 이런 큰 규모의 언더퍼폼이 없었기 때문입니다.

[그림 13-2]에서 그래프가 가장 높은 시점은 2007년 10월로 17.68%p를 나타내고 있습니다. 즉, 모멘텀 1그룹의 연평균 초과수익률이 가장 높았던 5년은 2002년 11월부터 2007년 10월까지의 기간이며, 이 기간 연평균 초과수익률 17.68%p라는 의미입니다. 참고로 이 기간 1그룹의 CAGR은 49.72%였으며 벤치마크의 CAGR은 32.04%였습니다. 따라서 이 둘의 차이를 의미하는 연평균 초과수익률은 17.68%p가 된 것입니다. 누적 수익률도 살펴보겠습니다. 이 기간 1그룹의 누적 수익률은 652.38%였으며 벤치마크의 누적 수익률

은 301.41%로 1그룹은 벤치마크 대비 누적 수익률 기준으로 350.97%p의 아웃퍼폼을 보였습니다.

[그림 13-2]에서 그래프가 가장 낮은 시점은 2022년 12월로 -3.30%p를 나타내고 있습니다. 가장 연평균 초과수익률이 낮았던 5년은 2018년 1월부터 2022년 12월까지의 기간이며, 이 기간 연평균 초과수익률이 -3.30%p임을 의미합니다. 백테스트 기간 중 최근에 속하기도 합니다. 이 기간 1그룹의 CAGR은 -5.20%였으며 벤치마크의 CAGR은 -1.90%입니다. 따라서 이 둘의 차이를 나타내는 연평균 초과수익률은 -3.30%p가 된 것입니다. 이 기간 1그룹의 누적 수익률은 -23.45%이며 벤치마크의 누적 수익률은 -9.15%입니다. 1그룹은 누적 수익률 기준으로 벤치마크 대비 14.30%p를 언더퍼폼하였습니다.

③ 미국 시장 상대 모멘텀 효과 살펴보기

우리는 앞에서 한국의 상대 모멘텀 초과수익이 최근에 크게 하락했음을 알았습니다. 그냥 하락한 정도가 아니라 최근 5년 동안의 결과는 이전과는 완전히 반대되는 모습을 보여주었습니다. 최근 5년 모멘텀 팩터를 이용하여 퀀트투자를 했다면 성과가 상당히 좋지 않았을 것입니다. 모멘텀 팩터가 다시 회복될 수 있는지 알아보기 위해 미국 시장의 장기 그래프를 분석할 필요가 있어 보입니다. 케네스 프렌치 데이터 라이브러리 웹사이트[28]에서 모멘텀 10분위 백테스트 데이터를 얻을 수 있습니다.[29] 이 데이터를 바탕으로 미

---

28 https://mba.tuck.dartmouth.edu/pages/faculty/ken.french/data_library.html
29 해당 데이터는 과거 12개월 중 최근 2개월을 제외한 주가 상승률을 모멘텀으로 사용하였습니다.

국 시장에서 모멘텀 지표의 5년 롤링 초과수익률 그래프가 20년 가까이 감소하다가 다시 회복된 경우가 있는지를 확인해 보겠습니다. 미국에서 회복된 사례가 있다면 한국에서도 모멘텀 팩터가 다시 살아날 수 있다는 근거가 될 것입니다.

[그림 13-3]을 살펴보겠습니다. 미국 시장에서 모멘텀 1그룹의 5년 롤링 초과수익률을 살펴보면, 장기적으로 초과수익이 감소하는 경향을 관찰할 수는 없습니다. 오히려 중간중간 마이너스 수익이 나타나지만 이후 다시 플러스 수익으로 돌아가는 경우가 많이 관찰됩니다. 이러한 패턴은 한국 시장에서 모멘텀의 초과수익이 다시 회복될 수 있다는 희망을 가지게 합니다. 다만, 아쉬운 점이 있다면 상대 모멘텀 효과가 미국에서도 최근 20년 가까이 좋지 못했다는 점입니다. 한국 시장의 그래프와 가장 비슷한 17년의 구간을

[그림 13-3] 미국 상대 모멘텀 1그룹 5년 롤링 초과수익률(1그룹-벤치마크)

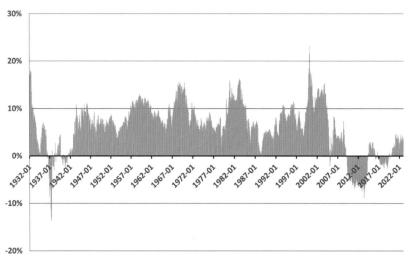

자료: Kenneth French Data Library 웹사이트

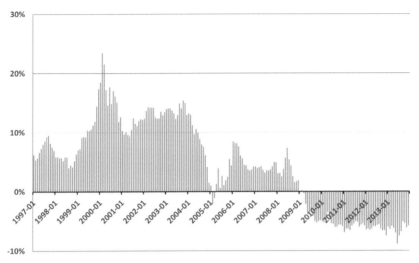

[그림 13-4] 미국 상대 모멘텀 1그룹 5년 롤링 초과수익률
(1그룹-벤치마크, 1997~2013년)

자료: Kenneth French Data Library 웹사이트

미국 시장에서 찾아보면 1997년부터 2013년까지로 확인됩니다. 확대해서 살펴보겠습니다.

[그림 13-4]는 [그림 13-3]에서 1997년부터 2013년까지의 기간을 따로 확대하여 그린 것입니다. 살펴보면 지속적으로 초과수익이 감소하였던 것을 확인할 수 있습니다. 그렇다면 2014년부터 2022년까지 9년 동안은 어떻게 되었는지 살펴보는 것이 필요해 보입니다.

[그림 13-5]를 살펴보겠습니다. 2014년부터 2022년까지 미국 시장 상대 모멘텀 1그룹의 누적 수익률은 111.50%이며 같은 기간 벤치마크의 누적 수익률은 106.75%입니다. CAGR로 계산해 보면 8.68%와 8.41%로 거의 차이가 없었습니다. 미국의 상대 모멘텀은 17년 동안 롤링 초과수익률 그래프가 지속적으로 하락한 이후 이전과 같은 초과수익이 회복되지 않고 초과수익이

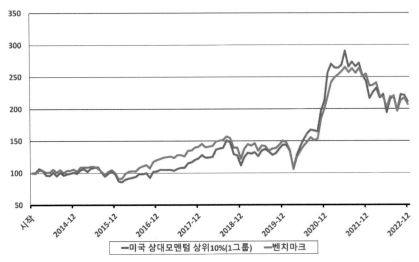

[그림 13-5] 미국 모멘텀 1그룹과 벤치마크 비교(2014~2022년)

미국 상대모멘텀 상위10%(1그룹)　　벤치마크

자료: Kenneth French Data Library 웹사이트

없는 상태로 2022년까지 시간이 지나고 있습니다. 생각보다 초과수익이 없는 상태로 장기간 시간이 흐를 수도 있다는 사실을 미국의 모멘텀 분석에서 알 수 있습니다. 지금까지 살펴본 것을 토대로 상대 모멘텀 팩터에 대해서 다음과 같이 결론 내릴 수 있을 것 같습니다.

"한국의 상대 모멘텀 팩터의 최근 5년간 모습은 과거와는 완전히 반대의 모습을 보였다. 미국에서도 20년 가까운 기간 동안 상대 모멘텀 팩터가 매우 약했다. 하지만 미국 시장에서 과거 상대 모멘텀 효과가 강했다 약했다를 반복하는 경우가 자주 관찰되었으니 어느 정도 희망을 가질 수는 있다."

1. 과거 주가가 강했던 종목이 약했던 종목보다 더 수익률이 좋다는 다양한 연구 결과들이 있습니다. 이를 '상대 모멘텀 효과(Relative Momentum Effect)'라고 합니다.

2. 한국에서는 상대 모멘텀 효과가 중소형주에서는 관찰되지 않고 대형주에서만 관찰됩니다.

3. 과거에는 잘 작동했던 상대 모멘텀의 초과수익이 최근 많이 감소하였습니다. 특히 최근 5년만 놓고 보면 과거 주가가 약했던 종목이 오히려 더 높은 수익률을 보여주는 모습이 관찰됩니다.

4. 아쉽게도 미국에서도 최근 20년 동안 상대 모멘텀 효과가 거의 관찰되지 않고 있습니다.

14

소형주 투자의 초과수익은
어떻게 흘러왔는가

QUANTITATIVE INVESTING

① 소형주 효과의 이해

　시가총액이 큰 대형주와 시가총액이 작은 소형주 중 어떤 종목군에 투자하는 것이 수익률 면에서 유리할까요? 왠지 대형주는 주가가 무거워서 쉽게 상승하기 어렵고, 소형주는 주가가 가벼워서 쉽게 상승할 것 같습니다. 수치로 생각해 보더라도 시가총액이 1조 원에서 2조 원으로 움직이는 것보다는 500억 원에서 1천억 원으로 움직이는 것이 훨씬 쉬울 것 같지 않나요? 실제로 소형주의 수익률이 대형주에 비해 높은 현상이 있습니다. 이것을 사이즈 팩터(Size Factor) 혹은 소형주 효과(Small Cap Effect)라고 합니다.

　소형주 효과는 1981년 롤프 반즈(Rolf Banz)의 〈보통주의 시가총액과 수익률 사이의 관계〉[30]라는 논문을 통해 알려졌습니다. 이 논문은 1926년부터 1975년까지의 뉴욕 증권거래소(NYSE)에 5년 이상 상장되었던 종목들을 대상으로 분석하여 중소형 주식들이 대형 주식들보다 위험 조정 수익률이 높다는 사실을 말하고 있습니다.

② 소형주 효과를 바라보는 3가지 관점

앞으로 살펴보겠지만 결론부터 언급하면 소형주 효과는 한국 시장에서 매우 강하게 작동했습니다. 한국의 소형주 효과는 너무 강력해서 아무런 지표를 사용하지 않고 그냥 소형주에 투자하는 것만으로도 매우 높은 수익을 누릴 수 있었습니다. 투자 자산의 규모가 크지 않다면 이 방법이 효율적일 수 있었습니다. 소형주 효과가 존재하는 이유를 3가지 관점에서 생각해 볼 수 있습니다.

첫 번째로 소형주는 사람들의 편견 때문에 저평가될 확률이 높다는 것입니다. 기관투자자들은 소형주에 관심이 없는 경우가 많습니다. 또한 증권분석을 전문적으로 하는 애널리스트 역시 소형주는 분석하지 않는 경우가 많습니다. 소형주는 잘 알려지지 않았기 때문에 개인투자자도 투자하기를 꺼립니다. 사람들의 관심이 없다 보니 자연스럽게 저평가되기 쉽습니다. 즉, 소형주에 저평가된 종목들이 많으니 그냥 소형주를 매수하면 저평가 종목을 매수하는 것이 되고 높은 수익률을 얻을 수 있습니다.

---

30 R. Banz, "The relationship between return and market value of common stocks," Journal of Financial Economics, Vol. 9, No. 1, 1981, pp 3–18.

두 번째는 소형주는 위험하고, 위험에 대한 보상으로 수익률이 높다는 생각입니다. 소형주는 대형주에 비해 더 큰 가격 변동을 보입니다. 하락할 때 더 많이 하락하고, 반대로 상승할 때 더 많이 상승하는 경향이 있습니다. 위험회피 투자자 입장에서는 상승할 때 덜 상승하더라도 하락할 때 덜 하락하는 것이 중요합니다. 또한 소형기업의 경우 대형기업에 비해 사업 운영에 더 큰 불안정성을 가질 수 있습니다. 소형기업은 경쟁력 부족, 시장 진입장벽 등의 이유로 운영 리스크에 더 많이 노출됩니다. 대형주에 비해 상장폐지 리스크도 더 큽니다. 당연히 소형주 투자는 대형주 투자에 비해 위험하고 이런 위험을 감수한 것에 대한 보상을 받아야 합니다. 그 보상이 수익률이라고 생각할 수 있습니다.

세 번째는 소형주의 성장 가능성이 대형주에 비해 더 높다는 것입니다. 소형기업은 아직 성장의 초기 단계에 있거나 새로운 시장을 개척하는 기업일 가능성이 높습니다. 또 이익의 상승률로 보면 대형기업보다 더 유리할 가능성이 높습니다. 당장 매출 1조 원을 달성하는 기업이 2조 원으로 올리는 것보다 매출 1백억 원을 달성하는 기업이 2백억 원으로 올리는 것이 더 쉽습니다.

소형주 효과에 대한 3가지 관점을 살펴보았습니다. 만약 첫 번째 관점이 맞는다면 소형주에 대한 투자자들의 편견이 사라지면서 소형주 효과 역시 사라질 확률이 높습니다. 만약 두 번째 관점이 맞는다면 소형주는 미래에도 위험할 것이니 쉽게 사라지지 않을 확률이 높습니다. 세 번째 관점도 소형주가 가지고 있는 고유의 특성이므로 소형주 효과가 쉽게 사라지지 않을 이유가 됩니다. 소형주 효과는 이러한 3가지 관점이 복합적으로 작용한 결과로서 나타날 것입니다. 저는 이 중에서 첫 번째 관점에 가장 큰 비중을 두고 소형주 효과를 바라보고 있습니다. 미국에서 소형주 효과가 수십 년 전 반즈의 논문이 발표된 후 너무 쉽게 사라졌기 때문입니다. 만약 두 번째와 세 번째 관점이 소형주 효과가 존재하는 이유의 큰 비중을 차지한다면, 논문 발표 이후 미국에서 소형주 효과가 금방 사라지기는 힘들었을 것입니다.

③ 사이즈 팩터의 초과수익 검증

2010년대 후반부터 한국 시장을 백테스트를 할 수 있는 다양한 소프트웨어들이 등장하면서 평범한 개인투자자들도 백테스트 결과를 쉽게 얻을 수 있게 되었습니다. 그로 인해 투자자들 사이에서 소형주에 대한 편견이 과거에 비해 줄어들고 있는 것으로 보입니다. 백테스트를 통해 소형주의 엄청난 초과수익에 놀라는 투자자들이 늘어나고 있습니다. 최근에는 개인 퀀트투자자들 사이에서 시가총액이 작은 종목을 필터로 사용하지 않는 경우를 찾기 어려울 정도로, 소형주 투자가 인기를 끌고 있습니다. 따라서 소형주의 초과수익이 과거와 같은 수준으로 유지되고 있는지를 확인하는 것은 매우 중요한 일입니다.

시가총액 10분위 백테스트

- **기간:** 2001년~2022년
- **대상:** KOSPI, KOSDAQ 상장종목 중 리밸런싱 시점 12월 결산법인이면서 전년도(단, 3월 리밸런싱의 경우 전전년도) 회계기준 지배주주순이익 흑자종목
- **리밸런싱 주기:** 1년에 4회(3, 6, 9, 12월 마지막 거래일)
- **방법:** 리밸런싱 시점 시가총액을 확인합니다. 시가총액이 낮은 순서대로 1그룹부터 10그룹까지 10분위로 나눕니다. 각 그룹의 속한 종목들을 동일가중으로 리밸런싱합니다.

[그림 14-1] 시가총액 10분위 CAGR

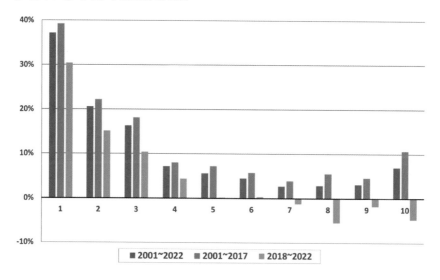

    [그림 14-1]을 살펴보겠습니다. 1그룹은 시가총액이 작은 종목 상위 10%를 의미하며 그룹의 숫자가 높아질수록 시가총액이 큰 종목으로 구성되어 있습니다. 10그룹은 시가총액이 가장 큰 상위 10%의 종목입니다. 확실히 1그룹의 수익률이 매우 좋은 것을 알 수 있습니다. 단순히 흑자종목 중 시가총액이 가장 작은 10% 종목에 분기 리밸런싱으로 투자하는 것만으로도 22년 동안 37.20%의 높은 CAGR을 누릴 수 있었습니다. 반면에 시가총액이 가장 큰 상위 10% 종목에 투자했다면 6.98%의 CAGR밖에는 얻지 못했습니다.

    초과수익이 과거에 비해 어떻게 바뀌었는지 확인하기 위해 두 개의 구간으로 나누어서 살펴보겠습니다. 2001년부터 2017년까지의 기간에서 10그룹으로 갈수록 수익률이 하락하는 강한 경향성을 관찰할 수 있습니다. 2018년부터 2022년까지의 기간에서도 앞의 기간 못지않은 경향성이 그대로 펼쳐지고 있습니다. 아니, 오히려 경향성은 더 강해진 것으로 보입니다. 2018년부터 2022년까지의 기간에서 KOSPI 지수와 KOSDAQ 지수가 모두 하락한 기간임에도 불구하고 시가총액이 가장 작은 1그룹은 30%대의 CAGR을 보여 놀라울 따름입니다. 소형주 투자의 유용성은 전혀 감소하지 않았습니다.

[표 14-1] 시가총액에 따른 수익률(CAGR) 요약 표

	2001~2022	2001~2017	2018~2022
1그룹	37.20%	39.25%	30.45%
10그룹	6.98%	10.69%	−4.74%
벤치마크	10.83%	12.73%	4.60%
KOSPI	7.00%	9.79%	−1.95%
KOSDAQ	1.17%	2.49%	−3.18%
1그룹−10그룹	30.22%p	28.56%p	35.19%p
1그룹−벤치마크	26.37%p	26.52%p	25.85%p
1그룹−KOSPI	30.20%p	29.47%p	32.40%p
1그룹−KOSDAQ	36.03%p	36.77%p	33.63%p

※ 벤치마크: KOSPI, KOSDAQ 상장종목 중 리밸런싱 시점 12월 결산법인이면서 전년도(단, 3월 리밸런싱의 경우 전전년도) 회계기준 지배주주순이익 흑자 종목 동일가중 분기 리밸런싱 수익률

[표 14-1]을 통해 수치로 살펴보겠습니다. 2001년부터 2017년까지의 기간에서 시가총액 1그룹의 CAGR은 39.25%입니다. 2018년부터 2022년까지의 기간에서는 30.45%로 약 9%p 줄어들었습니다. 하지만 2018년부터 2022년까지의 기간은 주식시장이 좋지 않았음을 고려해야 합니다. 1그룹과 벤치마크의 CAGR 차이를 살펴보면 2001년부터 2017년까지의 기간에서는 26.52%p, 2018년부터 2022년까지의 기간에서는 25.85%p로 거의 차이가 없습니다. 심지어 1그룹과 10그룹의 차이나 1그룹과 KOSPI 지수의 차이를 확인해 보면 오히려 후반부 기간이 더 훌륭합니다. 우리는 앞에서 밸류 팩터,

저변동성 팩터, 상대 모멘텀 팩터를 순서대로 살펴보았습니다. 3가지 팩터의 유용성은 2018년부터 2022년까지의 기간에서는 그 이전보다 확실히 감소하였다는 것을 알 수 있었습니다. 하지만 사이즈 팩터만큼은 전혀 유용성이 감소하지 않았습니다. 이제 롤링 초과수익률 그래프를 통해서 더 자세히 살펴보겠습니다.

[그림 14-2]는 시가총액 1그룹의 벤치마크 대비 5년 롤링 초과수익률 그래프입니다. 앞에서 살펴보았던 다른 팩터들의 그래프와는 다릅니다. 이전의 밸류, 저변동성, 상대 모멘텀에서 살펴본 그래프는 시간이 지남에 따라 계속해서 하락하는 경향을 보였습니다. 그로 인해 적지 않은 실망도 했습니다. 그러나 사이즈 팩터는 시간이 흐르면서 오히려 더 강한 초과수익을 보여주고 있습니다. 또한 이 그래프는 전체 기간에서 마이너스를 보인 적이 없습니다. 이것은 5년 동안 투자했을 때 벤치마크 대비 언더퍼폼한 적이 한 번도 없었다는 것을 의미합니다.

[그림 14-2]에서 막대그래프가 가장 높은 시점은 2016년 9월로, 44.02%p를 나타내고 있습니다. 즉, 시가총액 1그룹의 연평균 초과수익률이 가장 높았던 5년은 2011년 10월부터 2016년 9월까지의 기간이며 이 기간 연평균 초과수익률이 44.02%p라는 의미입니다. 참고로 이 기간 시가총액 1그룹의 CAGR은 무려 63.18%이며 벤치마크의 CAGR은 19.16%였습니다. 따라서 이 둘의 차이를 나타내는 연평균 초과수익률은 44.02%p가 된 것입니다. 누적 수익률의 차이를 살펴보겠습니다. 이 기간 1그룹의 5년 누적 수익률은 1,056.94%이며 벤치마크의 5년 누적 수익률은 140.25%입니다. 누적 수익률의 차이는 916.69%p입니다.

[그림 14-2]에서 막대그래프가 가장 낮은 시점은 2012년 1월로 15.78%p를

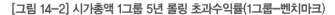

[그림 14-2] 시가총액 1그룹 5년 롤링 초과수익률(1그룹-벤치마크)

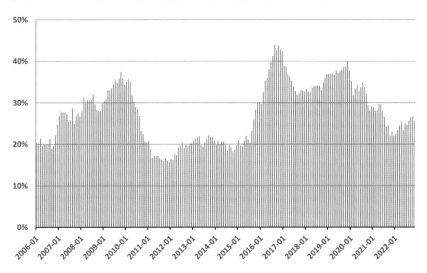

나타내고 있습니다. 즉, 연평균 초과수익률이 가장 낮았던 5년은 2007년 2월부터 2012년 1월까지의 기간이며, 이 기간 연평균 초과수익률이 15.78%p였다는 의미입니다. 참고로 이 기간 시가총액 1그룹의 CAGR은 24.75%이며 벤치마크의 CAGR 8.97%였습니다. 따라서 이 둘의 차이를 나타내는 연평균 초과수익률이 15.78%p가 된 것입니다. 누적 수익률을 살펴보겠습니다. 이 기간 1그룹 누적 수익률은 202.11%이고, 벤치마크의 누적 수익률은 53.68%입니다. 초과수익이 가장 낮았던 5년의 경우에도 누적 수익률로 벤치마크를 148.43%p나 아웃퍼폼했습니다.

④ 미국 시장의 소형주 효과 살펴보기

이쯤 되면 궁금한 것이 생깁니다. 미국 시장에서의 소형주 효과도 한국만

[그림 14-3] 미국 시가총액 1그룹 5년 롤링 초과수익률(1그룹-벤치마크)

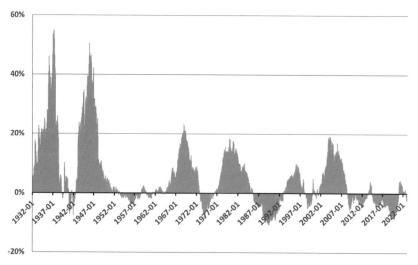

자료: Kenneth French Data Library 웹사이트

큼 강할까요? 소형주 효과가 세상에 공개된 것은 상당히 오래전입니다. 따라서 아직도 미국 시장에 존재한다면 한국 시장에서 소형주 효과가 앞으로도 강하게 남아있을 확률이 높다는 의미가 됩니다. 케네스 프렌치 데이터 라이브러리에서 데이터를 다운받아서 미국 시장에서의 롤링 초과수익률 그래프를 살펴보겠습니다.

[그림 14-3]을 살펴보면 미국 소형주 효과가 강했던 시기는 1930년대부터 1940년대 기간입니다. 그 이후부터는 조금씩 존재하다가 1980년대 중반 이후부터는 플러스와 마이너스를 오갑니다. 1980년대 중반 이후부터 소형주 효과는 거의 사라졌습니다. 애초에 미국에서 사이즈 팩터는 다른 팩터들에 비해 그렇게 강하지 않았습니다. 한국의 소형주 효과는 22년 전체 기간에서 강하게 작동하였다는 것을 생각해 봤을 때 미국의 소형주 효과와는 많은 차이가 있습니다.

⑤ 미국에서 소형주 효과가 사라진 과정

미국에서 수십 년 전에 사라진 소형주 효과가 지금까지 한국에서 강하게 존재한다는 사실은 실로 놀랍습니다. 이것은 한국에서 소형주의 초과수익이 앞으로도 감소하지 않을 것이라는 주장의 근거로 사용될 수 있습니다. 미국에서 수십 년 전에 사라진 현상이 지금까지 한국에서 강하게 존재한다는 것은 뭔가 존재할 수밖에 없는 이유가 있다고 볼 수 있기 때문입니다. 하지만 반대로 생각하면 한국에서 당장 내일 소형주 효과가 사라지더라도 놀라운 일이 아닐 수 있습니다.

소형주 투자가 유행하는 시점에서 미국의 소형주 효과가 어떤 식으로 사라졌는지를 알아보는 것은 상당히 의미가 있습니다. 따라서 미국의 소형주 효과가 사라지는 과정을 알아보고자 합니다. 반즈의 논문 발표 이후 얼마 못가 사라졌다고 알려져 있으므로 반즈의 논문 이전과 이후를 구분하여 살펴보겠습니다. 앞에서도 언급했지만 반즈는 1981년에 논문을 발표하였습니다.

[그림 14-4]는 파마 프렌치 라이브러리에서 제공된 시가총액에 따른 10분위 월별 수익률 데이터를 기반으로 작성된 시계열 그래프입니다. [그림 14-4]를 통해 반즈 논문 이전인 1927년부터 1981년까지의 소형주 효과를 확인할 수 있습니다. 이 기간 동안 확실히 시가총액 하위 10%의 종목의 수익률이 시가총액 상위 10%의 종목보다 더 높습니다. 구체적으로 이 기간 시가총액 하위 10%의 CAGR은 20.51%이며, 벤치마크의 CAGR은 12.43%, 시가총액 상위 10%의 CAGR은 7.83%입니다. 이로써 반즈 논문 이전에는 소형주 효과가 명확히 나타났음을 확인할 수 있습니다. 이제 반즈 논문 이후의 모습을 확인해 보겠습니다.

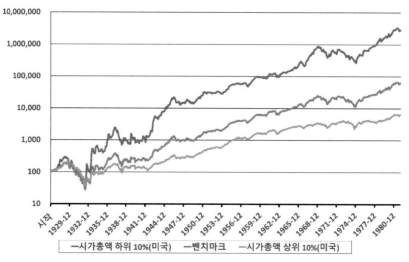

[그림 14-4] 미국 시가총액에 따른 계좌 변화(로그 스케일, 1927~1981년)

[그림 14-5]는 반즈 논문 이후인 1982년부터 2022년까지의 모습을 보여줍니다. 논문 이전과는 완전히 다른 모습을 확인할 수 있습니다. 41년 (1982~2022년) 동안의 시가총액 하위 10%(1그룹)의 CAGR은 11.61%, 벤치마크의 CAGR은 11.50%, 시가총액 상위 10%의 CAGR은 11.34%입니다. 세 가지 수익률에 차이가 거의 없습니다. 논문 발표 이후 41년간의 모습을 그래프로 살펴보니 소형주 효과는 사라져 버렸음을 알 수 있습니다. 논문 발표 이전과 이후의 그래프가 너무 확연히 달라져서 놀라울 따름입니다. 논문이 발표되자마자 소형주 효과가 사라지는 모습에서 미국 시장의 엄청난 효율성과 소형주 효과의 연약함을 함께 느낄 수 있습니다.

그래프에서 반즈 논문 발표 직후 10년만 따로 떼어내 확대해서 살펴보겠습니다. 즉, 1982년부터 1991년까지의 그래프입니다. 미국 소형주 효과의 소멸은 반즈 논문이 큰 영향을 미쳤다고 생각되기 때문에, 논문 발표 직후

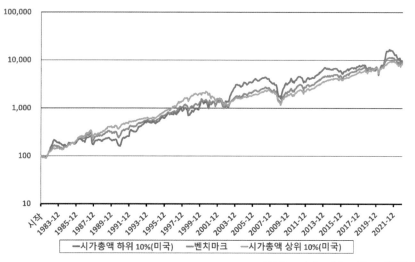

[그림 14-5] 미국 시가총액에 따른 계좌 변화(로그 스케일, 1982~2022년)

시가총액 하위 10%(미국) — 벤치마크 — 시가총액 상위 10%(미국)

자료: Kenneth French Data Library 웹사이트

10년간 모습을 좀 더 자세히 살펴보는 것이 의미가 있습니다. 추가로 말씀드리자면 이 기간 안에 미국 역사상 최악의 소형주 암흑기가 존재합니다.

[그림 14-6]은 반즈 논문이 발표된 후 10년의 그래프입니다. 자세히 살펴보면 논문 발표 직후 1년 반 동안은 소형주는 높은 수익률을 보입니다. 1982년부터 1983년 6월까지 시가총액 하위 10%의 누적 수익률은 무려 113.52%입니다. 같은 기간 시가총액 상위 10%의 수익률은 44.34%의 수익률밖에는 나오지 않았습니다. 반즈가 논문을 발표한 이후에도 1년 반 동안 소형주 효과는 잘 작동했습니다. 문제는 그다음입니다. 미국 시장 최악의 소형주 암흑기를 경험하게 됩니다. 1983년 7월부터 1990년 12월까지 7년 반 동안 시가총액 하위 10%의 누적 수익률은 -26.26%를 기록합니다. 같은 기간 시가총액 상위 10%의 누적 수익률은 177.60%입니다. 200%가 넘는 언더퍼폼입니다. 어떤 투자자든 이런 언더퍼폼을 실제 투자에서 겪게 된다면 소외감은 이루

[그림 14-6] 미국 시가총액에 따른 계좌 변화(1982~1991년)

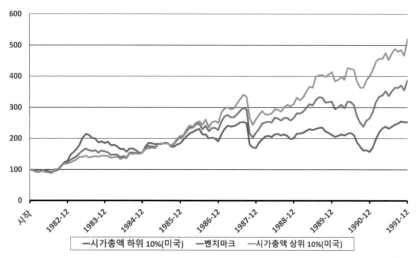

자료: Kenneth French Data Library 웹사이트

말할 수 없을 것입니다. 다행히 1990년을 기점으로 소형주 암흑기는 끝나게 되지만 단지 암흑기가 끝났을 뿐 소형주의 천국이 열린 것은 아닙니다. 앞에서 확인했듯이 2022년까지 다시는 반즈 논문 이전과 같은 강도 높은 초과수익을 경험할 수 없었습니다.

로그 스케일 그래프 이해하기

[그림 14-4]와 [그림14-5]의 그래프는 Y축에 로그 스케일(Logarithmic Scale)을 적용하고 있습니다. 일반적으로 사용되는 것은 선형 스케일(Linear Scale)입니다. 하지만 장기간의 그래프에서는 로그 스케일이 더 의미 있는 경우가 많습니다. 로그 스케일 그래프가 무엇인지 살펴보도록 하겠습니다.

[그림 14-A] S&P500 지수(선형 스케일, 1960~2022년)

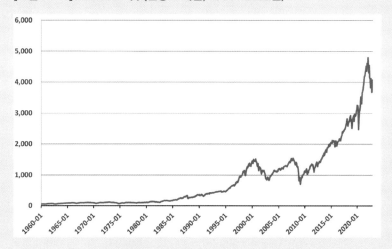

[그림 14-A]는 1960년부터 2022년의 기간 동안 S&P500 지수의 움직임을 나타낸 것입니다. Y축의 눈금과 간격을 살펴보면 0에서 1,000까지의 간격, 1,000에서 2,000까지의 간격이 서로 동일합니다. 4,000에서 5,000까지의 간격 역시 동일합니다. 이렇게 간격에 따라 Y축값을 일정하게 표시한 것을 선형 스케일이라고 합니다. 선형 스케일의 경우 단기적인 시계열을 나타낼 때는 크게 문제가 없습니다. 하지만 장기 시계열인 경우는 이야기가 다릅니다. [그림 14-A]를 보면 최근의 변동성은 제대로 표현되어 있지만, 1960년대부터

1980년대 기간을 보면 변동성이 매우 작게 표현되어 있습니다. 이렇게 장기적으로 상승하는 그래프를 선형 스케일로 그리면, 과거의 변동성이 현재에는 매우 작아 보이는 문제가 발생하곤 합니다. 100에서 200으로 상승하면 2배가 상승하는 것이고, 1,000에서 2,000으로 상승하는 경우도 똑같이 2배가 상승하는 것입니다. 둘 다 같은 변동률이지만 선형 스케일의 경우 100에서 200으로 상승하는 경우를 매우 작은 간격으로 표현하게 됩니다. 이런 문제를 해결하기 위해 Y축을 로그 스케일로 만들어서 사용할 수 있습니다.

[그림 14-B] S&P500 지수(로그 스케일, 1960~2022년)

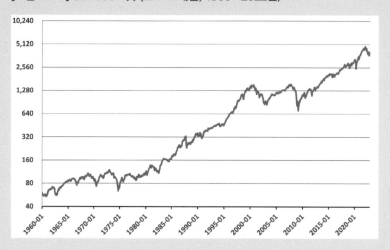

[그림 14-B]는 로그 스케일로 S&P500 지수를 나타낸 그래프입니다. 로그 스케일의 경우 Y축 간격을 단순한 값이 아닌 배율에 따라 일정하게 만듭니다. 즉, 100에서 200으로 증가한 것이나 1,000에서 2,000으로 증가한 것이나 모두 2배만큼 증가한 것이므로 같은 간격으로 표시합니다. 이렇게 할 경우 과거의 변동성을 제대로 확인할 수 있습니다. [그림 14-B]의 그래프는 1960년대부터 1980년대의 기간에서도 변동성이 제대로 표현된 것을 확인할 수 있습니다. 이렇게 장기간의 지수 움직임뿐만 아니라 계좌 자산의 변화나 백테스트 결과를 장기 그래프로 표현할 때도 로그 스케일이 유용하게 사용됩니다.

1   소형주의 수익률이 대형주에 비해 높은 현상을 사이즈 팩터(Size Factor) 혹은 소형주 효과(Small Cap Effect)라고 합니다.

2   앞에서 살펴본 다른 3가지 팩터와는 다르게 사이즈 팩터의 초과수익은 전혀 감소하지 않았습니다.

3   미국의 경우에는 1981년 반즈의 소형주 효과 관련 논문이 발표되고 얼마 있지 않아 소형주 효과가 시장에서 사라졌음을 확인할 수 있습니다.

15

초과수익의 지속성에
대한 생각

QUANTITATIVE INVESTING

① 초과수익 지속 여부에 대한 논쟁

Chapter 4에서 알아본 4가지 팩터 중 사이즈 팩터를 제외하고 다른 3가지 팩터(밸류, 저변동성, 상대 모멘텀)는 초과수익이 22년 동안 감소하고 있는 것을 확인할 수 있었습니다. 이러한 감소 추세는 갑자기 최근에 나타난 것이 아니라 22년 동안 꾸준히 나타난 것입니다. 그렇다고 아주 절망적인 상황은 아닙니다. 미국에서 약 90년의 기간을 살펴보면 밸류 팩터의 경우 22년 동안 초과수익이 꾸준히 감소하다가 다시 증가한 사례를 찾을 수 있기 때문입니다. 하지만 그 22년이라는 기간이 1940년대부터 1960년대의 기간으로 상당히 오래전 일입니다. 당시에는 팩터 투자 개념 자체도 없었고, 백테스트 소프트웨어는 물론 엑셀조차도 존재하지 않았습니다. 이는 오늘날의 시장과는 상당히 다른 환경이었음을 의미합니다. 따라서 미국 시장의 과거 사례에서 희망을 가질 수는 있지만 이것이 반드시 한국 시장에서도 재현될 것이라고 단정하기는 어렵습니다. 이미 알려진 팩터의 초과수익이 감소할 것인지에 대한 많은 논쟁이 있습니다. 여기에 대한 제 개인적인 생각을 정리해 보았습니다.

자본주의 안에서 기업은 지속적으로 이익을 창출하고 자본을 늘려 나갑니다. 따라서 기업의 소유권인 주식은 장기적으로 가격이 상승할 가능성이 높습니다. 실제로 자본주의가 발전하는 동안 전 세계 주식시장은 상승하여 왔습니다. 주식투자는 장기적으로 포지티브섬(Positive-sum) 게임입니다. 하지만 주식시장 수익을 뛰어넘는 초과수익은 수학적으로 제로섬(Zero-sum) 게임일 수밖에 없습니다. 예를 들어, 주식시장이 전체적으로 10% 상승하였는데 어떤 투자자들은 10% 이상의 수익을 얻었다고 가정해 보겠습니다. 이는 다른 투자자 중에서 10% 이하의 수익을 얻은 사람이 있다는 것을 의미합니다. 초과수익은 제로섬이며 무한하지 않다는 점을 먼저 인식해야 합니다.

특정 팩터의 초과수익이 발생하는 이유는 투자자들의 행동 편향 때문일 확률이 높습니다. 예를 들어 밸류 팩터가 존재하는 이유는 투자자들이 가치주를 무시하는 경향이 있기 때문입니다. 가치주들의 특징은 크게 성장성이 없는 경우가 많으며, 그로 인해 투자자의 관심을 끌기가 어렵습니다. 투자자의 관심이 덜한 종목들은 대개 적정 가치보다 저평가되기 쉽습니다. 따라서 가치주를 매수하는 것으로 초과수익을 누릴 수 있습니다.

마찬가지로 사이즈 팩터도 행동 편향 관점에서 살펴볼 수 있습니다. 소형주의 경우 일반적으로 투자자들이 잘 알지 못하고 처음 들어보는 종목이 많습니다. 애널리스트의 분석 대상에서도 빠지는 경우가 많습니다. 뭔가 잘 알려지지 않은 것에 대한 두려움, 소형주는 매우 위험할 것이라는 막연한 생각 등으로 인해 투자자들이 소형주를 무시하게 되어, 실제 가치보다 더 저평가

되기가 쉽습니다. 따라서 저평가되어 있을 확률이 높은 소형주를 매수하는 것으로 손쉽게 초과수익을 누릴 수 있습니다.

결국 투자자들이 특정 팩터를 무시하는 경향 때문에 팩터의 초과수익이 존재하는 것입니다. 여기서 잘 생각해 보면 팩터의 초과수익이 계속 유지되기 위한 전제조건이 있다는 것을 알 수 있습니다. 바로 '특정 팩터를 무시하는 경향'이 계속되어야 한다는 것입니다. 다시 말해 '특정 팩터를 무시하는 경향'이 줄어들거나 사라진다면, 해당 팩터의 초과수익 또한 줄어들거나 사라질 가능성이 높습니다.

투자자들이 특정 팩터를 무시하는 경향은 단순한 편견 때문일까요, 아니면 타고난 인간의 본성 때문일까요? 단순한 편견이 주된 이유라면 학습을 통해 쉽게 편견을 없앨 수 있습니다. 직접 백테스트를 진행해 보거나 훌륭한 책을 읽는 것을 통해 학습이 가능합니다. 소형주를 무시하다가 백테스트를 해보고 나서 소형주 투자자가 되거나, 가치주를 무시하다가 위대한 가치투자자 벤저민 그레이엄(Benjamin Graham)의 저서 《현명한 투자자》를 읽고 감동하여 가치투자자가 되는 것은 얼마든지 가능한 일입니다.

하지만 '특정 팩터를 무시하는 경향'이 인간의 본성에 근간을 두고 있다면, 이것을 바꾸는 것은 쉽지 않을 것입니다. 본성이라는 것은 학습으로 없어지기가 상대적으로 힘들기 때문입니다. 당장 머릿속으로는 가치주를 사야 한다는 것을 알면서도 실제로는 가치주를 사지 않게 될 가능성이 높습니다. 본성 때문이라면 상당히 장기간 초과수익이 유지될 수 있으며 어쩌면 영원히 유지될 수도 있습니다.

초과수익이 사라질 것이라는 주장은 편견에, 유지될 것이라는 주장은 본성에 더 초점을 두고 있는 것입니다. 실제는 편견과 본성이 혼재되어 있을 가능성이 큽니다. 그리고 투자자들은 이것을 극복하기 위해 다양한 방법으로 노력합니다. 학습을 통해 기존에 가지고 있던 편견을 버리게 되는 사람도 존재합니다. 실제로 이 책을 읽는 독자들 중 일부는 이미 편견을 제거하는 데 성공했을 것입니다. 심지어 본성이라고 하더라도 본성을 바탕으로 한 행동을 최소화하기 위해 노력하는 투자자들도 있습니다. 예를 들어, 퀀트투자 방법을 채택하여 주관적 판단을 배제하고 객관적인 데이터와 분석을 기반으로 투자하는 경우가 그렇습니다.

물론 편견이나 본성을 극복하지 못하는 사람도 존재합니다. 주변에서도 아예 학습하지 않거나 편견을 버리려 하지 않는 사람들을 쉽게 찾을 수 있습니다. '묻지 마 투자자'가 대표적인 예입니다. 어떤 사람은 본성이 지나치게 강해서 아무리 노력해도 본성을 억누르지 못하는 경우도 있습니다. 퀀트투자를 시도했다가도 어려운 구간을 만나면 본성을 극복하지 못해 빠르게 포기하기도 합니다.

그렇다면 초과수익은 어떻게 될까요? 편견을 제거하거나 본성을 억누르는 데 성공한 사람도 있지만 이를 못 하는 사람도 있습니다. 즉, 어느 정도 감소할 것으로 예상되지만, 또 어느 정도 남아있을 가능성이 높습니다.

초과수익이 감소하는 속도와 강도는 학습 기회에 달려있습니다. 학습 기회가 많으면 빠르고 많이 줄어들 것이며, 학습 기회가 적으면 천천히 적게 줄어들 것입니다. 같은 팩터라도 한국이 미국에 비해 더 높은 초과수익을 보이는 경향이 있습니다. 이것은 한국 시장참여자들의 학습 기회가 미국 시장참여자들보다 더 적었기 때문으로 해석할 수 있습니다. Section 11에서 보았듯이 지난 22년을 돌아보면 한국 시장에서 밸류 팩터는 드라마틱하게 초과수익이 감소하였습니다. 하지만 Section 14에서 살펴봤듯이 사이즈 팩터는 전혀 감소하지 않았습니다. 도대체 이 둘은 무슨 차이가 있었을까요? 그것은 바로 편견을 제거할 수 있는 학습 기회의 차이입니다.

지난 22년을 돌아보면 한국에서는 가치주에 대한 편견을 제거할 수 있는 학습 기회가 상당히 많았습니다. 번역서를 포함하여 가치투자를 자세히 안내하는 책이 수없이 많이 출간되었습니다. 한국에서 가치투자로 성공한 유명인들도 생겨났으며, 이들은 한국에서 가치투자를 전파하는 데 큰 역할을 하였습니다. 가치투자 관련 온라인 커뮤니티도 여럿 생겨났습니다. 지난 22년은 한국에서 가치투자의 인기가 커져간 시기라고 봐도 무방합니다. 가치주에 대한 편견이 22년에 걸쳐 점차 사라지면서 밸류 팩터의 초과수익도 함께 감소했다고 판단할 수 있습니다.

반면 지난 22년 동안 소형주의 편견을 없앨 만한 학습 기회는 상대적으로 적었습니다. 제가 한국에서 출판된 모든 책을 다 읽은 것은 아니지만 가치투자를 옹호하는 책에 비해 소형주 투자를 옹호하는 책은 적게 출간되었습니다. 심지어 소형주는 매우 위험한 투자로 여기고, 안전한 투자를 위해 대형주에 투자해야 한다는 내용의 책도 자주 접했습니다. 그만큼 소형주에 대한 편견을 제거할 학습 기회가 상대적으로 적었다는 의미입니다. 따라서 20년 가까운 기간에도 사이즈 팩터의 초과수익은 감소하지 않을 수 있었던 것입니다.

최근 퀀트 관련서 위주로 소형주 투자를 권장하는 책들이 출판되고 있습니다. 유튜브 동영상에서도 소형주 투자 권유 영상을 자주 접합니다. 퀀트투자 커뮤니티에서 소형주에 대한 편견을 제거할 수 있는 좋은 글들도 많이 보입니다. 당연히 긍정적인 일입니다. 그런데 한편으로는 소형주에 대한 편견을 없앨 수 있는 학습 기회의 증가는 사이즈 팩터의 초과수익을 감소하는 역할을 할 것입니다. 이는 한국에서 22년 동안 가치투자에 대한 학습 기회가 증가하며 밸류 팩터의 초과수익이 꾸준히 감소했던 것과 유사한 맥락입니다. 이제 최종적으로 제 개인적인 생각을 요약해 보겠습니다.

"대중화된 팩터의 경우 과거에 비해 초과수익이 어느 정도 감소할 것입니다. 하지만 완전히 사라지기는 어렵습니다. 어느 정도는 남아있을 것으로 보입니다. 따라서 대중화된 팩터들에 대한 투자도 충분히 가치가 있습니다. 팩터의 초과수익 감소 속도와 강도는 편견을 제거하는 학습 기회에 달려 있습니다. 감소한 초과수익에 만족하지 못하고 대중화되기 전의 백테스트 결과에서 나오는 어마어마한 초과수익을 목표로 한다면, 다른 투자자들이 잘 모르거나 기존에 알려지지 않은 팩터를 찾는 노력이 추가로 필요합니다."

② 초과수익 지속 여부를 판단하기 위한 고려 사항

애초에 초과수익이 존재하는 이유를 생각해 보세요. 해당 팩터를 무시하는 시장 참여자가 있기 때문에 초과수익이 존재하는 것입니다. 초과수익 지속 여부를 판단할 때 이것이 가장 중요합니다. 이들이 없다면 초과수익도 없습니다. 해당 팩터를 무시하는 투자자가 줄어드는 것만으로도 초과수익이 감소할 수 있다는 것을 의미합니다.

해당 팩터를 이용하는 비퀀트투자자의 규모도 고려해야 합니다. 이들 역시 초과수익을 감소시키는 데 큰 역할을 하기 때문입니다. 한국에서 지난 22

년 동안 밸류 팩터의 초과수익이 감소한 것은 가치지표를 활용하는 퀀트투자자들 때문만이 아닐 것입니다. 오히려 가치지표를 활용하는 비퀀트투자자(가치투자자)의 역할이 컸다고 볼 수 있습니다. 퀀트투자가 유행하기 이전부터 밸류 팩터의 초과수익은 계속 감소해 왔다는 점을 생각해 보세요. 22년 동안 가치투자자들의 숫자는 크게 늘어왔으며, 이런 현상이 밸류 팩터 초과수익 감소에 한몫했음을 짐작할 수 있습니다.

마지막으로 해당 팩터를 사용하는 퀀트투자자의 규모를 고려해야 합니다. 초과수익은 해당 팩터를 무시하는 투자자로부터 나오고, 퀀트투자자의 포지션은 이들과 반대의 포지션이 될 것이기 때문입니다. 결국 해당 팩터를 무시하는 투자자가 그대로인데 해당 팩터를 이용하는 퀀트투자의 규모가 증가하게 되면 해당 팩터의 초과수익은 감소하게 됩니다.

초과수익이 감소하지 않을 것이라는 주장의 근거로 많이 사용되는 것이 퀀트투자자의 규모입니다. 퀀트투자자의 수가 매우 적으니 팩터가 아무리 대중화되더라도 초과수익이 감소하지 않을 것이라는 논리입니다. 하지만 단순히 퀀트투자자의 규모만 보고 결론을 내려서는 안 됩니다. 해당 팩터를 이용하는 비퀀트투자자의 규모와 해당 팩터를 무시하는 투자자의 규모도 함께 고려해야 하기 때문입니다.

1 특정 팩터에 초과수익이 존재하는 이유는 해당 팩터를 무시하는 경향이 있기 때문입니다. 만약 해당 팩터를 무시하는 경향이 사라진다면 초과수익도 사라질 수 있습니다.

2 밸류 팩터는 드라마틱하게 초과수익이 감소한 반면 사이즈 팩터는 전혀 감소하지 않았습니다. 이 둘의 차이는 편견을 제거할 수 있는 학습 기회의 차이로 생각해 볼 수 있습니다. 과거 20년을 돌아봤을 때 밸류 팩터의 편견을 제거할 수 있는 학습 기회는 많았으나 사이즈 팩터의 편견을 제거할 수 있는 학습 기회는 상대적으로 적었습니다.

3 팩터의 초과수익 지속 여부를 예상할 때 단순히 해당 팩터를 이용하는 퀀트투자자의 규모만 보는 것은 문제가 있습니다. 해당 팩터를 이용하는 비퀀트투자자의 규모와 해당 팩터를 무시하는 투자자의 규모도 함께 고려해서 판단해야 합니다.

퀀트투자에 인내심만 있으면 될까

퀀트투자로 성공하기 위해서 인내심은 반드시 필요합니다. 퀀트투자를 하다 보면 항상 좋은 시기만 있는 것이 아닙니다. 분명히 어려운 시기도 마주하게 되며, 그 기간은 제법 길어질 수 있습니다. 여러분 스스로 전략을 만들어 해당 전략의 과거 백테스트 그래프를 보면 상당히 오래 어려웠던 기간이 있었다는 것을 확인하게 될 것입니다. 그리고 보통의 경우, 그 어려운 기간을 극복하고 나면 다시 좋은 기간이 펼쳐지는 것도 확인하게 됩니다. 많은 퀀트투자자가 이런 그래프를 보면서 인내심의 중요성에 대해서 배우게 됩니다. 이것은 긍정적인 측면입니다.

하지만 백테스트 결과를 과대 해석하여 '어려운 기간을 버티면 반드시 좋은 시기가 찾아온다'라고 생각하는 것에는 문제가 있습니다. 그렇지 않은 경우도 많지만, 좋은 시기가 찾아온 그래프만 골라서 보고 있을 확률이 높기 때문입니다.

주식시장에는 캘린더 효과라는 것이 있습니다. 달력의 날짜를 이용해 초과수익을 누릴 수 있는 현상을 말합니다. 캘린더 효과 역시 퀀트투자의 영역입니다. 여기서는 두 개의 캘린더 효과를 소개합니다. 첫 번째는 2010년대 초에는 투자자들이 잘 몰랐으나 최근 투자자들 사이에서 유행하고 있는 '할로윈 효과(Halloween Effect)'입니다. 두 번째는 2010년대 초에 투자자들 사이에서 유행했으나 오늘날의 투자자들은 잘 모르는 '월말월초 효과(Turn of the

Month Effect)'입니다. 이 두 개의 캘린더 효과를 바탕으로 '초과수익은 절대 감소하거나 사라지지 않으니 퀀트투자에 인내심만 있으면 된다'는 생각의 문제점에 대해 이야기해 보고자 합니다.

할로윈 효과의 이해

캘린더 효과 중 가장 인기 있는 것은 할로윈 효과입니다. 저의 경우 퀀트투자 전문가인 강환국의 유튜브 영상[31]을 통해서 해당 내용을 처음 알게 되었습니다. 주식시장이 11월부터 다음 해 4월까지 강하고 5월부터 10월까지의 기간에는 약한 현상이 있다는 내용입니다. 해당 내용을 처음 접했을 때는 크게 관심을 두지 않았습니다. 이후 여기저기 퀀트 관련 방송이나 퀀트투자 관련 카페 및 블로그에 계속 할로윈 효과가 소개되면서 저 역시 관심이 생겼습니다. 해당 효과에 대해 여러 가지 자료를 찾아보고 검증을 진행하였습니다. 할로윈 효과는 제가 다양한 방법으로 진행한 검증을 모두 통과하였습니다. 검증하고 나니 처음 생각한 것보다 강력한 현상이어서 많이 놀랐습니다. 그냥 지나쳤으면 매우 아쉬울 뻔했습니다.

할로윈 효과 관련 연구에는 스벤 부만(Sven Bouman)과 벤 야콥슨(Ben Jacobsen)의 2002년 논문 〈할로윈 지표, 5월에 팔고 떠나라: 또 다른 퍼즐〉[32]이 있습니다. 이 논문에서 시가총액가중 MSCI 재투자 지수의 월간 수익률의

---

31 유튜브 채널 〈할 수 있다! 알고 투자〉
32 S. Bouman and B. Jacobsen, "The Halloween indicator, "Sell in May and go away": Another puzzle," American Economic Review, Vol. 92, No. 5, 2002, pp. 1618–1635.

데이터를 가지고 37개국의 할로윈 효과를 검증하고 있습니다. 참고로 한국 시장도 분석에 포함되어 있는데, 한국의 경우 1988년 1월부터 분석하고 있습니다. 물론 한국 시장을 비롯해서 전 세계적으로 할로윈 효과가 관찰되었음을 밝히고 있습니다.

2021년에 체리 장(Cherry Y. Zhang)과 벤 야콥슨(Ben Jacobsen)은 이전 논문을 보강하여 새로운 논문 〈할로윈 지표, 5월에 팔고 떠나라: 언제 어디서나〉[33]를 발표합니다. 이 논문에서 114개의 시장 가격 수익률과 65개의 시장 총수익률을 바탕으로 할로윈 효과를 조사하였습니다. 구할 수 있는 데이터의 시작 시점부터 2017년 4월까지의 데이터를 이용하여 과거 논문에 비해 훨씬 범위가 커졌습니다. 장기간의 데이터를 사용하였는데, 심지어 영국의 경우는 1693년부터의 데이터를 다루고 있습니다. 전체 역사적 시장 리스크 프리미엄은 4%이지만, 이 프리미엄은 11월~4월에 발생한 수익률에 전적으로 기인하며, 전체적으로 5월~10월의 수익률은 무위험 이자율보다도 낮다는 점을 밝히고 있습니다. 앞에서 살펴본 두 개의 논문에 따르면 5월부터 10월까지의 기간은 주식을 보유할 필요가 없습니다.

여기서는 5월부터 10월까지는 현금을 들고 있다가 11월부터 다음 해 4월까지 주식을 보유하는 방법으로 할로윈 효과의 백테스트를 진행하였습니다.

---

33 C. Y. Zhang and B. Jacobsen, "The Halloween indicator, "Sell in May and Go Away": Everywhere and all the time," Journal of International Money and Finance, Vol. 110, 2021, 102268

월말월초 효과의 이해

앞에서 최근 퀀트투자자들 사이에서 많이 알려진 할로윈 효과에 대해서 살펴보았습니다. 2010년대 초에는 할로윈 효과보다 더 강력한 캘린더 효과가 증권가에 유행했습니다. 바로 월말월초 효과입니다. 2010년대 초부터 수년간 다양한 금융기관에서 월말월초 효과를 이용한 금융상품(펀드, 랩, DLS)을 여럿 출시했습니다. 그 당시를 떠올리자면 지금의 할로윈 효과의 유행보다 더하면 더했지 못하지는 않았습니다.

현재는 월말월초 효과를 이야기하는 투자자는 많지 않습니다. 과거와는 다르게 금융기관에서도 요즘은 월말월초 효과 관련 금융상품을 출시하지 않는 것 같습니다. 심지어 월말월초 효과를 모르는 투자자도 많습니다. 그만큼 인기가 식은 것입니다.

요셉 라코니쇼크(Josef Lakonishok)와 세이머 스미트(Seymour Smidt)는 1988년에 〈계절적 이례 현상이 실제로 존재하는가? 90년 관점〉[34]이라는 논문을 발표합니다. 해당 논문에는 다양한 캘린더 효과들에 대한 백테스트 결과들이 있습니다. 그중 하나가 월말월초 효과입니다. 매달 마지막 날을 첫날로 하여 총 4일간(월 마지막 날, 월 첫째 날, 월 둘째 날, 월 셋째 날)의 누적 수익률이 나머지 날의 누적 수익률보다 유의미하게 크게 나타난다는 사실을 알려주고 있습니다.

우리가 알아볼 것은 해당 논문과는 약간 다릅니다. 한국 시장에서는 월 마지막 날과 월 첫째 날, 총 2일간의 누적 수익률이 압도적으로 좋습니다. 나

---

34 J. Lakonishok and S. Smidt, "Are Seasonal Anomalies Real? A Ninety Year Perspective," The Review of Financial Studies, Vol. 1, No 4, 1988, pp. 403-425.

머지 월 둘째 날과 월 셋째 날은 평균보다는 강하기는 하나 크게 유의미하지는 않습니다. 그래서 월 마지막 날과 월 첫째 날의 총 2일간의 수익률이 좋은 현상을 월말월초 효과라고 이야기하도록 하겠습니다. 2014년 윤주영과 김동영은 〈월말 월초효과 현상을 활용한 투자 전략에 관한 연구〉[35]라는 논문을 발표합니다. 이 논문에서 월 마지막 날과 월 첫째 날의 수익률을 이용하여 초과수익을 낼 수 있는 다양한 전략들을 알려주고 있습니다. 예를 들면 평상시에는 1배짜리 ETF를 투자하다가 월말월초일에는 2배짜리 레버리지 ETF를 투자하는 식입니다.

여기서는 평상시에는 현금을 들고 있다가 월 마지막 전일 종가에 매수해서 월 첫째 날 종가에 매도하는 방법으로 월말월초 효과의 백테스트를 진행하였습니다.

2012년 말에 월말월초 효과를 알았다면 어떠했을까

2013년부터 철수라는 인물이 투자를 시작했다고 가정해 보겠습니다. 철수는 2000년부터 2012년까지의 자료를 바탕으로 2012년 말에 월말월초 효과를 백테스트했습니다. 2012년 말에 철수가 백테스트를 통해 얻게 되는 그래프는 [그림 C-1]에 나와 있습니다. 그리고 (당시에는 전혀 유명하지 않았고 철수도 알지 못했던) 할로윈 효과와의 강도 차이를 비교해 보기 위해 임의로 할로윈 효과의 그래프도 추가해 보았습니다.

---

35 윤주영, 김동영, 〈월말 월초효과(Turn of the Month Effect) 현상을 활용한 투자 전략에 관한 연구〉, 산업경제연구, 27권, 1호, 2014, pp 369-388.

[그림 C-1] KOSPI 지수의 캘린더 효과 비교(2000~2012년)

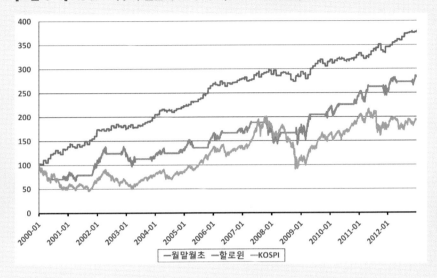

월말월초 효과가 KOSPI 지수 그리고 할로윈 효과보다도 훌륭하다는 것을 알 수 있습니다. 수익률에서부터 큰 차이가 납니다. 월말월초 효과의 2000년부터 2012년까지의 누적 수익률은 278.36%이며, 같은 기간 할로윈 효과의 수익률은 누적 184.68%입니다. 보유 일수도 확인해 보겠습니다. 월말월초 효과는 1년에 24일만 보유하는 것과 달리, 할로윈 효과는 1년에 약 120일 보유합니다. 즉 주식의 보유 일수가 1/5밖에는 되지 않습니다. 주식의 보유 일수가 훨씬 적은데 수익률이 훨씬 좋은 것입니다. 그 외에 승률, 손익비율, MDD를 모두 구해 보지 않더라도 월말월초 효과가 할로윈 효과 대비 훨씬 우수하다는 것을 충분히 알 수 있습니다.

　[그림 C-2]를 통해 살펴보면, KOSDAQ 지수에서의 월말월초 효과는 더 대단합니다. KOSDAQ 지수의 2000년부터 2012년까지의 기간 동안 월말월초 효과는 533.14%의 수익입니다. 할로윈 효과 37.97% 수익에 비해 어마어마

[그림 C-2] KOSDAQ 지수의 캘린더 효과 비교(2000~2012년)

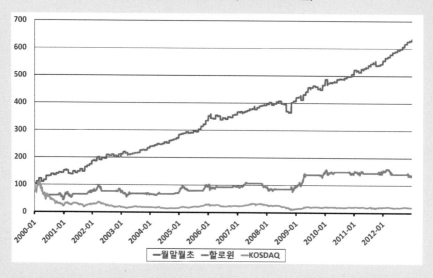

한 비교우위를 가지고 있습니다. 그래프로 확인해 보면 정말 아름답습니다. KOSDAQ 지수의 월말월초 효과는 너무 훌륭해서 레버리지를 일으켜서 투자하고 싶어질 정도입니다.

철수가 캘린더 효과를 이용하여 퀀트투자를 한다면 당연히 월말월초 효과를 이용했을 것입니다. 위의 그래프를 보면 왜 2010년대 초에는 할로윈 효과가 투자자들 사이에서 거의 알려지지 못했고, 월말월초 효과가 증권가에 유행했는지 이유를 알 수 있을 것 같습니다. 할로윈 효과에 비해 월말월초 효과가 너무 강력해서 할로윈 효과는 눈에도 들어오지 않았을 것입니다.

2013년부터 10년 동안 무슨 일이 일어났는가

철수가 백테스트를 진행한 이후 월말월초 효과를 이용하여 2013년부터 2022년까지 투자를 했다고 가정해 보겠습니다. 철수의 수익률은 어떠했을까요? 결과는 암담합니다. [그림 C-3]을 확인해 보면 KOSPI 지수가 11.98% 상승하는 동안 월말월초 효과는 고작 2.60%의 수익률밖에는 얻지 못했으며 할로윈 효과의 수익률은 37.98%였습니다.

[그림 C-4]를 통해서 KOSDAQ 지수도 살펴보겠습니다. KOSDAQ 지수가 36.87% 상승하는 동안 월말월초 효과는 44.68%의 수익률을 얻었습니다. 한 달에 2일 보유한 것치고는 괜찮은 수익률입니다. 하지만 과거의 강도에 비하면 너무 초라합니다. 반면 할로윈 효과의 수익률은 140.86%였습니다. 왜 과거에 유행했던 월말월초 효과가 지금은 유행하지 않고 오히려 과거에 사

[그림 C-3] KOSPI 지수의 캘린더 효과 비교(2013~2022년)

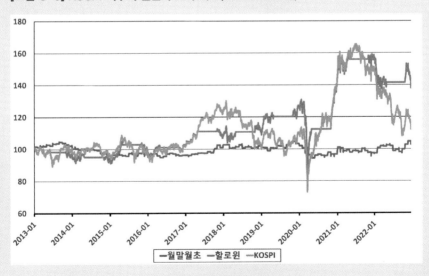

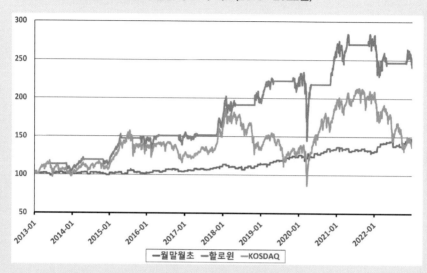

[그림 C-4] KOSDAQ 지수의 캘린더 효과 비교(2013~2022년)

월말월초 할로윈 KOSDAQ

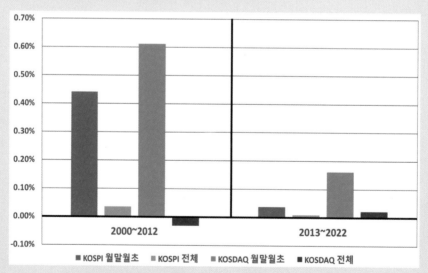

[그림 C-5] 월말월초 효과의 강도 비교(일평균 수익률)

■ KOSPI 월말월초 ■ KOSPI 전체 ■ KOSDAQ 월말월초 ■ KOSDAQ 전체

람들이 잘 몰랐던 할로윈 효과가 오늘날 유행하는지 이제 이해할 수 있을 것 같습니다.

과거에 엄청난 초과수익을 보였던 월말월초 효과가 2013년부터 10년 동안은 초라한 모습입니다. 그렇다고 월말월초 효과가 아예 없어진 것은 아닙니다. [그림 C-5]를 확인해 보면 2013년 이후의 기간에서도 월말월초일이 전체 평균보다는 수익률이 높으니까요. 하지만 2000년부터 2012년의 기간에서 보여주었던 어마어마한 유용성에 비하면 너무 크게 줄어들었습니다. 2013년 이전에는 수수료와 슬리피지 등의 비용을 지불하더라도 충분히 유용한 수준이었지만 2013년부터는 각종 비용을 제외한다면 거의 의미가 없는 수준까지 유용성이 하락했습니다.

팩터의 생존자 편향에 대하여

오늘날 투자자들 사이에 알려진 팩터들은 주로 지금까지 유용성이 사라지지 않고 남아있는 팩터들입니다. 과거에 크게 유용성이 있었으나 오늘날에는 유용성이 사라진 팩터는 우리 머릿속에 존재하지 않을 가능성이 높습니다. 마치 과거에 비해 오늘날 월말월초 효과를 아는 사람들이 많지 않은 것과 같습니다. 이를 바탕으로 '팩터의 생존자 편향'이라는 개념을 이야기해 보겠습니다. 이해하기 쉽게 팩터의 생존자 편향을 우리가 흔히 알고 있는 종목의 생존자 편향과 비교해 봤습니다.

- **종목의 생존자 편향**: 과거에는 거래되었으나 현재 상장폐지되어 사라지고 없는 주식을 아예 처음부터 존재하지 않았다는 방식으로 백테스트하고 결론을 내릴 때 발생하는 오류입니다.
- **팩터의 생존자 편향**: 과거에는 초과수익이 강하게 존재하였으나 현재는 사라지고 없거나 유용성이 크게 줄어든 현상이나 팩터를 아예 처음부터 존재하지 않았다는 방식으로 전략을 만들고 결론을 내릴 때 발생하는 오류입니다.

우리가 2012년에 전략을 만들어서 투자한다면 월말월초 효과를 이용했을 것입니다. 2023년 오늘날 우리가 전략을 만든다면 반대로 월말월초 효과는 이용하지 않을 확률이 높습니다. 심지어 현재 월말월초 효과를 아예 모르는 퀀트투자자도 많습니다. 장기간 유용성이 거의 없었기 때문입니다.

앞으로 월말월초 효과의 유용성이 과거와 같은 어마어마한 수준으로 살아날지 아니면 계속 없을지는 저도 알 수 없습니다. 한 20년쯤 지나면 알 수 있겠지요. 지금으로부터 20년 동안 월말월초 효과의 유용성이 과거만큼 살아난다면 어떻게 될까요? 다시 월말월초 효과가 유명해질 것입니다. 그러면서 많은 투자자가 다음과 같이 결론을 내릴 것입니다. '역시 초과수익은 사라지지 않아. 퀀트투자는 인내심만 있으면 돼'라고요.

그런데 앞으로 20년 동안에도 계속 유용성이 없다면 어떻게 될까요? '초과수익은 사라질 수도 있고, 무조건 인내심이 전부는 아니다'라는 결론에 도달해야 정상입니다. 하지만 아쉽게도 투자자들의 머릿속에 월말월초 효과가 존재하지 않기 때문에 이런 결론을 내릴 수가 없습니다.

우리는 보통 현재까지 초과수익이 존재하는 팩터들만 알고 있습니다. 이것들만 가지고 백테스트하고, 이것들만 이용해서 퀀트전략을 만듭니다. 여기서 퀀트전략을 만들 때 팩터의 생존자 편향이 발생하게 됩니다. 현재까지 초과수익이 살아있는 팩터들만 이용하여 전략을 만들고 해당 전략의 백테스트 그래프를 그려보면, 과거에 아무리 어려운 기간이 있더라도 백테스트 그래프의 최근 모습은 좋아보이는 것이 당연합니다. 과거 시점에 어려운 기간이 있었지만 현재 시점에 좋아져 있는 백테스트 그래프의 모습을 보면서 '어려운 기간이 지나면 무조건 좋은 기간이 다시 오게 된다'는 잘못된 결론에 도달하지 않도록 주의해야 합니다. 잘 생각해 보세요. 단지 오늘날 우리 머릿속에 그것들이 없을 뿐 수십 년 전에 유용성이 있었으나 현재는 유용성이 사라진 무수히 많은 팩터들이 있었을지 모릅니다.

※ 월말월초 효과가 2010년대 초에 얼마나 유행했는지 알아보려면 인터넷에서 '월말월초효과 금융상품'이라고 검색해 보면 됩니다. 2012년부터 2014년 사이에 나온 기사를 통해 당시 다양한 금융기관에서 출시된 월말월초 효과 관련 투자상품들을 확인할 수 있습니다.

CHAPTER

5

과적합을 피하기 위한
아웃 오브 샘플 테스트

16

단순한 백테스트는 그만!
아웃 오브 샘플 테스트

QUANTITATIVE   INVESTING

① 전략 검증하기와 전략 만들기의 차이

백테스트를 통해서 전략을 검증하는 것과 전략을 만드는 것을 구분할 필요가 있습니다. 퀀트투자를 시작한 지 오래된 투자자들 중에서도 백테스트를 통해 전략을 만든 것을 가지고 전략을 검증한 것이라고 착각하는 경우가 많습니다. 백테스트를 통해 최적화하여 전략을 만든 것 자체는 전략을 검증한 것이 아님을 확실히 알아야 합니다. 퀀트투자자가 가장 많이 하는 실수가 이 둘을 구분하지 않는 것입니다.

(1) 백테스트를 통해 전략 검증하기의 예

영희는 부채비율이 낮고 배당수익률이 높은 종목을 찾아 투자하면 높은 수익이 날 것 같다는 아이디어가 떠올랐습니다. 이런 아이디어를 바탕으로 전략을 만들기로 합니다. 전체 종목 중 부채비율 하위 50%를 추리고, 그중에서 배당수익률이 가장 높은 상위 5%의 종목을 찾아서 투자하는 전략입니다. 이 전략이 정말 유용한지 확인하기 위해 백테스트를 수행해 봅니다. 백테스트 결과 CAGR 20%에 MDD 30%가 나왔습니다(이것은 예시일 뿐 실제로 해당 결과가 나오지는 않습니다). 반대의 전략도 알아봅니다. 배당수익률이 가장 낮은 5%의 종목을 찾아서 투자하는 방법의 수익이 얼마나 좋지 않을지도 백테스트로 확인해 봅니다. 예상대로 형편없습니다. 영희는 본인이 만든 전략을 백테스트를 통해 검증한 것입니다.

(2) 백테스트를 통해 전략 만들기의 예

철수는 무수히 많은 재무지표, 경제지표, 기술적 지표를 다양하게 바꿔가면서 백테스트를 진행하기로 합니다. 먼저 PER, PBR, 모멘텀 이렇게 3개 팩터를 넣어서 전략을 만들고 백테스트를 진행해 봅니다. 그리고 다시 모멘텀 팩터를 빼고 사이즈 팩터와 저변동성 팩터를 넣어 백테스트를 진행합니다. 저변동성 팩터를 안 넣는 게 더 좋다는 결과가 도출되어서 저변동성 팩터는 제외합니다. 영업이익이 증가하는 종목만 투자하는 필터를 넣어서 백테스트했다가 다시 당기순이익 필터로 바꿔서 백테스트해 보기도 합니다. 기술적 지표 중 20일 이동평균선도 이용해 봅니다. KOSPI 지수가 20일 이동평균선 위에 있을 때만 투자하는 방법으로 백테스트해서 MDD 향상을 노립니다. 20일 이동평균선보다 30일 이동평균선으로 바꿔서 백테스트를 해보니 더 좋은 결과가 도출되었습니다. 이런 식으로 수없이 많은 지표를 넣어가며 백테스트를 하여 최종적으로 KOSPI 지수가 30일 이동평균선 위에 있을 때 영업이익률 10% 이상 20% 이하 종목 중에 PER, PBR, 시가총액 팩터를 4:4:2의 비중으로 가중치를 두어 상위 5% 종목에 투자했을 때 CAGR 60%에 MDD 20%라는 엄청난 백테스트 결과가 나왔습니다(이것은 예시일 뿐 실제로 해당 결과가 나오지는 않습니다). 철수는 백테스트를 통해 본인의 전략을 만든 것입니다.

영희의 예처럼 백테스트를 통해 전략을 검증하는 것은 상당히 올바른 접근입니다. 하지만 철수처럼 무수히 많은 백테스트를 통해 팩터를 최적화하여 전략을 만드는 것은 얘기가 다릅니다. 이렇게 하면 과적합의 위험에 쉽게 노출됩니다. 과적합이란 전략이 과거 데이터에 맞게 과도하게 조정된 것을 말합니다. 과적합된 전략은 과거 기간에서는 예외적으로 잘 작동될 수 있습니다. 하지만 새로운 기간에서는 그렇지 못하다는 것이 문제입니다. 백테스트에서 보이는 과적합 전략의 높은 수익률은 그저 환상일 뿐 현실에서는 나타나지 않습니다.

그렇다고 백테스트를 통해 전략을 만드는 것이 전혀 가치가 없는 것은 아닙니다. 이 과정을 통해 새로운 아이디어를 얻기도 하며, 몰랐던 주식시장의 현상을 알게 되기도 합니다. 앞의 예에서 영희와 같이 자신의 아이디어를 검증하는 방식으로만 백테스트를 하여 퀀트투자를 한다면 시장에 알려지지 않은 새로운 팩터를 찾아내기는 힘들 것입니다. 사람들이 생각해 내는 아이디어라는 것이 큰 차이가 없기 때문입니다.

백테스트를 통해 전략을 만들어보세요. 그러다 보면 새로운 것을 발견할 때가 있습니다. 이때 반드시 유념해야 할 것이 있습니다. 백테스트를 통해 전략을 만드는 것은 전략을 검증하는 것과는 다르다는 사실입니다. 백테스트를 통해 전략을 만들고 이 전략으로 바로 투자를 시작한다면 이것은 검증되지 않은 전략으로 투자하는 것과 마찬가지입니다. 그러니 추가적으로 전략을 검증하는 작업을 거쳐야 합니다. 가장 확실한 방법은 수년간 가상으로 투자해 보는 것입니다. 그리고 수년 후에 가상계좌를 살펴봅니다. 수년 동안 충분히 초과수익이 났다면, 해당 전략은 검증된 것이며 이제 해당 전략을 믿고 투자하면 됩니다.

예를 들어 보겠습니다. 제가 원고를 쓰고 있는 시점은 2023년입니다. 제가 가지고 있는 데이터는 2001년부터 2023년까지의 데이터입니다. 이 기간 데이터를 이용해 미친 듯이 백테스트를 하고 최적화하여 전략을 만듭니다. 그리고 만들어진 전략으로 2030년까지 가상 계좌로 투자합니다. 2030년에 가상계좌가 충분히 초과수익이 났다는 것이 확인되면 실제 돈으로 투자하는 것입니다. 이렇게 전략을 만들 때 사용한 기간 이외의 기간으로 전략을 검증하는 것을 '아웃 오브 샘플 테스트(Out of Sample Test)'라고 합니다.

앞에서 언급한 것처럼 전략을 만들고 나서 일정 기간 가상계좌로 검증하는 것이 가장 확실한 방법입니다. 하지만 실제 투자하지 않고 수년이라는 시간을 보낸다는 것이 쉽지는 않습니다. 우리의 투자 인생이 그렇게 길지 않기 때문입니다. 백테스트를 통해 전략을 만들고 이것을 바로 검증할 방법은 없을까요? 있습니다.

② 아웃 오브 샘플 테스트 알아보기

수년 동안 기다리지 않고도 바로 전략을 검증할 수 있는 방법을 살펴보겠습니다. 제가 과거로 돌아갔다고 생각해 보면 어떨까요? 제가 원고를 쓰고 있는 시점은 2023년입니다. 따라서 제가 가지고 있는 데이터는 2001년부터

2023년까지의 데이터입니다. 제가 2016년 말로 돌아갔다고 가정해보겠습니다. 그 당시의 저는 2001년부터 2016년의 데이터만 가지고 있었을 것입니다. 이 데이터만 가지고 미친 듯이 백테스트하고 최적화하여 전략을 만들어 냅니다. 이렇게 만들어진 전략으로 2017년부터 2023년까지 투자했을 때 어떻게 되었는지 확인해 보는 것입니다. 만약 2017년부터 2023년의 기간에서도 충분히 초과수익이 났다면 해당 전략은 검증을 통과한 것이므로 2023년 현재 시점에서 투자를 시작하면 됩니다. 만약 2017년부터 2023년까지 형편없는 성적을 기록했다면 해당 전략은 과적합된 전략으로 판단하고 투자하지 않으면 됩니다.

전체 기간(데이터) 샘플 중에서 일부의 기간(데이터)을 제외하고 최적화하여 전략을 만들고, 제외한 기간(데이터)으로 수익률을 검증하는 방식으로도 아웃 오브 샘플 테스트를 할 수 있습니다. 이런 방법을 사용하면 수년이라는 시간을 보내지 않고 전략을 만들자마자 바로 전략을 검증할 수 있습니다.

아웃 오브 샘플 테스트를 하는 이유는 간단합니다. 과적합 전략은 전략을 최적화할 때 사용한 기간에만 예외적으로 잘 작동합니다. 최적화할 때 사용하지 않은 기간에는 작동하지 않습니다. 반대로 과적합되지 않은 전략의 경우 어느 기간에서나 잘 작동할 것입니다. 따라서 전략을 최적화할 때 사용하지 않은 기간에서도 잘 작동하는지 아닌지를 확인하는 과정이 중요합니다. 최적화할 때 사용한 기간(데이터)을 인 샘플(In Sample), 사용하지 않은 기간(데이터)을 아웃 오브 샘플(Out of Sample)이라고 합니다. 인 샘플을 이용해 전략을 만들고 아웃 오브 샘플로 검증하면 됩니다.

아웃 오브 샘플 테스트에는 여러 종류가 있습니다. 가장 간단한 것이 앞에서 예를 든 것처럼 인 샘플과 아웃 오브 샘플을 한 번만 나누어서 검증하는 경우입니다. 이것을 홀드아웃 테스트(Hold-out Test)라고 합니다. 인 샘플과 아웃 오브 샘플을 여러 번 나누어서 검증하는 방법도 있습니다. 대표적인 것이 워크포워드 테스트(Walk-Forward Test)입니다. 워크포워드 테스트는 다시 '앵커드 워크포워드 테스트(Anchored Walk-Forward Test)'와 '롤링 워크포워드 테스트(Rolling Walk-Forward Test)'로 나눌 수 있습니다. 워크포워드 테스트는 약간 복잡하니 뒤에서 더 자세히 설명하도록 하겠습니다. 언급한 것 이외에도 더 많지만 이 책에서는 여기까지만 다루도록 합니다. 뒤에서 예시를 통해 자세히 설명하겠습니다.

용어 정리

- **인 샘플(In Sample):** 최적화하여 전략을 만들 때 사용한 기간(데이터)
- **아웃 오브 샘플(Out of Sample):** 최적화하여 전략을 만들 때 사용하지 않은 기간(데이터)
- **아웃 오브 샘플 테스트(Out of Sample Test):** 인 샘플을 이용해 전략을 만들고 아웃 오브 샘플로 전략을 검증하는 방법
- **홀드아웃 테스트(Hold-out Test):** 아웃 오브 샘플 테스트의 한 종류로 인 샘플과 아웃 오브 샘플을 한 번 나누어서 검증하는 방법
- **워크포워드 테스트(Walk-Forward Test):** 아웃 오브 샘플 테스트의 한 종류로 인 샘플과 아웃 오브 샘플을 여러 번 나누어서 검증하는 방법. 이것은 다시 '앵커드 워크포워드 테스트'와 '롤링 워크포워드 테스트'로 나눌 수 있습니다.

1 백테스트를 이용해 전략을 검증하는 것과 백테스트를 이용해 전략을 만드는 것을 구분해야 합니다. 백테스트를 통해 최적화하여 전략을 만드는 것은 전략을 검증한 것이라고 할 수 없습니다.

2 무수히 많은 백테스트를 통해 최적화하여 전략을 만든다면 과적합의 위험에 쉽게 노출됩니다. 과적합은 과거 데이터에 맞게 과도하게 조정된 것을 말합니다. 백테스트에서 보여지는 과적합 전략의 높은 수익률은 그저 환상일 뿐 현실에서는 나타나지 않습니다.

3 전략을 만들 때 사용한 기간 이외의 기간으로 전략을 검증하는 것을 아웃 오브 샘플 테스트(Out of Sample Test)라고 합니다. 가상의 투자자를 과거로 보내는 방법을 통해서 아웃 오브 샘플 테스트를 한다면 전략을 만들자마자 바로 검증을 할 수 있습니다.

4 최적화하여 전략을 만들 때 사용한 기간을 인 샘플(In Sample), 사용하지 않은 기간을 아웃 오브 샘플(Out of Sample)이라고 합니다. 인 샘플로 전략을 만들고, 아웃 오브 샘플로 검증합니다.

무작위 시뮬레이션②
투자에서 운은 얼마나 작용할까

주식투자에서 우연(운)의 영향력

우리 주변의 다양한 일들을 경험하다 보면 우연(운)이 많이 영향을 미치는 영역이 있고, 우연(운)이 거의 영향을 미치지 않는 영역이 있다는 사실을 알 수 있습니다. 예를 들어 학창 시절 중간고사 시험 성적은 우연보다는 실력이 결과에 더 영향을 미쳤을 것입니다. 따라서 지난 중간고사에서 전교 1등을 한 학생은 기말고사에서도 대체로 높은 성적을 내겠죠. 물론 공부를 거의 하지 않은 학생이 문제를 다 찍어 100점을 받는 경우도 있을 수 있습니다. 그러나 이런 우연은 지속적으로 발생하기 어렵습니다. 중간고사에서 전교 1등을 한 학생과 꼴등을 한 학생이 3개월 후 기말고사를 치르게 된다면 우리는 누구의 성적이 더 우수할지 예상할 수 있습니다. 과거 전교 1등이었던 학생이 꼴등이었던 학생의 성적보다 더 우수할 것입니다.

그러나 카지노 룰렛은 그 결과가 거의 우연에 의해 결정됩니다. 이전 판에서 크게 돈을 번 사람이 다음 판에서도 크게 돈을 벌 것이라고 확신하는 사람은 드물 것입니다. 마찬가지로 이전 판에서 돈을 잃은 사람이 다음 판에서 돈을 벌지 말라는 법이 없습니다. 이전 판의 룰렛에서 큰돈을 번 사람과 큰돈을 잃은 사람 중 다음 판에서 누가 큰돈을 벌지 예측하기는 어렵습니다.

학생의 시험 성적은 실력이 주로 영향을 미치며 우연의 영향은 상대적으로 적습니다. 따라서 과거 데이터(과거 성적)만 있다면 예측하기가 상대적으로 쉽습니다. 그에 반해 카지노 룰렛은 대부분 우연에 의해 결정되기 때문에 예측이 어렵습니다. 아무리 과거 데이터를 살펴본들 큰 의미가 없습니다.

주식투자는 어떨까요? 만약 실력이 큰 영향을 미치는 영역이라면, 과거에 좋은 성과를 보인 펀드에 투자하는 것이 타당한 선택일 것입니다. 이는 학생의 시험 성적을 예측하는 것과 비슷한 이치입니다. 그러나 만약 우연이 크게 작용한다면, 과거 수익률을 살펴보는 것은 큰 의미가 없습니다. 주식투자는 학생 시험 성적보다는 우연의 영향이 크고, 카지노 룰렛보다는 우연의 영향이 적은 그 중간 어딘가에 위치해 있습니다.

1,000명의 동전 던지기 신호 투자

주식투자에서 우연의 영향력이 얼마나 큰지를 확인하기 위해 흥미로운 시뮬레이션을 진행해 보겠습니다. 1,000명의 투자자를 모집합니다. 매 거래일 동전을 던져서 그날의 KOSPI 지수 종가에 매수 또는 매도 여부를 결정하려고 합니다. 동전 던지기 결과에 따라 앞면이 나온다면 해당 거래일의 종가에 매수하여 다음 거래일 종가까지 보유할 것이고, 뒷면이 나온다면 종가에 매수하지 않거나 이미 보유한 상태라면 당일 종가에 매도할 것입니다. 이러한 동전 던지기는 완전한 우연에 의해 결정됩니다. 이때 1,000명의 투자자 중 어떤 투자자는 운이 너무 좋아서, 상승하기 전 앞면이 자주 나오고 반대로 하락하기 전 뒷면이 자주 나오는 투자자입니다. 반면에 운이 좋지 않은 투자자들은 그 반대의 경향을 보일 것입니다.

[그림 D-1]은 시작 시점을 100으로 하여, 1,000명이 동전 던지기 신호를 통해 만들어진 계좌들의 그래프입니다. 이 그래프를 살펴보면 투자자들 간에는 수익과 손실이 다양하게 나타나고 있습니다. 2001년부터 2022년까지의 기간 동안 KOSPI 지수는 누적 343.18%의 상승을 기록했습니다. 이와 동일한 기간에 동전 던지기로 투자한 1,000명의 누적 수익률 평균은 142.18%입니다. 이 평균 수익률을 확인해 보면 KOSPI 지수를 매수해 홀딩한 것이 더 나은 수익률을 보인다는 사실을 확인할 수 있습니다. 이는 주식시장이 장기

[그림 D-1] 동전 던지기 신호 투자자 1,000명의 계좌 그래프(2001~2022년)

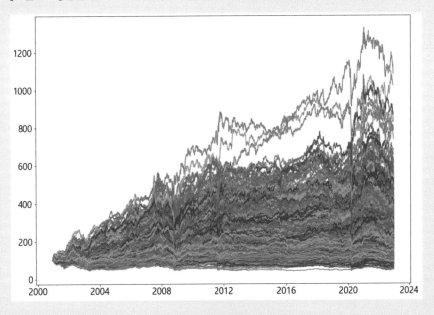

※ [그림 D-1]의 시뮬레이션은 1,000명의 투자자를 실제로 모집한 것이 아니며, 파이썬을 이용하여 진행하였습니다. 무작위 동전 던지기를 하였기 때문에 다시 시뮬레이션을 진행한다면 그래프는 다른 모습이 나올 것입니다. 그러나 다른 모습의 그래프가 나오더라도 역시 이 책에서 얘기하고자 하는 큰 의미를 벗어나지 않습니다.

적으로 상승했기 때문입니다. 동전 던지기 신호를 통해 투자한 투자자는 전체 기간에서 약 절반의 기간만 주식을 보유했을 것입니다. 우상향의 자산을 항상 보유하지 않은 결과, 해당 자산보다 낮은 수익률을 경험하게 되었습니다. 그러나 평균이 그렇다는 것이지 모든 투자자가 KOSPI 지수보다 낮은 수익률을 보인 것은 아닙니다. 1,000명 중에서 67명의 투자자는 KOSPI 지수를 이기는 결과를 얻었습니다.

[그림 D-2]는 [그림 D-1]에 나와 있는 1,000개의 계좌 그래프 중에서 가장 수익률이 높은 1등의 계좌 모습과 꼴등의 계좌 모습만을 따로 그린 것입니다. KOSPI 지수가 343.18%의 수익률을 달성한 가운데, 1,000명 중에서 수익률 1등 투자자는 무려 980.41%의 수익률을 달성했습니다. 이는 KOSPI 지수 대비 큰 아웃퍼폼입니다. 반면 가장 낮은 수익률의 투자자는 -54.45%입니

[그림 D-2] 1등과 꼴등 투자자 비교(2001~2022년)

다. 동일한 KOSPI 지수를 가지고 거래했음에도 이 두 명의 투자자 성과 차이가 크게 나타납니다.

수익률 1등 투자자의 계좌 그래프는 우상향의 아름다운 모습을 보여줍니다. 이 그래프를 본다면 주식투자 고수의 그래프입니다. 과연 수익률 1등의 투자자가 엄청난 실력자라고 말할 수 있을까요? 그리고 수익률 꼴등의 투자자가 실력이 없다고 말할 수 있을까요? 두 투자자는 동일한 방식으로 투자를 진행하였습니다. 다시 말해, 둘 다 동전 던지기를 통해 매매신호를 생성하고 그 신호에 따라 투자한 것입니다. 수익률이 가장 좋은 투자자는 그저 운이 좋았을 뿐이고, 수익률이 가장 낮은 투자자는 그저 운이 나빴을 뿐입니다.

이를 통해 퀀트투자자로서 고려해야 할 점이 보입니다. 주식투자는 생각보다 운의 영향력이 크며, 수익이 나는 백테스트 그래프가 다 의미가 있는 것은 아니라는 점입니다. 동전 던지기 1,000명의 투자자 중 1등의 그래프가 매우 아름다운 모습이었던 것처럼 1,000가지 전략을 백테스트한다면 그중에서 아무 의미 없지만 매우 아름다운 우상향 백테스트 그래프가 얼마든지 나올 수 있음을 염두에 두어야 합니다. 백테스트 그래프를 만들고 나서 이것을 보며 이제 부자되는 일만 남았다고 쉽게 생각해서는 안 됩니다.

우상향의 백테스트 그래프가 그저 우연에 의한 것인지, 정말 의미가 있는 것인지 분별하는 것은 생각보다 어렵습니다. 완벽하지는 않으나 그나마 이것을 판단하기에 가장 좋은 방법이 바로 아웃 오브 샘플 테스트입니다.

17

기술적 분석 전략의
아웃 오브 샘플 테스트

QUANTITATIVE   INVESTING

① 기술적 분석 전략과 과적합

기술적 분석(Technical Analysis)이란 주가의 움직임이나 거래량 등을 이용하여 미래의 주가 움직임을 예측하는 분석 방법입니다. 주로 주가 차트를 이용하기 때문에 기술적 분석가들을 차티스트(Chartist)라고 부르기도 합니다. 전략을 만들 때 기술적 분석의 영역에서 과적합이 쉽게 일어납니다.

기술적 분석 전략 중 하나인 이동평균선 크로스 전략을 예로 들어 아웃 오브 샘플 테스트를 진행해 보고자 합니다. 이동평균선 크로스 전략은 가장 많이 알려진 기술적 분석 전략 중 하나이며 다양한 기술적 분석 책에서도 쉽게 접할 수 있습니다.

이동평균선 크로스 전략은 두 개의 이동평균선을 선택하여 사용합니다. 하나는 단기 이동평균선이고 다른 하나는 장기 이동평균선입니다. 단기와

이동평균선

이동평균선(Moving Average Line)이란 일정 기간의 종가를 산술 평균한 값인 종가 이동 평균을 차례로 연결해 만든 선을 의미합니다. 예를 들어 보겠습니다. 60일 이동평균은 최근 60일의 종가를 모두 더한 후 60으로 나누어서 계산합니다. 이 60일 이동평균을 연결한 선을 60일 이동평균선이라고 합니다. 이동평균선은 다양한 기간을 선택하여 설정할 수 있습니다. 5일, 10일, 20일, 100일… 그 외의 어떤 것이든 가능합니다.

장기의 구분은 상대적인 개념입니다. 5일과 20일을 선택한다면 5일은 단기가 되며 20일은 장기가 됩니다. 100일과 120일을 선택한다면 100일이 단기가 되며 120일이 장기가 됩니다. 단기 이동평균선이 장기 이동평균선을 상방으로 돌파하는 것을 골든크로스(Golden Cross)라고 하며 이를 매수 신호로 간주합니다. 반대로 단기 이동평균선이 장기 이동평균선을 하방으로 돌파하면 데드크로스(Dead Cross)라고 하며 매도 신호로 간주합니다.

다음 페이지 [그림 17-1]은 5일과 20일 이동평균선 크로스 매매 신호를 나타내고 있습니다. 녹색 선은 5일 이동평균선을 나타내고, 붉은색 선은 20일 이동평균선을 나타냅니다. 5일 이동평균선이 20일 이동평균선을 상방으로 돌파할 때는 골든크로스로 매수 신호이며, 반대로 하방으로 돌파할 때는 데드크로스로 매도 신호라는 것을 쉽게 이해할 수 있습니다.

[그림 17-1] 이동평균선 크로스 전략의 이해

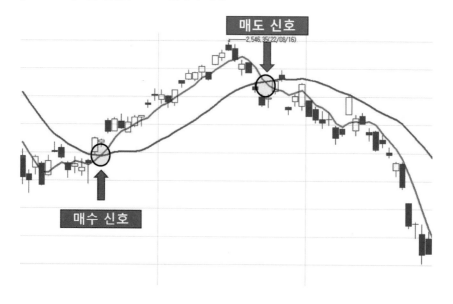

② KOSPI 지수 투자에 가장 좋았던 이동평균선 크로스 전략은?

[1, 5, 10, 15, 20, 30, 40, 50, 60, 70, 80, 90, 100, 120, 140, 160, 180, 200]

위에 표시한 18개의 숫자를 기반으로 18개의 이동평균선을 만듭니다. 이렇게 만든 18개의 이동평균선을 조합하여 다시 골든크로스와 데드크로스에 따라 매수와 매도하는 전략을 만들 수 있습니다. 18개의 이동평균선을 서로 다른 두 개씩 짝지으면 총 153개의 경우의 수가 나옵니다. 즉, 18개의 이동평균선으로부터 총 153가지 이동평균선 크로스 전략을 만들 수 있는 것입니다.

매수와 매도를 하면 수수료, 슬리피지, 세금 등의 비용이 발생합니다. 기술적 분석 전략은 전략마다 매매 빈도가 다릅니다. 어떤 전략은 매매 신호가 자주 나올 것이고 또 어떤 전략은 매매 신호가 매우 적을 것입니다. 따라서 기술적 분석 전략의 경우 전략의 우위를 판단할 때 매매비용을 반드시 함께 고려해야 합니다. 매매비용 고려 여부 및 매매비용을 얼마로 설정하는가에 따라 전략의 순위가 크게 바뀌게 됩니다. 여기서는 매수와 매도할 때마다 총 비용 0.2%가 발생한다고 가정하여 백테스트를 수행하였습니다.[36]

KOSPI 지수에서 153개의 이동평균선 크로스 전략 중 어떤 전략이 과거 32년(1991~2022년) 동안 수익률이 가장 높았을까요? 153개의 전략에 대해 전부 백테스트를 진행해 보면 결과를 알 수 있습니다. 153개 전략의 백테스트 결과를 지면 관계상 모두 실을 수 없어, 수익률이 가장 높은 상위 20개 전략만 정리하여 [표 17-1]에 표시하였습니다.[37]

가장 높은 초과수익을 기록한 전략은 15일과 20일 이동평균선 크로스 전략입니다. 즉, 15일 이동평균선이 20일 이동평균선을 상방으로 돌파하면 매수, 하방으로 돌파하면 매도하는 단순한 전략입니다. [그림 17-2]를 확인해 보면 해당 전략은 매우 훌륭한 전략처럼 보입니다. KOSPI 지수가 221.27%의 상승하는 동안 15일과 20일 크로스 전략으로 투자했다면 비용을 제외하고도 725.49%의 높은 수익률을 얻을 수 있었습니다. KOSPI 지수 대비 504.22%p를 아웃퍼폼한 것입니다. 그러면 앞으로도 이 전략으로 과거만큼 높은 수익을 얻을 수 있을까요? 그렇다고 생각하는 투자자도 있을 것입니다. 하지만 제 생각은 다릅니다. 오히려 KOSPI 지수를 언더퍼폼할 가능성이 높습니다. 저라면 차라리 인덱스펀드에 투자할 것입니다. 왜 저는 과거 32년간

---

[36] 매수거래 0.2%, 매도거래 0.2%의 의미로, 각각의 거래마다 0.2%씩 총비용을 부과하였습니다.

[37] [표 17-1]은 매매비용 0.2%를 가정하여 백테스트를 하고 상위 전략 20개를 표시한 것입니다. 매매비용을 0.2%가 아닌 다른 숫자로 바꾼다면 전략의 순위도 바뀌게 됩니다.

[표 17-1] KOSPI 지수 이동평균선 크로스 전략 백테스트 수익률 상위 20개 (1991~2022년)

순위	단기 ## 장기	KOSPI 지수 대비 누적 초과수익(%p)	매수 신호수	보유 일수[38]
1	15 ## 20	504.22	244	4,395
2	5 ## 50	468.72	130	4,429
3	1 ## 50	417.39	247	4,418
4	5 ## 140	399.31	62	4,586
5	5 ## 200	362.18	55	4,605
6	1 ## 120	359.97	153	4,607
7	1 ## 180	337.79	117	4,574
8	5 ## 40	332.58	158	4,396
9	1 ## 90	296.02	187	4,625
10	1 ## 160	283.26	131	4,545
11	1 ## 100	281.61	175	4,618
12	1 ## 80	273.90	188	4,596
13	10 ## 50	263.98	101	4,425
14	5 ## 100	261.54	87	4,632
15	20 ## 160	258.30	35	4,552
16	5 ## 180	251.91	63	4,586
17	10 ## 30	247.50	144	4,367
18	10 ## 40	239.16	115	4,391
19	1 ## 140	232.28	144	4,572
20	1 ## 60	229.73	232	4,464

가장 수익률이 높았던 크로스 전략임에도 앞으로는 이 전략이 KOSPI 지수보다 수익률이 낮을 것으로 생각할까요? 바로 아웃 오브 샘플 테스트를 통

---

38 종가에 매매가 이루어지는 것으로 가정하였습니다. 따라서 보유 일수 계산에서 매수일은 보유 일수에 포함시키지 않았으며, 매도일은 보유 일수에 포함시켰습니다.

[그림 17-2] 15일과 20일 이동평균선 크로스 전략 백테스트 결과(1991~2022년)

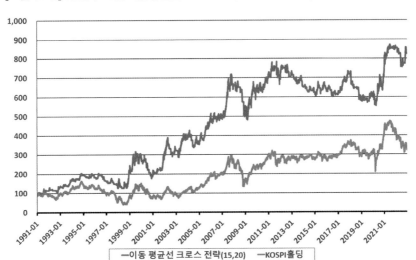

과하지 못했기 때문입니다. 이제부터 본격적으로 아웃 오브 샘플 테스트를 진행해 보겠습니다.

③ 2013년 영희가 이동평균선 크로스 전략으로 투자를 시작하다

아웃 오브 샘플 테스트를 하기 위해 누군가 과거로 돌아가야 합니다. 제가 과거로 돌아가기보다는 가상의 투자자인 영희를 만들어서 과거로 보내겠습니다. 영희를 2012년 말로 보냅니다. 그리고 영희를 통해 아웃 오브 샘플 테스트를 진행하겠습니다.

2012년 말에 영희는 기술적 지표를 활용하여 퀀트투자를 하기로 결심합니다. 마침 영희는 기술적 분석 책을 통해 단기 이동평균선이 장기 이동평균선을 상방으로 돌파하면 매수 신호이며, 하방으로 돌파하면 매도 신호라는 것을 알게 되었습니다. 이동평균선 크로스 전략을 만들기 위해 18개의 이동평균선 중 단기 이동평균선과 장기 이동평균선을 선택하려 합니다. 단기와 장기 이동평균선을 어떤 것으로 선택해야 KOSPI 지수 투자에서 가장 수익률이 높았는지 궁금해진 영희는 백테스트를 통해 가장 수익이 높은 이동평균선 조합을 찾기 시작합니다.

2012년 말의 영희는 1991년부터 2012년의 데이터를 가지고 있습니다. 이 데이터로 153개 이동평균선 크로스 전략을 모두 백테스트하였더니 5일과 50일 이동평균선 크로스 전략이 가장 수익률이 높은 이동평균선 전략이라는 사실을 알게 됩니다. 2012년 말에 영희가 얻은 5일과 50일 크로스 전략의 백테스트 그래프를 살펴보겠습니다.

[그림 17-3]는 시작 시점 100으로 하여 그려진 백테스트 그래프입니다. 영희는 이 백테스트 그래프가 매우 마음에 듭니다. 12년 동안 KOSPI 지수가 186.89% 상승하는 동안 5일과 50일 이동평균선 크로스 전략은 무려 885.84%의 수익률을 거두었기 때문입니다. 153개 이동평균선 크로스 전략 중 가장 수익률이 높은 전략입니다. 영희는 주식투자로 수익 내기가 이렇게 쉬운 줄 몰랐습니다. 153개의 전략을 백테스트해서 이렇게 훌륭한 전략을 알아낸 것에 스스로 감탄합니다. 이제는 시장을 이기지 못하는 펀드매니저들이 한심해 보이기까지 합니다. 영희는 이 전략을 통해 앞으로 매우 높은 수익률을 거둘 것이라 생각해 의기양양합니다. 지금까지 가입했던 모든 펀드를 환매해서 앞으로 10년 동안 5일과 50일 이동평균선 크로스 전략으로 투자합니다. 이후 10년 동안 어떻게 되었는지 영희의 계좌를 살펴보겠습니다.

[그림 17-3] 5일과 50일 이동평균선 크로스전략 백테스트 결과(1991~2012년)

[그림 17-4] 영희의 계좌 모습(5일과 50일 이동평균선 크로스 전략, 2013~2022년)

[그림 17-4]에서 10년(2013~2022년) 동안 영희의 계좌 모습을 볼 수 있습니다. 영희의 계좌는 시장 대비 크게 언더퍼폼했습니다. KOSPI 지수가 11.99% 상승한 반면, 영희의 계좌는 수익은커녕 오히려 -19.87%의 손실을 기록했습니다. KOSPI 지수 대비 31.86%p 언더퍼폼입니다. 이 경험을 통해 영희는 과거 백테스트 결과가 아무리 훌륭하더라도 과적합 전략은 미래에는 전혀 다른 모습을 보일 수 있다는 사실을 깨닫게 됩니다. 5일과 50일 이동평균선 크로스 전략은 과적합 전략이었던 것입니다.

홀드아웃 테스트의 결론

우리는 영희 계좌를 통해 아웃 오브 샘플 테스트를 진행했습니다. 영희는 1991년부터 2012년까지 기간의 데이터로 153개 전략을 미친 듯이 백테스트하여 최고 수익률의 전략을 찾았습니다. 이것은 영희가 최적화하여 전략을 만든 것과 같습니다. 전략을 만들 때 사용한 1991년부터 2012년까지의 데이터(인 샘플)를 제외하고, 영희가 투자한 기간인 2013년부터 2022년까지의 데이터(아웃 오브 샘플)를 사용하여 영희의 계좌 성과를 확인했을 때 결과적으로 영희 계좌가 KOSPI 지수 대비 수익률이 높지 않음을 알았습니다. 영희가 만든 5일과 50일 이동평균선 크로스 전략은 인 샘플에서만 잘 작동하고 아웃 오브 샘플에서는 잘 작동하지 않았으므로 해당 전략이 과적합되었다는 결론을 내릴 수 있습니다.

아웃 오브 샘플 테스트를 하는 방법에는 여러 가지가 있습니다. 그리고 이렇게 영희의 계좌를 분석한 것처럼 단순히 한번 인 샘플과 아웃 오브 샘플을 나누어 검증하는 것을 '홀드아웃 테스트(Hold-out Test)'라고 합니다. 일반적으로 홀드아웃 테스트를 할 때 전체 기간에서 70%의 기간을 인 샘플로 설정하고, 30%의 기간을 아웃 오브 샘플로 설정합니다(7:3을 많이 사용할 뿐 반드시 7:3일 필요는 없습니다). 아웃 오브 샘플 테스트 중에서 가장 간단한 방법입니다. 한 번 나누는 것이 아니고 여러 번 나누어서 검증하는 방법도 있습니다. 바로 다음에 예를 든 철수를 과거로 보내서 분석하는 방법입니다.

④ 2001년 철수가 이동평균선 크로스 전략으로 투자를 시작하다

이제 조금 더 복잡한 분석을 해보겠습니다. 여러 번 나누어서 아웃 오브 샘플 테스트를 진행하는 것입니다. 이번에는 철수를 과거로 보내겠습니다.

2000년 말에 철수라는 투자자 역시 기술적 분석 책에서 이동평균선 크로스 전략에 대해 알게 되었습니다. 철수도 영희와 마찬가지로 153개의 이동평균선 크로스 전략을 모두 백테스트해서 가장 수익률이 높은 이동평균선 조합으로 투자하려고 합니다. 2000년 말 당시의 철수는 1991년부터 2000년까지 10년간의 데이터를 가지고 있습니다. 이 10년의 데이터로 백테스트를 수행합니다. 153개 전략 중에서 10년 동안 가장 수익률이 높았던 이동평균선 크로스 전략은 1일(당일 종가)과 20일 이동평균선 크로스 전략이었습니다. 철수가 백테스트를 통해 얻은 그래프를 확인해 보겠습니다.

[그림 17-5]의 백테스트 그래프를 보면 KOSPI 지수가 10년(1991~2000년) 동안 27.51% 하락하는 동안, 1일과 20일 이동평균선 크로스 전략으로 투자를 했다면 201.89%의 수익을 얻을 수 있었습니다. 종가가 20일 이동평균선 위로 올라가면 매수, 종가가 20일 이동평균선 아래로 내려오면 매도하는 아

[그림 17-5] 1일과 20일 이동평균선 크로스 전략 백테스트 결과(1991~2000년)

주 간단한 전략입니다. 이런 간단한 방법으로 10년 동안 KOSPI 지수 대비 229.40%p의 초과수익을 달성할 수 있었던 것입니다.

철수는 주식으로 수익 내기가 매우 쉽다는 생각이 듭니다. 1일과 20일의 이동평균선 크로스 전략은 과거 10년 동안 시장이 하락했는데도 높은 수익을 얻은 전략입니다. 철수는 이 전략이라면 충분히 믿을 만하고, 자신을 부자로 만들어 줄 수 있다고 생각합니다. 이제 철수는 과거 10년 동안 가장 수익률이 좋았던 이 전략으로 5년간 투자를 진행하기로 합니다. 과거 10년의 백테스트 결과처럼 5년 후에도 높은 수익률을 거두기를 기대하면서요. 5년이 흘러서 2005년 말이 되었습니다. 하지만 철수가 거둔 수익률은 생각보다 좋지 않았습니다.

[그림 17-6]를 살펴보면 5년(2001~2005년) 동안 철수가 투자로 얻은 수익률은 70.90%입니다. 높은 수익률이라고 생각할 수 있겠지만, 같은 기간 KOSPI

[그림 17-6] 철수 계좌의 모습(1일과 20일 이동평균선 크로스 전략, 2001~2005년)

철수 계좌(이동평균선 크로스 전략(1,20)) —KOSPI홀딩

지수는 무려 173.35%나 상승하였습니다. 시장 대비 102.45%p 언더퍼폼한 것입니다.

2001년부터 2005년까지의 기간에서 1일과 20일 이동평균선 크로스 전략의 수익률 순위를 따진다면 153개의 전략 중 97위입니다. 철수는 당황합니다. 백테스트를 했던 1991년부터 2000년의 기간에는 수익률 1위 전략이었는데, 철수가 투자한 기간에서는 이렇게 순위가 떨어질지 몰랐습니다. 1위는 아니더라도 최소 10위 안에는 있을 줄 알았습니다. 철수는 지난 5년 동안 수익률 1위 전략은 무엇이었는지 살펴봅니다. 신기하게도 5일과 60일 이동평균선 크로스 전략이었습니다. 해당 전략의 경우 앞의 백테스트 기간(1991~2000년)에서는 고작 23위였던 전략이었습니다. 백테스트에서 얻은 순위 결과와 크게 뒤바뀌었습니다.

5년간 시장 대비 언더퍼폼한 철수는 속상한 마음을 뒤로하고, 다시 백테스트를 진행합니다. 철수는 10년의 백테스트 기간은 너무 짧은 기간이라 오류가 있었다고 생각합니다. 짧은 기간으로 백테스트를 했으니 엉뚱한 전략을 찾아낸 것이라고요. 5년의 기간이 더 추가되었으니 이제 15년의 데이터로 백테스트가 가능합니다. 15년(1991~2005년)의 기간으로 다시 153개의 전략에 대해서 모두 백테스트를 해봅니다. 철수는 백테스트를 통해 가장 수익률이 좋은 전략이 1일과 50일 이동평균선 크로스 전략이라는 것을 알아냅니다.

[그림 17-7]은 철수가 얻은 1일과 50일 이동평균선 크로스 전략의 백테스트 그래프입니다. 철수는 이 백테스트 그래프가 마음에 듭니다. 바로 철수가 원했던 백테스트 그래프입니다. 이제 실전 투자에서 이렇게 백테스트 결과만큼만 수익이 나와주면 됩니다. 5년 동안(2001~2005년) 사용했던 1일과 20일 이동평균선 크로스 전략은 머릿속에서 잊었습니다. 그리고 이제부터 1일과 50일 이동평균선 크로스 전략으로 투자하기로 마음을 바꿉니다. 데이터가

[그림 17-7] 1일과 50일 이동평균선 크로스 전략 백테스트 결과(1991~2005년)

더 추가되어서 10년이 아닌 15년의 기간으로 백테스트를 한 것이니 더 완벽해졌을 것으로 생각합니다. 그리고 1일과 50일 이동평균선 크로스 전략으로 5년 동안 투자합니다. 어떻게 되었을까요? 불행히도 철수가 5년 동안 투자한 결과는 썩 좋지 못했습니다.

[그림 17-8]에서 5년 기간의 철수 계좌 상황을 볼 수 있습니다. 철수는 또 다시 지수 대비 언더퍼폼한 것에 당황합니다. 1991년부터 2005년까지 그렇게 좋았던 전략의 수익률이 2006년부터 2010년의 기간에는 오히려 시장보다 14.42%p나 언더퍼폼하였습니다. 철수가 투자를 시작하기만 하면 전략이 잘 작동하지 않습니다. 도저히 이해할 수가 없습니다.

철수는 다시 마음을 가다듬습니다. 이제 20년(1991~2010년)의 데이터가 생겼습니다. 철수는 20년치의 데이터로 백테스트를 해서 최고의 전략을 찾아내기로 합니다. 다시 153개 전략에 대해 모두 백테스트를 진행합니다. 그중

[그림 17-8] 철수 계좌의 모습(1일과 50일 이동평균선 크로스 전략, 2006~2010년)

에 수익률 1위가 무엇이었는지 확인해 봅니다. 20년(1991~2020년)의 데이터에서는 5일과 50일 이동평균선 크로스 전략이 1위라는 것을 알아냅니다.

[그림 17-9]는 철수가 20년의 기간으로 백테스트한 5일과 50일 이동평균선 크로스 전략의 백테스트 결과입니다. 와! 백테스트 그래프가 너무 멋집니다. 앞으로도 이렇게만 수익률이 나와준다면 세상 바랄 것이 없겠습니다. 20년간 잘 작동했는데 철수가 투자를 시작한다고 바로 작동하지 않을 리가 없다고 생각합니다. 절대 망가지지 않을 것이라 확신하면서, 해당 전략으로 투자를 시작합니다. 하지만 이후 철수가 투자한 5년(2011~2015년)의 결과는 다시 또 암울합니다.

[그림 17-10]에서 5년 기간의 철수 계좌 상황을 볼 수 있습니다. 철수는 이번 5년 동안 KOSPI 지수를 23.63%p나 언더퍼폼하였습니다. 철수는 너무 큰 충격을 받습니다. 백테스트에서는 엄청나게 훌륭했던 전략이 철수가 투자를

[그림 17-9] 5일과 50일 이동평균선 크로스 전략 백테스트 결과(1991~2010년)

시작하기만 하면 계속 안 좋아집니다.

하지만 여기서 포기할 철수가 아닙니다. 이제 5년치의 데이터가 또 늘어났습니다. 이제는 25년치의 데이터를 가지고 백테스트를 할 수 있습니다. 백테스트 기간이 길수록 더 강력한 전략이 만들어질 거라고 생각합니다. 25년치 데이터로 153개 전략에 대해서 백테스트를 진행해 봅니다. 25년치 데이터로도 아직 수익률 1위인 전략은 5일과 50일 이동평균선 크로스 전략입니다. 2011년부터 2015년까지의 수익률이 좋지 않았지만 그래도 1991년부터 2015년까지의 기간으로는 아직 1위 자리를 내주지 않은 것입니다.

[그림 17-11]은 철수가 얻은 25년치 5일 50일 이동평균선 크로스 전략의 백테스트 그래프입니다. 최근 5년 수익률이 꺾이기는 했지만, 그래도 25년의 데이터로 백테스트를 했을 때 아직도 최고는 5일과 50일의 조합입니다. 퀀트투자에서 일시적으로 안 좋은 구간이 발생할 수 있다는 얘기를 들은 적

[그림 17-10] 철수 계좌의 모습(5일과 50일 이동평균선 크로스 전략, 2011~2015년)

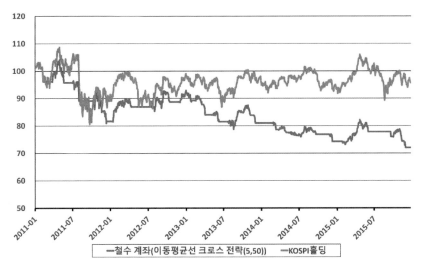

[그림 17-11] 5일과 50일 이동평균선 크로스 전략 백테스트 결과(1991~2015년)

이 있는 철수는 지금도 그런 기간들 중의 하나라고 생각합니다. 시간이 흐르면 다시 과거처럼 높은 수익을 보여줄 전략이라 굳게 믿습니다. 철수는 다시 한 번 5일과 50일 이동평균선 크로스 전략으로 투자를 진행합니다. 5년 후에 어떻게 되었을까요?

[그림 17-12]에서 철수의 계좌 모습을 확인할 수 있습니다. 또다시 KOSPI 지수 대비 34.72%p 언더퍼폼입니다. 철수는 지금까지 제대로 지수를 아웃퍼폼한 적이 없습니다. 항상 과거 백테스트 결과 가장 수익률이 좋은 전략을 선택하여 투자하는데도 왜 이런 결과가 나오는지 철수는 이해가 가지 않습니다.

고민 끝에 조금만 더 해보자고 다짐합니다. 이제 어느덧 데이터도 30년의 기간이 됩니다. 30년(1991~2020년) 기간의 데이터를 이용해 백테스트를 진행

[그림 17-12] 철수 계좌의 모습(5일과 50일 이동평균선 크로스 전략, 2016~2020년)

합니다. 30년 데이터에서 153개의 전략 중 수익률 1위인 전략은 5년 전과 마찬가지로 5일과 50일 이동평균선 크로스 전략이라는 결론을 얻습니다.

[그림 17-13]은 철수가 30년 데이터를 통해 얻은 5일과 50일 이동평균선 크로스 전략의 백테스트 그래프입니다. 앞으로 5년간 5일과 50일 이동평균선 크로스 전략으로 투자를 진행하기로 합니다. 2022년 말이 되었습니다. 아직 5년이 마감되지는 않았지만 철수는 중간평가를 해보기로 합니다.

[그림 17-14]에서 철수의 2년 동안의 계좌 그래프를 확인할 수 있습니다. 2년 동안 KOSPI 지수 대비 13.08%p 아웃퍼폼을 하고 있습니다. 처음으로 경험하는 아웃퍼폼입니다. 철수는 다행이라는 생각을 하지만, 과거에 겪었던 언더퍼폼을 다 만회하려면 아직도 멀었습니다.

[그림 17-13] 5일과 50일 이동평균선 크로스 전략 백테스트 결과(1991~2020년)

[그림 17-14] 철수 계좌의 모습(1일과 20일 이동평균선 크로스 전략, 2021~2022년)

철수의 계좌를 확인해 보자

이제 153개의 이동평균선 크로스 전략을 만들고 5년마다 열심히 백테스트를 하면서 최고의 전략을 찾아서 투자했던 철수의 22년 동안의 계좌 결과를 알아볼 차례입니다.

[그림 17-15]를 보면, 22년간 KOSPI 지수가 343.18%가 상승하는 동안 철수의 계좌는 67.90% 수익밖에 나지 않았다는 사실을 알 수 있습니다. KOSPI

[표 17-2] 기간별 철수가 사용한 전략

기간	철수가 사용한 전략
2001~2005년	1일과 20일 이동평균선 크로스 전략
2006~2010년	1일과 50일 이동평균선 크로스 전략
2011~2015년	5일과 50일 이동평균선 크로스 전략
2016~2020년	5일과 50일 이동평균선 크로스 전략
2021~2022년	5일과 50일 이동평균선 크로스 전략

[그림 17-15] 철수 계좌의 전체 모습(2001~2022년)

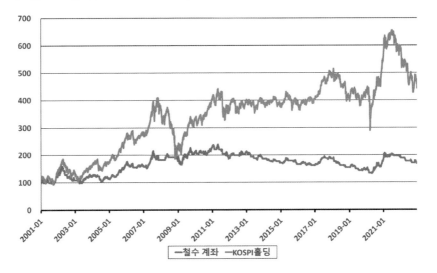

지수 대비하여 무려 278.28%p의 언더퍼폼입니다. 철수는 크게 언더퍼폼한 본인의 계좌를 살펴보고서야 뭔가 문제가 있다는 것을 깨닫습니다. 바로 과적합이 문제였다는 것을 말입니다. 백테스트만 믿고 백테스트 결과처럼 미래에도 비슷한 수익이 펼쳐질 것이라고 믿었던 자신을 후회합니다. 과적합 전략은 백테스트의 결과가 아무리 훌륭해도 미래에는 전혀 다른 모습이 될 수 있습니다.

앞부분의 질문으로 돌아가서

철수는 2022년 말 시점에서 1991년부터 2022년까지의 32년간의 데이터를 가지고 153개 전략에 대하여 백테스트를 해보기로 했습니다. 수익률 1위 전략이 아직도 5일과 50일 이동평균선 크로스 전략인지 아니면 다른 것으로 바뀌었는지 궁금해졌기 때문입니다. 백테스트를 한 결과 5일과 50일 이동평균선 크로스 전략이 2위로 밀려났고, 1위 전략이 15일과 20일 이동평균선 크로스 전략으로 바뀌었음을 알았습니다. 철수가 32년의 데이터를 바탕으로 얻은 백테스트 결과는 Section 17의 서두에 있는 [표 17-1]과 같습니다. 또한 Section 17의 서두에 있는 [그림 17-2]는 32년 데이터에서 1위를 차지한 15일과 20일 이동평균선 크로스 전략의 백테스트 그래프입니다.

철수는 153개의 전략 중 15일과 20일 이동평균선 크로스 전략이 32년 (1991~2022년) 동안 KOSPI 지수에서 가장 수익률이 높았던 이동평균선 크로스 전략이라는 것을 2022년이 되어서야 알았습니다. 철수가 2023년부터 15일과 20일의 크로스 전략으로 투자한다면 백테스트 결과만큼 높은 수익을 얻을 수 있을까요? 이 질문은 이번 Section을 시작하며 앞부분에서 했던 질문입니다. 그리고 저는 앞서 15일과 20일 크로스 전략이 32년 동안 한국 시장에서 잘 작동했지만, 앞으로는 지수보다 언더퍼폼할 가능성이 높다고 말했습니다. 철수의 사례를 함께 살펴보고 나니 제가 왜 그런 생각을 가졌는지 이해가 되나요? 철수는 철수가 당시 알 수 있는 과거 자료를 백테스트해서 최적의 이동평균선 조합을 찾아 투자했지만 실패해왔기 때문입니다.

⑤ 워크포워드 테스트의 이해

지금까지 철수라는 가상의 투자자를 만들어서 단계적으로 데이터 기간을 늘려 갔습니다. 이렇게 더해진 과거 데이터를 누적해 가면서 최적화하여 전략을 만들고, 각 단계의 최적화 전략으로 바꿔가면서 투자해도 충분히 초과수익이 있었는지 여부를 파악했습니다. 이런 방식으로 전략의 성과를 알아보는 방법을 '워크포워드 테스트(Walk-Forward Test)'라고 합니다. 이것 역시 아웃 오브 샘플 테스트 방법 중의 하나입니다. 홀드아웃 테스트보다는 확실히 복잡합니다.

이렇게 단계적으로 검증하여 철수의 계좌가 최종적으로 벤치마크 대비 충분히 초과수익을 냈다는 결론이 난다면, 그때 과적합 전략이 아니라고 판단하고 오늘날 최적화한 전략을 퀀트전략으로 채택하면 됩니다. 철수의 계좌에서 충분한 초과수익을 보이지 않았다면 해당 전략은 투자에 이용하지 않아야 합니다. 앞의 사례에서 철수는 KOSPI 지수 대비 크게 언더퍼폼했습니다. 따라서 2022년까지의 데이터로 최적화하여 만든 15일과 20일 이동평균선 크로스 전략 역시 미래에는 시장 대비 크게 언더퍼폼할 확률이 높습니다. 이를 통해 32년간의 훌륭한 백테스트 결과에도 불구하고 15일과 20일 이동평균선 크로스 전략도 과적합 전략이라는 것을 추론할 수 있는 것입니다.

⑥ 홀드아웃 테스트와 워크포워드 테스트 비교

홀드아웃 테스트와 워크포워드 테스트는 둘 다 아웃 오브 샘플 테스트의 한 종류입니다. 이 둘을 통해 우리는 이동평균선 크로스 전략의 과적합을 알아보았습니다. 그런데 이 둘은 비슷하지만 약간 다릅니다.

홀드아웃 테스트로는 KOSPI 지수를 대상으로 투자한 5일과 50일 이동평균선 크로스 전략이 과적합 전략일 확률이 높다는 것을 알아냈습니다. 워크포워드 테스트로는 KOSPI 지수에서 정기적으로 최적화하면서 만든 이동평균선 크로스 전략이 과적합 전략일 확률이 높다는 사실을 알아냈습니다. 여기에 더해 15일과 20일 이동평균선 크로스 전략도 같은 방법으로 최적화하면서 만든 전략이니 과적합 전략이라는 것을 추론할 수 있었습니다. 이 두 방식은 비슷하지만 약간 다릅니다. 철수 계좌를 통해 워크포워드 테스트가 더 일반화된 사실을 알아냈으니 가능하다면 워크포워드 테스트를 진행하는 것이 좋습니다.

하지만 추가로 고려할 것이 있습니다. 워크포워드 테스트는 홀드아웃 테스트에 비해 복잡합니다. 많은 양의 백테스트는 물론이고, 정기적으로 최적화 전략을 만들며 전략을 바꿔야 합니다. 그리고 마지막에 철수 계좌를 추적해서 최종 판단을 해야 합니다. 하지만 홀드아웃 테스트는 간단합니다. 처음부터 일부 기간(보통 30%의 기간)을 떼어놓고 최적화하여 전략을 만들고 전략을 완성한 다음, 전략을 만들기 전에 떼어놓은 기간으로 해당 전략을 검증하면 되니까요. 과적합을 피하기 위한 전략을 만드는 데 홀드아웃 테스트만으로도 큰 도움이 됩니다.

홀드아웃 테스트를 하기 위해서는 처음부터 전체 기간의 데이터를 가지고 최적화하여 전략을 만들면 안 됩니다. 전체 기간의 데이터로 최적화하여 전략을 만들어 버리면 나중에 전략을 검증하기 위한 아웃 오브 샘플이 남아 있지 않기 때문입니다.

⑦ 앵커드 워크포워드와 롤링 워크포워드

가상의 철수를 만들어 분석한 워크포워드 테스트에서 철수는 계속 누적된 데이터를 사용하여 5년마다 153개 전략을 백테스트했고 그때마다 최적의 전략을 찾아 투자하였습니다. 처음에는 10년의 데이터로 최적화했지만 그다음에는 15년, 그다음에는 20년… 이런 식으로 최적화할 수 있는 기간이 늘어남에 따라 최적화하는 데이터 역시 늘려갔습니다. 정확히 말하면 이것은 '앵커드 워크포워드 테스트(Anchored Walk-Forward Test)'입니다.

앵커드 워크포워드 테스트를 그림으로 표시하면 [그림 17-17]과 같습니다. 한국의 많은 퀀트투자자가 가능한 장기간의 데이터를 이용하여 최적화하여 전략을 만드는 것이 더 좋다고 생각하는 경향이 있습니다. 앞의 예에서 철수도 전략을 만들 때 사용할 수 있는 모든 과거 데이터를 이용하는 것으로 스토리를 전개했습니다. 과거의 많은 데이터를 사용하는 것에는 장점도 있지만 단점도 있습니다. 시간이 길어지면 지나치게 오래전의 과거 데이터를 포함하게 된다는 점입니다. 시간이 흘러 50년이 지나면 50년 전의 데이터까지 이용하여 최적화하게 되는 것입니다. 이는 시대 변화를 반영하지 못하는 문제를 만들어냅니다. 이런 문제를 피하기 위한 방법으로 '롤링 워크포워드 테스트(Rolling Walk-Forward Test)'가 있습니다.

[그림 17-17] 앵커드 워크포워드 테스트

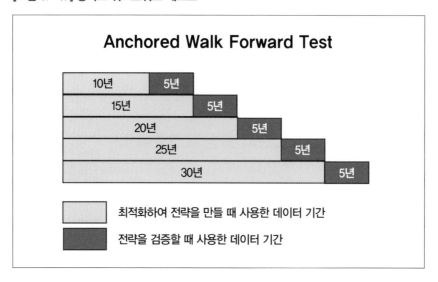

[그림 17-18]은 롤링 워크포워드 테스트의 설명 그림입니다. 항상 일정 기간의 데이터만으로 최적화하여 전략을 만드는 방법입니다. 그리고 그 기간이 계속 움직입니다. [그림 17-18]에서 10년은 예시일 뿐 10년이라는 숫자가 중요하지는 않습니다. 중요한 것은 최적화할 때 사용한 기간이 시간이 지남에 따라 전략을 검증한 기간과 같이 이동한다는 점입니다. 이런 방법을 사용하면 과거 데이터를 지나치게 많이 이용하여 최적화하는 문제를 해결할 수 있습니다.

앵커드 워크포워드 테스트와 롤링 워크포워드 테스트 중에 뭐가 반드시 더 좋다고 말할 수는 없습니다. 다만 한국 주식시장은 역사가 길지 않습니다. 즉, 이용할 수 있는 데이터가 많지 않습니다. 기껏해야 20~30년 수준의 데이터입니다. 이런 이유로 인해 한국 투자자들 사이에 워크포워드 테스트가 일반화된다면 당분간은 앵커드 워크포워드 테스트가 일반적인 방법이 될 것으로 생각됩니다.

[그림 17-18] 롤링 워크포워드 테스트

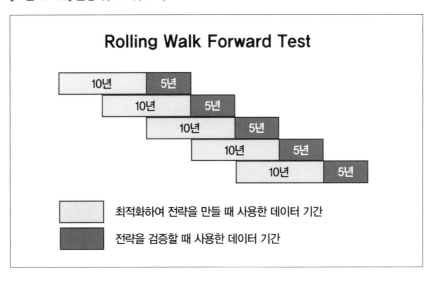

Rolling Walk Forward Test

10년	5년
10년	5년
10년	5년
10년	5년
10년	5년

최적화하여 전략을 만들 때 사용한 데이터 기간

전략을 검증할 때 사용한 데이터 기간

핵심 요약

1 가상의 투자자(영희, 철수)를 과거로 보내는 방법으로 아웃 오브 샘플 테스트를 진행할 수 있습니다.

2 이동평균선 크로스 전략의 사례에서 가상의 투자자(영희, 철수)가 투자하기 전의 백테스트는 매우 훌륭했지만 막상 투자를 시작하자 수익률이 좋지 않았습니다. 최종적으로 가상 투자자의 계좌 상태가 좋지 않았던 것을 바탕으로 해당 전략이 과적합 전략임을 알 수 있었습니다.

3 아웃 오브 샘플 테스트에는 인 샘플과 아웃 오브샘플을 한 번만 나누어 분석하는 방법(홀드아웃 테스트), 여러 번 나누어서 분석하는 방법(워크포워드 테스트)이 있습니다.

18

재무 전략의
아웃 오브 샘플 테스트

QUANTITATIVE INVESTING

① 재무 퀀트전략에도 과적합 문제가 있을까

바로 앞에서 이동평균선 크로스 전략의 과적합 문제를 다루었습니다. 과적합 전략의 경우 백테스트 결과가 아무리 뛰어나더라도 미래에는 그러한 성과를 보장할 수 없다는 사실을 알았습니다. 또한 아웃 오브 샘플 테스트를 이용하면 과적합 정도를 파악할 수 있다는 사실도 배웠습니다.

기술적 분석을 활용한 퀀트전략만 아니라 재무제표를 활용한 퀀트전략에서도 과적합의 문제가 존재합니다. 너무 많은 변수를 사용하여 전략을 만들었을 경우입니다. 그렇다고 해서 단순한 전략이 과적합에서 완전히 자유로운 것은 아닙니다. 단순하게 몇 개의 재무지표들을 선택한 다음에 각각의 순위를 구하고, 각 순위를 합산하여 합산 값이 가장 낮은 상위 10%(10분위 중 1그룹) 종목들을 매수하는 수준의 간단한 방법을 생각해 보겠습니다. 오늘날 많은 퀀트투자자가 이와 비슷한 방법으로 전략을 만듭니다. 얼핏 문제가 없을 것 같지만, 한편으로는 수많은 재무지표 중 과거 데이터에 가장 잘 맞는 재무지표들의 조합을 찾는 행위 자체가 최적화 작업입니다. 최적화하여 전략을 만들었다면 당연히 과적합 문제가 있을 수 있습니다. 이것 역시 아웃 오브 샘플 테스트를 해보겠습니다.

(1) 우리가 사용할 재무지표들

너무 많은 재무지표들이 존재합니다. 이것들 모두를 조합해서 전략을 만들다 보면 무수히 많은 전략이 만들어집니다. 물론 많은 지표를 조합하여 수많은 전략을 만들어 검증한다면 더 정확할 것입니다. 하지만 가능한 전략을 전부 다 백테스트해서 결론을 내리려면 연구가 너무 광범위해집니다. 수십억 개에 이르는 전략을 백테스트하고 그중 최고의 전략을 찾아서 세상에 공개하는 것이 이 책의 목적은 아닙니다. 전략을 만드는 올바른 방법을 알려드리는 것이지요. 그렇다면 대표적인 재무지표를 몇 개 선택하고 조합하여 수천 개 전략을 만들어 살펴보는 방법으로도 충분할 것입니다. 그래서 일반 투자자들이 종목분석에 많이 사용하는 11개의 재무지표를 선택하고 각 재무지표에 임의로 기호를 부여하였습니다.[39] 기호를 부여한 이유는 수천 개의 전략에 각각의 이름을 만들어야 하기 때문입니다. 우리가 사용할 재무지표와 해당 기호, 순위 정렬 방법을 [표 18-1]에 표시하였습니다.

---

[39] 말 그대로 제가 임의로 기호를 부여하였습니다. 따라서 해당 기호는 공식적으로 사용되는 기호가 아니며 이 책에서만 사용합니다.

[표 18-1] 사용할 11개의 재무지표와 임의 기호

기호	지표 이름	산출 공식	순위 정렬 방법
출	매출액성장률	(당기매출액−전기매출액)/전기매출액	내림차순
R	ROE	당기순이익/총자본	내림차순
A	ROA	당기순이익/총자산	내림차순
영	영업이익률	영업이익/매출액	내림차순
부	부채비율	총부채/총자본	오름차순
유	유동비율	유동자산/유동부채	내림차순
E	PER	시가총액/지배주주순이익	오름차순
B	PBR	시가총액/지배주주지분	오름차순
S	PSR	시가총액/매출액	오름차순
C	PCR	시가총액/영업활동현금흐름	오름차순
수	배당수익률	총배당금/시가총액	내림차순

※ 일반적으로 영업이익률이 높은 종목이 더 우수한 종목이라고 생각합니다. 하지만 이 책의 Chapter 2에서 우리는 영업이익률이 플러스라면 오히려 영업이익률이 낮은 종목의 수익률이 더 좋다는 사실을 알았습니다. 오름차순으로 정렬해서 상위 종목에 투자하는 것이 더 좋다는 의미입니다. 이번 장에서는 이 사실을 알지 못한다고 가정하고 아웃 오브 샘플 테스트를 진행합니다. 따라서 [표 18-1]에 보이는 것처럼 영업이익률의 순위 정렬 방법을 일반적인 사람들이 생각하는 대로 정렬하여 영업이익률이 높은 종목에 더 좋은 순위를 부여하였습니다.

(2) 재무 퀀트전략 만들기

전략의 공통적인 내용

- **대상:** KOSPI, KOSDAQ 상장종목 중 리밸런싱 시점 12월 결산법인이면서 전년도 회계 기준 지배주주순이익 흑자종목
- **리밸런싱 주기:** 연 1회 리밸런싱(매년 6월 마지막 거래일 진행)
- **벤치마크:** KOSPI, KOSDAQ 상장종목 중 리밸런싱 시점 12월 결산법인이면서 전년도 회계기준 지배주주순이익 흑자종목 매년 6월 마지막 거래일 동일가중 리밸런싱 수익률

> ※ 이 책의 Chapter 2와 Chapter 4에서는 분기 리밸런싱을 진행하였지만, 이번 Chapter 5의 Section 18에서는 연 1회 리밸런싱을 진행합니다. 리밸런싱 주기를 길게 늘린 이유는 백테스트 시간을 단축하기 위함입니다. Section 18에서만 엄청난 양의 백테스트가 진행됩니다. 파이썬을 이용하여 한꺼번에 백테스트를 하더라도 컴퓨터 성능에 따라서 많은 시간이 걸립니다. 연 1회 리밸런싱을 진행하면 분기 리밸런싱에 비해 백테스트 시간을 약 4분의 1로 단축할 수 있습니다. 연 1회 리밸런싱으로도 재무 전략의 과적합을 설명하는 데 무리가 없을 것으로 판단하였습니다.

전략의 공통적인 내용에 더하여 11개의 재무지표를 조합해서 전략을 만들어야 합니다. [표 18-1]의 기호를 바탕으로 전략의 이름도 만들어 보겠습니다. 전략에 들어가는 재무지표 기호를 전부 다 쓰는 방식입니다. 즉, 1개의 지표만 들어가는 전략이라면 전략의 이름 또한 1글자가 되고, 11개 재무지표가 모두 들어간 전략은 11글자 이름의 전략이 됩니다. 다음 페이지 '전략 이름의 예시'를 확인하면 이해가 쉽습니다.

우리가 사용할 재무지표 11개를 조합하면 총 2,047개의 전략을 만들 수 있습니다. 이번에도 마찬가지로 아웃 오브 샘플 테스트를 하기 위해 누군가를 과거로 보내야 합니다. 가상의 투자자 영희와 철수를 만들어 과거로 보내

겠습니다. 이들은 과거 시점에서 2,047개의 전략을 모두 백테스트하여 그중에 가장 우수한 전략을 찾아서 투자할 것입니다. 그리고 이들의 계좌 성과를 살펴봄으로써 아웃 오브 샘플 테스트를 할 수 있습니다.

② 2016년 6월 말 영희가 퀀트투자를 시작하다

2016년 6월 말 영희는 사람들이 많이 사용하는 재무지표 11개를 선택합니다. 앞 페이지 [표 18-1]에 있는 재무지표 11개입니다. 그리고 이것들을 가지고 조합하는 방식으로 총 몇 개의 전략이 나오는지 계산해 봅니다. 2,047개나 되는 전략이 나옵니다. 영희는 이 전략들을 모두 백테스트한 후 그중에서 가장 수익률이 높은 전략에 투자하기로 결심합니다.

영희가 투자를 결심한 시점은 2016년 6월 말입니다. 이 시점에 영희는 2000년부터 2015년까지의 재무 데이터를 가지고 있는 상황입니다. 그런데 매출액성장률 지표를 계산하기 위해서는 전년도의 재무제표가 필요하므로 2001년부터 해당 지표를 계산할 수 있습니다.[40] 또한 2001년 매출액성장률 지표는 2002년 상반기에 알 수 있습니다. 상황을 종합해 보면 영희는 2002년 7월부터 2016년 6월까지의 투자 기간으로 백테스트를 진행할 수 있습니다. 영희는 이 기간 2,047개의 전략 중 어떤 전략이 가장 수익률이 높았는지에 대한 백테스트를 진행합니다.

[표 18-2]는 영희가 백테스트를 해서 알아낸 표입니다. 영희는 백테스트 결과, 최고의 전략은 'BSC 전략'이라는 것을 알아냈습니다.

> ■ **BSC 전략**: PBR 오름차순, PSR 오름차순, PCR 오름차순으로 정렬 후 각 순위를 구해서 합산함. 합산한 값이 가장 낮은 상위 10% 종목에 동일가중으로 투자하여 1년마다 한 번씩 리밸런싱하는 전략

[그림 18-1]을 통해 영희가 2016년 6월 당시에 얻은 'BSC 전략'의 백테스트 그래프를 확인할 수 있습니다. 2002년 7월부터 2016년 6월까지의 14년 기간에서 'BSC 전략'의 누적 수익률은 2,966.89%입니다. CAGR로 환산하면 27.70%입니다. 같은 기간 벤치마크의 누적 수익률은 479.58%로 CAGR로 환산하면 13.37%입니다. 벤치마크 대비 연평균 초과수익률 14.33%p(27.70-

---

40 여기서 영희는 2000년 재무제표부터 가지고 있다고 가정하였습니다. 따라서 2000년의 매출액 성장률을 계산할 수는 없습니다. 2000년 매출액 성장률을 알기 위해서는 1999년의 재무제표를 알고 있어야 하기 때문입니다. 따라서 2000년 재무제표부터 가지고 있는 영희 입장에서는 2001년의 매출액 성장률부터 계산할 수 있습니다.

[표 18-2] 수익률 상하위 10개 전략 백테스트 결과(2002.07~2016.06)

순위	전략	1그룹 CAGR	10그룹 CAGR
1	BSC	27.70%	−2.62%
2	BC	26.96%	−3.80%
3	EBSC	26.02%	−1.91%
4	출BSC	25.94%	1.77%
5	SC	25.89%	−0.78%
6	영BSC	25.72%	−0.92%
7	BS	25.48%	−2.60%
8	부BSC	25.36%	−0.01%
9	B	25.18%	−3.12%
10	유BSC	24.91%	1.35%
...	...	...	...
2038	출RA영S	2.41%	12.89%
2039	출RA영	2.39%	14.86%
2040	출R유	2.27%	17.66%
2041	A	2.21%	16.07%
2042	출A	1.94%	15.02%
2043	출R영	1.28%	16.03%
2044	R	0.94%	17.78%
2045	출R	0.46%	15.29%
2046	출RA	0.45%	16.56%
2047	RA	0.23%	17.94%

13.37%)입니다. 영희는 백테스트 그래프를 보며 해당 전략에 큰 신뢰를 갖습니다. 이 정도의 수익률이 지속된다면 빠른 속도로 부자가 될 수 있을 테니까요. 영희는 백테스트 결과 최고의 전략으로 나온 'BSC 전략'대로 투자를 진행하기로 합니다. 이후 영희의 계좌는 어떻게 되었을까요?

[그림 18-1] 영희가 얻은 'BSC 전략' 백테스트 그래프(2002.07~2016.06)

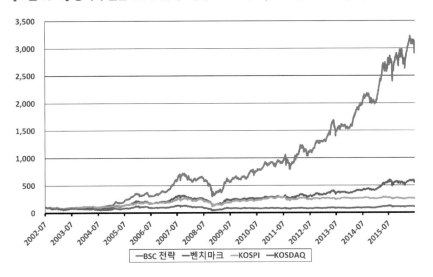

[그림 18-2]에서 영희 계좌의 모습을 확인할 수 있습니다. 영희는 'BSC 전략'으로 투자하여 총 6년 6개월(2016.07~2022.12) 동안 누적 수익률 49.44%를 달성합니다. CAGR로 환산하면 6.38%입니다. 벤치마크의 누적 수익률은 27.25%이며, CAGR로 환산하면 3.78%입니다. 영희는 벤치마크 대비하여 연평균 초과수익률 2.60%p(6.38-3.78%)를 달성했습니다. 초과수익을 내기는 했으나 영희가 투자 전략을 찾기 위해 2016년 6월에 백테스트를 했을 때 벤치마크 대비 연평균 초과수익률 14%p가 넘는 모습을 보인 것과 비교해 크게 줄었습니다. 영희는 과거의 백테스트만큼 수익률이 나올 것이라고 기대하고 퀀트투자를 시작했는데 그때와는 다른 계좌 상황에 약간 실망합니다. 그래도 벤치마크나 KOSPI 지수, KOSDAQ 지수 대비하여 아웃퍼폼한 것을 생각하며 위안을 삼습니다.

영희는 본인이 투자한 기간(2016.07~2022.12)에서도 'BSC 전략'이 가장 수

[그림 18-2] 영희의 계좌 추이(BSC 전략, 2016.07~2022.12)

영희 계좌(BSC 전략) ―벤치마크 ―KOSPI ―KOSDAQ

익률이 높았던 전략인지 궁금해집니다. 영희는 2022년 12월 시점에서 영희가 투자한 기간(2016.07~2022.12)만을 가지고 2,047개 전략을 모두 백테스트 해봅니다. 백테스트 결과 이 기간 최고의 전략은 'BSC 전략'이 아니라 '부B 전략'이라는 사실을 알게 됩니다.

- **부B 전략:** 부채비율 오름차순, PBR 오름차순으로 정렬하여 각 순위를 구해서 합산함. 합산한 값이 가장 낮은 상위 10% 종목에 동일가중으로 투자하여 1년마다 한 번씩 리밸런싱하는 전략

[그림 18-3]에 영희가 얻은 '부B 전략'의 백테스트 그래프가 있습니다. '부B 전략'의 6년 6개월간 누적 수익률은 84.59%로 CAGR로 환산하면 9.89%입니다. 다시 언급하자면 'BSC 전략'의 누적 수익률은 49.44%이고 CAGR로 환산하면 6.38%입니다. 6년 6개월간 '부B 전략'이 'BSC 전략'보다 훨씬 좋습니다.

[그림 18-3] 부B 전략과 영희 계좌(2016.07~2022.12)

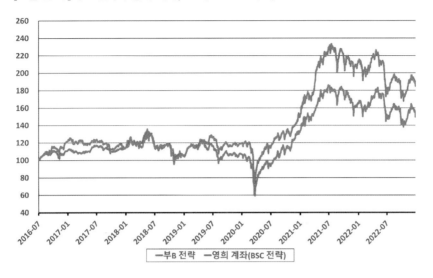

영희는 본인이 투자하기 전의 백테스트에서는 'BSC 전략'이 수익률 1위였는데, 실제 투자한 기간에는 'BSC 전략'은 91위로 밀려나고 '부B 전략'이 1위로 바뀐 것이 당황스럽습니다. '부B 전략'은 영희가 투자를 시작하기 전 백테스트한 기간(2002.07~2016.06)에서는 수익률 327위였던 전략입니다. 영희는 '부B 전략'의 백테스트 그래프를 한참 살펴봅니다. 2016년 7월부터 '부B 전략'으로 투자했으면 좋았을걸 하는 생각이 듭니다. 그런데 2016년 7월 당시에는 앞으로 '부B 전략'이 가장 수익률이 좋을 것이라고는 도저히 알 수 없었습니다. 당시에는 2016년 7월 이전 데이터밖에 없었고, 그 데이터로는 'BSC 전략'이 1위 전략이고 '부B 전략'은 327위였으니까요. '부B 전략'이 2016년 7월부터 2022년 12월 기간에 최고 수익률 전략이라는 사실은 2022년 12월이 되어서야 알 수가 있었습니다.

갑자기 무엇인가 영희의 머리를 스치고 지나갑니다. 영희는 백테스트를 통해 과거 최고의 전략을 찾을 수 있지만, 미래 최고의 전략은 찾을 수 없다는 사실을 깨닫습니다. 'BSC 전략'은 영희가 이미 알고 있는 과거를 미친 듯이 백테스트해서 알아낸 것입니다. 미래에는 다른 시장이 펼쳐지기 때문에 미래의 최고 전략은 다른 전략이 된다는 것이죠. 따라서 영희는 미래의 최고 전략을 지금 찾아 투자할 수는 없습니다. 그러나 과거의 최고 전략이었던 'BSC 전략'으로 투자하여, 최고까지는 아니더라도 2,047개 전략 중에서 91위에 해당하는 상위권의 수익을 얻을 수 있었습니다.

[표 18-3] BSC 전략과 부B 전략의 비교

	2002.07~2016.06		2016.07~2022	
	BSC 전략	부B 전략	BSC 전략	부B 전략
CAGR	27.70%	19.35%	6.38%	9.89%
CAGR 순위 (2,047개 전략 중)	1위	327위	91위	1위

③ 영희의 수익률이 과거 백테스트 결과에 못 미치는 이유

영희가 최고 수익률의 전략을 찾아서 투자를 시작했음에도 과거의 통계 수치와는 많이 달라진 것은 무엇 때문일까요? 먼저 드는 생각은 전략의 유용성이 줄어들었다는 점입니다. 우리는 이미 Chapter 4에서 밸류 팩터의 초과수익이 22년 동안 지속적으로 하락해왔음을 살펴보았습니다. 'BSC 전략' 역시 가치지표 3개를 사용하므로 과거보다는 수익률이 줄어든 것은 당연합니다.

그런데 더 깊이 생각해 보면 밸류 팩터의 초과수익이 감소하지 않았더라도 과거 백테스트보다는 낮은 수익률을 보였을 것입니다. 영희가 백테스트 기간에서 찾은 1위 전략이 영희가 실제 투자한 기간에는 91위의 전략이 되었다는 점을 생각해 보세요. 영희는 과거 14년의 데이터로 2,047개의 전략을 모두 백테스트하여 최고의 전략을 찾았습니다. 이것은 영희가 과거 데이터를 알고 있기 때문에 가능합니다. 하지만 영희는 미래 데이터는 모르므로 미래에 최고 전략을 찾아낼 수는 없습니다. 이미 데이터를 알고 있는 상태에서 최고의 수익률을 찾아 이 지표 저 지표를 조합하는 것은 최적화 작업으로 간주할 수 있습니다. 영희가 만든 전략에는 분명 어느 정도의 수익률 거품이 끼어 있으므로 미래의 데이터에서 해당 전략의 거품이 꺼지는 것이 당연합니다.

영희 계좌와 홀드아웃 테스트

우리는 영희라는 가상 인물을 만들어서 영희의 계좌를 살펴보는 분석을 하였습니다. 아웃 오브 샘플 테스트를 한 것이죠. 아웃 오브 샘플 테스트 중에서 한 번 인 샘플과 아웃 오브 샘플로 나누어서 분석했으므로 홀드아웃 테스트를 하였습니다. 방금 진행한 홀드아웃 테스트 결과를 바탕으로 살펴보겠습니다. 'BSC 전략'의 앞으로의 성과는 어디에 더 가까울까요? 인 샘플(영희가 백테스트한 기간)에서 발생한 연평균 초과수익률 14.33%p일까요, 아니면 아웃 오브 샘플(영희가 투자한 계좌)에서 발생한 연평균 초과수익률 2.60%p일까요?

인 샘플에서 얻은 14.33%p는 전략을 만들 때 사용한 기간에 최적화된 연평균 초과수익률입니다. 이 값을 포함하여 전체 성과를 판단하는 것은 바람직하지 않습니다. 일반적으로 아웃 오브 샘플에서 얻은 초과수익률이 미래의 성과에 더 가까울 것으로 여겨집니다.

④ 2012년 6월 말 철수가 퀀트투자를 시작하다

이제 조금 복잡한 철수의 사례로 넘어가 보겠습니다. 2012년 6월 말에 철수는 사람들이 많이 사용하는 재무지표 11개를 선택하여 조합하는 방식으로 2,047개의 전략을 만들어 냅니다. 2012년 6월 철수가 당시 백테스트할 수 있는 데이터를 활용하면 2002년 7월부터 시작해서 2012년 6월까지 기간으로 백테스트할 수 있습니다. 이 기간의 데이터로 2,047개의 전략을 모두 백테스트해 봅니다.

[표 18-4]에 철수가 얻은 백테스트의 상위 10개 전략이 있습니다. 철수는

[표 18-4] 수익률 상위 10개 전략 백테스트 결과(2002.07~2012.06)

순위	전략	1그룹 CAGR	10그룹 CAGR
1	BSC	27.24%	-7.02%
2	SC	26.05%	-4.53%
3	EBSC	25.58%	-5.85%
4	BC	25.43%	-6.97%
5	BS	25.38%	-6.33%
6	출BSC	25.11%	-0.90%
7	BSC수	24.78%	-5.34%
8	EBS	24.71%	-4.69%
9	영BSC	24.49%	-4.63%
10	S	24.22%	-2.04%

백테스트를 통해 2,047개의 전략 중 'BSC 전략'이 가장 우수한 전략이라는 사실을 알아냅니다. 철수는 이 전략으로 앞으로 3년간 투자하기로 합니다.

[그림 18-4]에서 시작 시점을 100으로 하여 3년 동안 투자한 철수 계좌의 모습을 확인할 수 있습니다. 3년(2012.07~2015.06) 동안 벤치마크는 83.06% 상승, KOSPI 지수는 11.88% 상승, KOSDAQ 지수는 51.74% 상승하였습니다. 반면에 철수는 146.82%의 높은 수익을 달성할 수 있었습니다. 이는 CAGR 35.14%를 의미합니다. 철수는 'BSC 전략'이 매우 훌륭하다고 생각하며 만족합니다.

그런데 궁금한 것이 생겼습니다. 3년 동안 'BSC 전략'이 계속 수익률 1위 전략이었을까요? 철수는 투자한 3년 동안 가장 수익률이 높았던 전략은 무엇인지 궁금해졌습니다. 3년 동안만으로 따로 백테스트를 해봅니다. 결과는 '영BSC 전략'이 CAGR 38.42%로 1위였습니다. 철수가 실제로 투자한 'BSC

[그림 18-4] 철수의 계좌 추이(BSC 전략, 2012.07~2015.06)

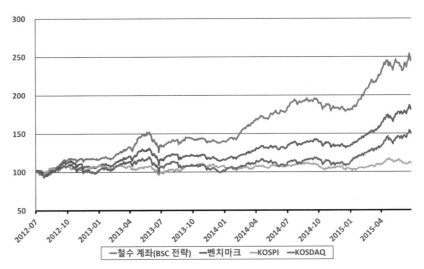

전략'은 이 기간에 수익률 10위였습니다.

> ■ **영BSC 전략:** 영업이익률 내림차순, PBR 오름차순, PSR 오름차순, PCR 오름차순으로 정렬하여 각 순위를 구해서 합산함. 합산한 값이 가장 낮은 상위 10% 종목에 동일가중으로 투자하여 1년마다 한 번씩 리밸런싱하는 전략

　그렇다면 철수는 앞으로 '영BSC 전략'으로 바꿔서 투자해야 할까요? 철수는 '영BSC 전략'은 최근 3년 동안만 1위를 기록한 것이기 때문에 이 결과를 믿고 투자하기에는 백테스트 기간이 짧다는 생각이 듭니다. 기존의 10년 데이터에 3년의 데이터를 추가하여 13년의 데이터로 백테스트를 해서 1위인 전략을 사용하는 것이 더 옳다고 생각합니다. 그래서 철수는 13년(2002.07~2015.06)의 데이터로 백테스트를 해보기로 합니다.

　[표 18-5]는 2015년 6월 말에 철수가 얻은 백테스트 결과입니다. 철수는

[표 18-5] 수익률 상위 전략 백테스트 결과(2002.07~2015.06)

순위	전략	1그룹 CAGR	10그룹 CAGR
1	BSC	29.02%	−1.23%
2	BC	28.15%	−2.53%
3	영BSC	27.57%	−0.73%
4	EBSC	27.36%	−0.68%
5	SC	27.11%	0.24%
6	출BSC	27.03%	2.93%
7	BS	26.58%	−1.15%
8	출BSC수	26.48%	0.92%
9	부BSC	26.44%	1.66%
10	B	26.41%	−1.62%

13년 기간에서 'BSC 전략'이 여전히 수익률 1위의 전략이라는 사실을 확인했습니다. 최근 3년간 1위였던 '영BSC 전략'은 13년 기간의 백테스트에서는 3위입니다. 철수는 'BSC 전략'과 '영BSC 전략' 중에서 어떤 전략을 사용할지 잠깐 고민합니다. 역시 13년 동안 1위를 차지하고 있는 'BSC 전략'이 더 믿음이 갑니다. 철수는 앞으로 3년간 'BSC 전략'으로 계속 투자하기로 결정합니다. 3년이 흘러 2018년 6월이 되었습니다.

[그림 18-5]에 3년 동안 철수의 계좌 추이를 확인할 수 있습니다. 3년 (2015.07~2018.06)간 누적 수익률 기준으로 벤치마크, KOSPI 지수, KOSDAQ 지수가 각각 11.20%, 12.15%, 10.23% 상승하는 동안 철수는 30.52% 수익률을 달성했습니다. 이는 CAGR 9.28%를 의미합니다. 철수는 이번에도 벤치마크 대비 높은 수익률을 얻은 것에 만족합니다.

이번 3년 기간만 놓고 보았을 때 수익률 1위인 전략은 무엇이었을까요?

[그림 18-5] 철수의 계좌 추이(BSC 전략, 2015.07~2018.06)

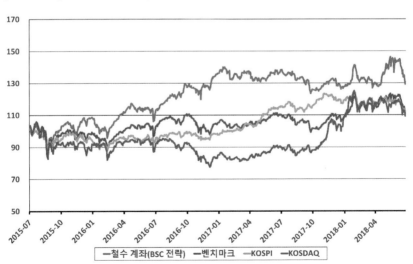

철수도 궁금해집니다. '출B 전략'이었습니다. 만약 '출B 전략'으로 투자했다면 3년 동안 CAGR 15.42%를 얻을 수 있었습니다. 'BSC 전략'의 CAGR 9.28%보다 확실히 높은 수익률입니다. 아쉽지만 3년 전에는 '출B 전략'이 1위를 차지할지 알 수 없었습니다. 참고로 철수가 투자한 'BSC 전략'은 이번 3년만 놓고 보면 수익률 40위에 해당하는 전략이었습니다.

> ■ **출B 전략:** 매출액성장률 내림차순, PBR 오름차순으로 정렬하여 각 순위를 구해서 합산함. 합산한 값이 가장 낮은 상위 10% 종목에 동일가중으로 투자하여 1년마다 한 번씩 리밸런싱하는 전략

이제 16년(2002.07~2018.06)의 데이터가 쌓였습니다. 이것으로 백테스트를 하면 1위의 전략이 바뀌어 있을까요? 철수는 16년의 데이터로 2,047개 전략을 모두 백테스트합니다.

[표 18-6]에 철수가 진행한 백테스트 상위 10개 전략과 최근 3년간 가장 우수했던 '출B 전략'의 백테스트 결과가 있습니다. 16년 백테스트 결과에서 여전히 'BSC 전략'이 1위를 유지하고 있습니다. 최근 3년(2015.07~2018.06) 1위 전략이었던 '출B 전략'은 16년 백테스트에서는 CAGR 20.21%로 61위에 위치해 있습니다. 2,047개 전략 중에서 61번째이니 상위권이긴 합니다. 그래도 최근 3년간 1위인 전략보다는 16년간 1위인 전략으로 투자하는 것이 옳아 보입니다. 그래서 철수는 3년을 더 'BSC 전략'으로 자산을 운용하기로 합니다.

[그림 18-6]에서 철수가 3년(2018.07~2021.06)간 'BSC 전략'으로 운용한 계좌의 그래프를 확인할 수 있습니다. 누적 수익률 기준으로 벤치마크, KOSPI 지수, KOSDAQ 지수가 각각 60.91%, 41.72%, 25.88% 상승하였습니다. 같은 기간 철수는 58.60%의 수익률을 달성했습니다. 3년간 철수 계좌의 CAGR은

[표 18-6] 수익률 상위 전략과 '출B 전략' 백테스트 결과(2002.07~2018.06)

순위	전략	1그룹 CAGR	10그룹 CAGR
1	BSC	25.07%	−2.92%
2	BC	24.44%	−4.27%
3	출BSC	23.51%	1.39%
4	BS	23.31%	−2.65%
5	SC	23.29%	−1.06%
6	EBSC	23.26%	−2.51%
7	영BSC	23.19%	−1.39%
8	부BSC	23.16%	−0.72%
9	B	23.06%	−2.87%
10	유BSC	22.51%	0.50%
...	...	...	...
61	출B	20.21%	5.36%

[그림 18-6] 철수의 계좌 추이(BSC 전략, 2018.07~2021.06)

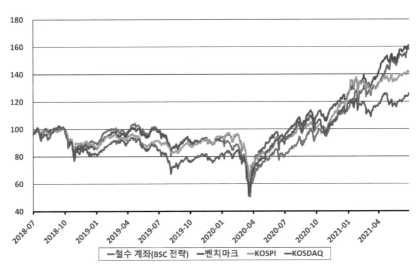

16.62%입니다. 높은 수익률을 기록하긴 했지만, 철수는 이번 3년의 결과가 그리 만족스럽지 않습니다. 지수 대비해서는 아웃퍼폼을 하였으나 벤치마크 대비해서는 오히려 소폭 언더퍼폼을 하였기 때문입니다. 즉, 지배주주순이익이 흑자인 종목 모두를 동일가중으로 투자한 것보다는 수익률이 좋지 않았습니다.

이번 3년간 'BSC 전략'의 순위를 알아보니 2,047개의 전략 중 1,172위에 위치해 있었습니다. 이번 3년은 'BSC 전략'이 큰 위력을 발휘하지 못한 것을 알 수 있습니다. 철수는 3년 동안 1위 전략은 무엇이었는지 알아보기로 했습니다. 'R유EC 전략'이라는 다소 엉뚱한 전략이었습니다. 이 전략으로 3년 (2018.07~2021.06)간 운용하였다면 CAGR 27.40%를 달성할 수 있었습니다. 물론 3년 전에는 이번 3년 동안 'R유EC 전략'이 1위를 차지할지는 절대 알 수 없었습니다.

> ■ **R유EC 전략:** ROE 내림차순, 유동비율 내림차순, PER 오름차순, PCR 오름차순으로 정렬하여 각 순위를 구하고, 순위를 합산하여 합산값이 가장 낮은 상위 10%에 투자하는 전략

이제 어느덧 19년(2002.07~2021.06)의 데이터가 쌓였습니다. 19년간의 데이터로 백테스트를 해보면 1위 전략이 바뀌었을까요? 최근 3년 동안 'BSC 전략'이 잘 작동하지 않았으니 순위가 바뀌어 있을 것 같기도 합니다. 철수는 19년의 데이터로 2,047개 전략에 대해 전부 백테스트를 진행합니다.

[표 18-7]을 통해 철수가 백테스트를 수행해서 얻은 상위 10개 전략과 최근 3년(2018.07~2021.06) 동안 가장 우수했던 'R유EC 전략'의 백테스트 결과를 확인하겠습니다. 19년의 데이터 백테스트 결과에서도 'BSC 전략'은 여전히 1

[표 18-7] 수익률 상위 전략과 'R유EC 전략' 백테스트 결과(2002.07~2021.06)

순위	전략	1그룹 CAGR	10그룹 CAGR
1	BSC	23.70%	-1.29%
2	BC	22.95%	-2.28%
3	BS	22.46%	-0.93%
4	SC	22.44%	0.85%
5	출BSC	22.22%	2.88%
6	EBSC	22.13%	-1.13%
7	부BSC	22.05%	0.20%
8	B	21.77%	-1.77%
9	영BSC	21.66%	0.20%
10	EBS	21.63%	0.11%
...	...	...	...
850	R유EC	15.27%	11.59%

위의 전략입니다. 또한 최근 3년간 가장 우수했던 전략인 'R유EC 전략'은 19년 데이터에서는 850위에 위치합니다. 'R유EC 전략'은 장기적으로 우수한 전략은 아니었고 2018년 7월부터 2021년 6월까지의 3년의 기간에만 특이하게 수익률이 좋았던 것입니다. 철수는 장기간 백테스트 최우수 전략인 'BSC 전략'으로 다시 3년간 운용하기로 합니다.

아직 3년이 다 지나지는 않았지만 2022년 말까지 1년 6개월 기간 철수의 계좌 모습을 [그림 18-7]에서 확인할 수 있습니다. 벤치마크, KOSPI 지수, KOSDAQ 지수가 각각 -27.66%, -32.16%, -34.05%의 수익률을 보이는 동안 철수의 계좌는 -19.38%의 수익률을 보여주었습니다. 하락하기는 하였으나 벤치마크나 주가지수에 비해서는 강한 모습을 보여주었으므로 철수는 결과에 만족합니다.

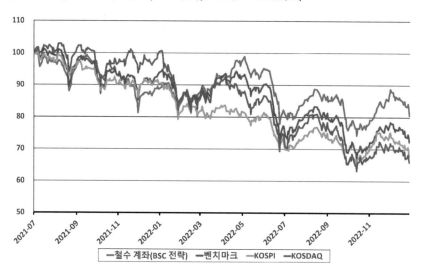

[그림 18-7] 철수의 계좌 추이(BSC 전략, 2021.07~2022.12)

철수 계좌(BSC 전략) ━벤치마크 ━KOSPI ━KOSDAQ

⑤ 철수의 10년 6개월 동안의 계좌 모습

철수가 퀀트투자를 시작하고 10년 6개월이 흘렀습니다. 그동안 철수가 투자한 방법을 정리해 보겠습니다. 철수는 11개의 재무지표를 가지고 2,047개의 전략을 만들어 냅니다. 그리고 백테스트하여 가장 수익률이 높은 전략을 3년간 투자합니다. 3년이 지난 후에는 새로운 3년 데이터를 추가하여 백테스트를 다시 수행하고, 최고의 수익률을 보이는 전략으로 바꾸어서 투자합니다. 이런 과정을 3년마다 반복합니다.

3년마다 백테스트하여 최고의 전략으로 바꾸어서 투자하는 계획이었으나 특이하게 이번 사례에서 철수는 처음부터 끝까지 'BSC 전략' 하나만을 사용합니다. 3년마다 데이터를 누적하여 백테스트를 해도 'BSC 전략'이 계속

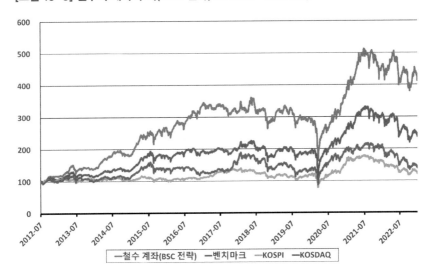

[그림 18-8] 철수의 계좌 추이(BSC 전략, 2012.07~2022.12)

1위 전략이었기 때문입니다.

　[그림 18-8]을 통해 10년 6개월 동안 투자한 철수의 계좌를 확인해 보겠습니다. 10년 6개월 동안 벤치마크, KOSPI 지수, KOSDAQ 지수가 각각 136.96%, 20.63%, 38.87% 상승하는 동안 철수는 311.93%의 수익을 달성했습니다. 철수 계좌의 CAGR은 14.43%입니다. 참고로 벤치마크, KOSPI 지수, KOSDAQ 지수의 CAGR은 각각 8.56%, 1.80%, 3.18%입니다. 철수는 벤치마크 대비 연평균 초과수익률 5.87%p(14.43-8.56%)를 보여주었습니다. 또한 KOSPI 지수 대비 연평균 12.63%p, KOSDAQ 지수 대비 연평균 11.26%p의 초과수익률을 보였습니다. 과거 철수가 진행한 백테스트보다는 못하지만 아주 훌륭한 결과입니다. 철수의 경우 다양한 재무 전략을 백테스트하여 결과가 가장 좋은 전략을 선택하여 투자하는 방법으로 벤치마크와 시장을 크게 아웃퍼폼하였습니다.

철수의 계좌와 워크포워드 테스트

미래의 데이터를 모르는 철수로 하여금 과거 데이터만 가지고 최적의 전략을 찾게 했습니다. 그렇게 찾은 전략으로 미래에 투자하게 하였습니다. 그러고 투자기간이 충분히 흐른 후에 철수의 계좌를 분석해 봤습니다. 우리는 방금 아웃 오브 샘플 테스트를 한 것입니다. 과거의 데이터를 계속 누적하면서 순차적으로 백테스트하여 최적 전략을 찾아서 투자하는 방식으로 검증했으므로, 아웃 오브 샘플 테스트 중에서도 워크포워드 테스트를 진행한 것입니다.

지금까지의 분석으로 보아 11개 지표의 조합으로 최적화하여 투자하는 전략은 앞으로도 제법 괜찮은 초과수익을 보여줄 것으로 판단됩니다. 철수 계좌가 그것을 보여주었기 때문입니다. 그렇다면 이런 투자 방법의 초과수익률은 어느 정도일까요? 철수가 진행한 백테스트에서 보여준 초과수익일까요, 아니면 실제 철수의 계좌에서 나타난 초과수익일까요? 철수가 최적 전략을 찾기 위해 진행한 백테스트는 실제 철수가 투자한 것이 아닙니다. 최적화하여 전략을 만들 때 사용한 데이터입니다. 철수의 계좌에서 나오는 초과수익이 미래의 모습에 더 가까울 것입니다. 즉, 벤치마크 대비 연평균 초과수익률 5.87%p입니다.

잠깐! 이상한 것이 있습니다. 앞의 영희의 사례(홀드아웃 테스트)에서는 벤치마크 대비 연평균 초과수익률이 2.60%p에 가까울 것이라고 하고, 철수의 사례(워크포워드 테스트)에서는 벤치마크 대비 연평균 초과수익률이 5.87%p에 가까울 것이라고 합니다. 분석 방법은 다르지만 둘 다 'BSC 전략'만을 투자했는데 이렇게 분석 결과가 다를 수 있나요? 네, 분석 방법에 따라 결과가 다를 수 있습니다. 영희와 철수의 투자 시작 시점이 서로 다르기 때문입니다. 영희는 2016년 7월부터 투자를 시작했으니 이 기간 이후가 아웃 오브 샘플이며, 철수는 2012년 7월부터 투자를 시작했으니 이 기간 이후가 아웃 오브 샘플입니다. 아웃 오브 샘플 테스트의 경우 인 샘플과 아웃 오브 샘플을 어디에서 나누는가에 따라 분석 결과에 차이가 날 수 있습니다. 그렇다면 둘 중에 무엇이 맞을까요? 정답은 없습니다. 둘 다 의미가 있으며 종합하여 판단해야 합니다.

⑥ 과적합에 대한 분석

지금까지 재무 퀀트전략에 대해서 아웃 오브 샘플 테스트를 진행했습니다. 영희와 철수는 많은 전략을 백테스트하여 백테스트상 최고의 전략을 찾아냈고, 해당 전략으로 투자를 했을 때 벤치마크를 아웃퍼폼하였습니다. Section 17에서 진행했던 기술적 분석 전략이 언더퍼폼했던 것과는 다르죠. 이것은 해당 재무 전략에 유용성이 있다는 의미입니다. 그렇다면 유용성이 있으니 영희와 철수가 만든 전략에는 전혀 과적합이 없다고 말할 수 있나요? 생각해 보면 영희와 철수의 최적화 기간에서 1위 전략이 영희와 철수가 투자하는 기간에서는 1위 전략이 아니었습니다. 그나마 상위권의 전략이었죠. 일반화 능력을 상실할 정도는 아니기 때문에 과적합이라고 단정적으로 말할 수는 없습니다. 하지만 어느 정도의 수익률 거품은 있었습니다. 과거의 최고 전략이 미래에도 최고 전략이었으면 좋겠지만 일반적으로는 그렇지 않습니다. 이것은 가상의 투자자인 영희와 철수뿐만 아닙니다. 퀀트투자를 하다 보면 여러분도 비슷한 상황을 자주 경험할 것입니다. 과거의 1위 전략을 찾는 것은 쉽습니다. 하지만 미래의 1위 전략을 찾는 것은 만만한 일이 아닙니다. 그래도 과거의 1위 전략을 찾아서 투자하면 1위는 아니더라도 상위권의 수익률을 얻을 수 있지만 그 순위 하락만큼의 수익률 거품이 빠지게 됩니다.

무수히 많은 백테스트를 통해 최고 수익률 전략을 찾아냈다 하더라도, 해당 전략의 백테스트에서 보이는 수익률에는 거품이 있습니다. 백테스트만큼 실제 투자에서도 높은 수익률이 나오기를 바라지만, 실제 투자에서는 그 거품이 빠지게 됩니다. 거품이 빠진 수익률이 앞에서 알아봤던 영희와 철수의 계좌 수익률입니다. 영희와 철수가 했던 백테스트를 바탕으로 전략의 유용성을 분석하기보다는 영희와 철수가 투자한 계좌로 전략의 유용성을 분석하는 것이 더 좋습니다. 해당 전략의 미래 모습은 영희와 철수가 진행한 백테스트 결과보다는 영희와 철수의 계좌 결과에 더 가까울 확률이 높기 때문입니다.

핵심 요약

1 백테스트를 통해 과거 최고 수익률을 보인 전략을 찾을 수는 있지만 미래에 최고 수익률을 낼 전략을 찾을 수는 없습니다.

2 대신 과거 최고 전략으로 투자해서 미래 최고 수익률까지는 아니더라도 상위권의 수익률을 누릴 수 있습니다.

3 인 샘플에서 나온 초과수익률과 아웃 오브 샘플에서 나온 초과수익률 중 미래의 모습은 아웃 오브 샘플에서 나온 초과수익률에 더 가까울 것입니다.

백테스트 소프트웨어 사용 실습②
홀드아웃 테스트하는 법

한걸음더 레벨 UP

홀드아웃 테스트는 매우 간단합니다. 백테스트를 할 수 있다면 누구나 쉽게 할 수 있습니다. 전체 기간으로 설정하여 전략을 만드는 실수만 하지 않으면 됩니다. 또한 백테스트 기간 설정이 가능한 소프트웨어라면 어느 것이든 홀드아웃 테스트가 가능합니다. 여기서는 퀀트킹 소프트웨어를 이용해 홀드아웃 테스트를 진행하는 방법을 알아보겠습니다.

퀀트킹 백테스트 화면을 보면 기간을 설정하는 부분이 있습니다. 원고를 쓰고 있는 시점이 2023년 12월이고 퀀트킹에서 최대 기간이 20년이므로 제

[그림 E-1] 퀀트킹 백테스트 화면

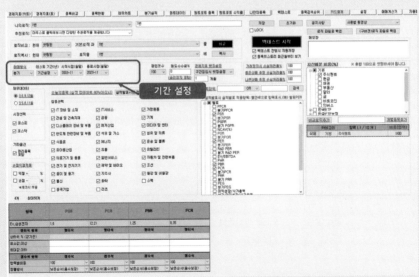

매매방식	테스트 기간(년)	시작시점(월말)	종료시점(월말)
분기 ∨	기간설정 ∨	2003-11 ∨	2023-11 ∨

가 원고를 쓰는 시점에서는 2003년 11월 말부터 2023년 11월 말까지 기간으로 백테스트를 할 수 있습니다. 하지만 이 기간 전체를 설정하여 전략을 만들어 버리면 나중에 검증할 데이터가 없습니다. 전체 기간을 전략을 만드는 용도로 다 사용해 버렸기 때문입니다. 따라서 홀드아웃 테스트를 위해서는 기간을 조정해야 합니다. 전체 기간에서 뒤의 약 30% 정도를 제거하고 앞의 70% 기간만을 이용해서 전략을 만드는 것입니다. 반드시 30%일 필요는 없습니다.

[그림 E-3] 기간설정 화면(2)

매매방식	테스트 기간(년)	시작시점(월말)	종료시점(월말)
분기 ∨	기간설정 ∨	2003-11 ∨	2017-11 ∨

전체 기간이 2003년 11월부터 2023년 11월까지로 되어 있으니 기간 설정을 2003년 11월부터 2017년 11월로 하겠습니다(여러분의 경우 진행하는 시점에 따라 날짜 설정은 달라질 것입니다). 이렇게 기간 설정을 하여 백테스트하고 최적화하여 전략을 만듭니다. 최종적으로 최적화된 전략을 완성시켰다면, 이제 아웃 오브 샘플 기간에서도 잘 작동했는지 살펴봐야 합니다.

[그림 E-4] 기간설정 화면(3)

매매방식	테스트 기간(년)	시작시점(월말)	종료시점(월말)
분기 ∨	기간설정 ∨	2017-11 ∨	2023-11 ∨

완성된 전략을 변경하지 말고 그대로 놔둔 상태에서 기간 설정만 바꿔줍니다. 앞에서 최적화할 때 이용한 전략 이후의 기간으로 진행한다는 것을 잊지 마세요. 여기서는 기간 설정을 2017년 11월부터 2023년 11월까지로 하였습니다. 뒤의 기간에서도 해당 전략의 성과가 괜찮았다면 아웃 오브 샘플 테스트를 통과한 것입니다. 그러나 뒤의 기간에서는 성과가 형편없다면 고민해 봐야 합니다.

일반적인 경우 뒤의 기간이 앞의 기간보다 성과가 낮을 것입니다. 이것은 과적합의 영향일 가능성이 높지만 공개된 팩터들의 유용성 감소 때문일 수도 있습니다. 뒤의 기간의 성과가 좋지 않은 것이 둘 중 어떤 이유 때문인지는 사실상 파악하기가 쉽지는 않습니다. 완벽하지는 않지만 그나마 이것을 어느 정도 파악할 수 있는 방법이 있기는 합니다. 뒤의 기간으로 백테스트해서 최적화 전략을 또 만드는 것입니다. 이때 주의할 점은 앞의 기간으로 최적화해서 나온 전략이 무엇인지 머릿속에서 완전히 지워버린 상태로 만들어야 합니다. 그렇게 해서 나온 전략이 신기하게도 앞의 기간에서 알아낸 전략과 상당히 유사하다면, 수익률 감소가 과적합 때문이라기보다는 유용성 감소 때문일 가능성이 더 높습니다.

아웃 오브 샘플 테스트를 오해하는 경우가 종종 있습니다. 그냥 전체 기간으로 최적화하여 전략을 만든 다음에 해당 전략이 앞의 기간과 뒤의 기간에서 모두 잘 작동하는지 알아보는 것과 차이가 없을 것이라는 생각입니다. 그러나 분명 차이가 있습니다. 전체 기간으로 최적화하여 알아낸 전략과 앞 부분만 가지고 최적화하여 알아낸 전략은 전략 자체가 다르기 때문입니다.

19

효과적인 접근과 고려 사항

QUANTITATIVE INVESTING

① 전체 데이터에서 30%를 떼어놓고 전략을 만들자

    Chapter 5에서는 과적합 문제에 대해 논의했습니다. 조건이 많고 복잡한 전략일수록 과적합에 더 많이 노출됩니다. 그래서 훌륭한 투자자들은 처음에 전략을 만들 때부터 전략의 복잡성을 스스로 제한하는 방법을 사용하기도 합니다. 간단한 전략일수록 과적합의 가능성이 작기 때문입니다. 하지만 전략을 단순하게 만들었다고 해서 과적합 문제에서 완전히 자유로운 것은 아닙니다. 단순한 전략이라도 무수히 많은 백테스트를 통해 최적화하여 만들어 낸 전략이라면 여전히 과적합을 의심해 봐야 합니다.

    지금까지 과적합을 피하고 효과적인 전략을 만들기 위해 아웃 오브 샘플 테스트의 필요성을 강조했습니다. 제가 언급한 아웃 오브 샘플 테스트는 크게 2가지입니다. 첫 번째는 홀드아웃 테스트입니다. 인 샘플과 아웃 오브 샘플을 한 번만 나누어서 테스트합니다. 두 번째는 워크포워드 테스트입니다. 인 샘플과 아웃 오브 샘플을 여러 번 나누어서 테스트합니다. 앞에서 진행했던 것처럼 가상의 영희나 철수를 만들어서 과거로 보내고 투자를 시켜서 이 둘이 충분히 초과수익이 났는지를 확인하면 됩니다. 영희나 철수가 충분히 초과수익이 났다면 해당 전략을 채택해서 사용하면 됩니다. 만약 충분하지 않다면 전략으로 채택하지 않는 것이 바람직합니다.

초보자가 당장 실행하기에 워크포워드 테스트는 복잡할 수 있습니다. 하지만 홀드아웃 테스트는 누구나 할 수 있습니다. 전체 기간에서 뒤의 30% 기간을 떼어놓고 최적화하여 전략을 만드세요(일반적으로 30%를 많이 사용할 뿐 반드시 30%일 필요는 없습니다). 이 30%가 아웃 오브 샘플입니다. 그리고 전략을 완성한 후에 아웃 오브 샘플을 가지고 전략을 검증하세요. 전략을 만들 때 사용한 기간인 인 샘플의 모습보다 아웃 오브 샘플의 모습이 해당 전략의 미래 모습에 더 가까울 것입니다.

② 항상 아웃 오브 샘플 테스트를 해야 할까

애초에 전략을 만들 때 사용한 기간이 없다면 아웃 오브 샘플 테스트를 할 필요가 없습니다. 예를 들어 보겠습니다. 영희가 조엘 그린블라트(Joel Greenblatt)가 쓴 《주식시장을 이기는 작은 책》[41]을 읽다가 '마법공식'이라는 것을 알게 되었다고 가정해 보겠습니다. 이 책은 미국 시장을 배경으로 쓴

---

41 조엘 그린블라트, 《주식시장을 이기는 작은 책》, 알키, 안진환 역, 이상건 감수, 2021.

책입니다. 영희는 이 전략이 한국 시장에서도 통하는 전략인지를 알아보고 싶습니다. 이럴 때 전체 기간 중 일부의 기간을 제외하고 백테스트할 필요는 없습니다. 아웃 오브 샘플 테스트가 필요 없는 상황이기 때문입니다. 그냥 전체 기간으로 백테스트하여 한국 시장에서 마법공식이 유용한지를 알아내면 됩니다.

만약 조엘 그린블라트가 미국 시장이 아니라 한국 시장의 특정 기간 데이터를 미친 듯이 최적화해서 마법공식을 만들어 냈고, 그것을 본인의 책에 쓴 것이라면 이야기가 다릅니다(물론 그럴 리가 없다는 사실은 모두 알 것입니다). 그린블라트가 최적화할 때 사용한 데이터 이외의 것으로 백테스트해서 유용성을 알아내야 합니다. 이런 경우 아웃 오브 샘플 테스트가 필요합니다.

③ 아웃 오브 샘플 테스트를 할 때 주의사항

아웃 오브 샘플 테스트에서 흔히 범하는 실수 중 하나는 나중에 검증을 위해 사용될 아웃 오브 샘플 데이터까지 참조하면서 전략을 만드는 경우입니다. 예를 들어, 영희가 2001년부터 2015년까지의 데이터로 최적화하여 '영희A 전략'을 만들었고, 이 전략은 2016년부터 2022년까지의 아웃 오브 샘플 데이터에서 10%p의 연평균 초과수익률을 보였다고 가정하겠습니다. 그러나 영희는 이 결과에 만족하지 않고 연평균 초과수익률을 20%p 이상 얻고 싶어 합니다. 따라서 다시 2001년부터 2015년의 데이터를 사용하여 조건을 약간 변형하여 '영희B 전략'을 만듭니다. 이 전략은 2016년부터 2022년의 데이터에서 15%p의 연평균 초과수익률이 나옵니다. 조금 개선된 것 같습니다. 또

2001년부터 2015년의 데이터로 돌아가서 조건을 약간 바꾸어 '영희C 전략'을 만듭니다. 그리고 2016년부터 2022년의 데이터에서 검증합니다. 2016년부터 2022년의 데이터에서 연평균 초과수익률이 18%p까지 나오게 됩니다. 이런 식으로 계속 반복하여 드디어 2016년부터 2022년의 기간(아웃 오브 샘플 기간)에 연평균 초과수익률 20%p의 전략을 만들었다면 어떨까요? 영희가 아웃 오브 샘플 기간을 최적화해서 전략을 만든 것은 아닙니다. 하지만 분명 아웃 오브 샘플 기간을 계속해서 참조하면서 연평균 초과수익률 20%p가 나올 때까지 전략을 만들고 있습니다. 이런 행동은 아웃 오브 샘플 기간까지 포함하여 최적화하는 것과 큰 차이가 없습니다.

아웃 오브 샘플 테스트를 진행하는 동안 무의식적으로 미래 참조 편향 오류를 범하는 경우도 있습니다. 우리가 2001년부터 2015년까지의 기간을 인샘플로, 2015년 이후의 기간은 아웃 오브 샘플로 활용하여 전략을 만드는 것이라면, 2015년 이후의 일은 전혀 알 수 없다고 가정해야 합니다. 하지만 우리는 2015년 이후의 일을 이미 알고 있기 때문에 무의식적으로 이 정보를 활용하여 전략을 조정할 수 있습니다. 물론 의도하지는 않을 것입니다. 정말로 무의식적으로 일어나게 됩니다. 예를 들어 2017년부터 2022년까지 모멘텀 팩터는 상당히 성과가 좋지 않았습니다. 우리는 이것을 이미 알고 있습니다. 따라서 2001년부터 2015년의 데이터로 최적화하여 전략을 만들 때 무의식적으로 모멘텀 팩터의 비중을 감소시킬 수 있습니다. 당연히 이런 식으로 만들어진 전략은 2016년부터 2022년까지의 데이터로도 우수한 모습을 보일 것입니다. 우리가 2015년 시점에서는 앞으로 모멘텀 팩터의 초과수익이 많이 감소하리라는 것을 전혀 알 수가 없었다는 점을 생각해 보세요. 우리는 2001년부터 2015년까지의 데이터로만 최적화했다고 생각할 수 있지만, 나도 모르게 미래를 참조하는 오류를 저지른 것입니다. 2015년 이후의 일은 절대 알 수 없다고 가정하고 전략을 만들어야 합니다. 그리고 그렇게 만들어진 전략을 바탕으로 아웃 오브 샘플 테스트를 진행해야 합니다.

④ 많은 양의 백테스트를 대하는 올바른 자세

많은 양의 백테스트를 통해 최적화해서 전략을 만드는 행위가 과적합의 문제를 일으킨다는 사실을 알았습니다. 그렇다면 많은 양의 백테스트를 하는 것은 무조건 나쁜 것일까요?

좋은 아이디어가 떠오르고 이 아이디어가 맞는지 백테스트를 하는 것은 바람직합니다. '부채가 크게 감소한 기업의 주식이 수익률이 높지 않을까' 하는 생각이 들었다고 가정해 보겠습니다. 완벽하지는 않지만 '부채총액/전년도부채총액'으로 지표를 만들고 해당 지표가 낮은 종목을 찾아 투자하는 전략을 백테스트해 보는 것입니다. 이런 식으로 아이디어가 떠오를 때마다 해당 아이디어를 검증할 수 있는 백테스트를 수도 없이 진행해 보세요. 백테스트를 대하는 아주 좋은 접근입니다. 이런 부류의 백테스트는 많으면 많을수록 좋습니다.

투자자들 사이에 떠도는 많은 이야기가 있습니다. 백테스트를 해서 이 이야기들이 사실인지 확인해 보는 자세 역시 훌륭합니다. 누군가 '외국인이 연속으로 매수하는 주식은 앞으로 상승할 가능성이 높다'고 이야기한다면, 실제로 그 말이 맞는지 백테스트를 해서 결과를 알아보세요. 올바른 접근입니다.

하지만 외국인이 며칠 연속으로 매수했을 때 가장 수익률이 높은지를 알아보는 백테스트를 할 경우 주의해야 합니다. 이 경우 과적합의 위험이 있으니 반드시 아웃 오브 샘플 테스트를 해야 합니다. Section 17의 최적의 이동평균선 조합을 찾는 백테스트, Section 18의 가장 훌륭한 최적의 재무지표 조합을 찾는 백테스트 역시 마찬가지입니다. 모두 아웃 오브 샘플 테스트가 필요합니다. 많은 양의 백테스트를 수행하는 것이 나쁜 것은 아닙니다. 하지만 최적화 변수를 찾거나 최고의 전략을 찾기 위한 많은 양의 백테스트는 주의가 필요하며, 이런 경우 아웃 오브 샘플 테스트를 반드시 수행해야 합니다.

핵심 요약

1 홀드아웃 테스트는 상당히 쉽지만 많은 퀀트투자자가 놓치는 부분입니다. 홀드아웃 테스트를 하기 위해서는 전체 데이터 기간으로 최적화해서 전략을 만들지 않도록 주의해야 합니다.

2 아웃 오브 샘플을 참조하거나 무의식적으로 미래를 참조하지 않도록 주의해서 아웃 오브 샘플 테스트를 진행해야 합니다.

3 많은 양의 백테스트는 과적합 문제를 일으키지만 그렇다고 무조건 나쁜 것은 아닙니다. 아이디어를 검증하는 백테스트, 시장에 나도는 이야기가 사실인지 알아보는 백테스트는 많을수록 좋습니다. 하지만 최적화를 위한 백테스트는 상당히 주의해야 합니다.

신뢰성 있는 퀀트전략으로 높은 수익을 얻기를

무수히 많은 백테스트를 통해 최적화하면 CAGR이 높고 MDD의 절댓값이 낮은 매우 멋진 백테스트 그래프가 나오는 전략을 쉽게 만들 수 있습니다. 그리고 해당 전략에 '홍용찬 대박 전략'과 같은 그럴듯한 이름을 붙이고, '과거 ○○%의 수익이 나왔으니 이 방법으로 투자하면 당신은 10년 후에 부자가 될 것'이라고 주장하는 책을 쓸 수도 있을 것입니다. 하지만 지금까지 이 책을 제대로 읽은 투자자라면 그것이 큰 의미가 없다는 것을 잘 알 것입니다. 그런 행동이 큰 의미가 없다는 사실을 알리는 것이 이 책의 목적 중 하나이니 목적 일부를 달성한 셈입니다. 과거의 데이터를 미친 듯이 최적화하여 만들어진 전략은 미래에 그대로 펼쳐지지 않기 때문입니다.

퀀트투자는 매우 좋은 투자 방법입니다. 저의 경우 10년 동안 퀀트투자를 하면서 큰 혜택을 누렸습니다. 저는 분명 퀀트투자 예찬론자입니다. 하지만 대중화된 팩터의 과거 백테스트에서 나온 수익과 MDD, 샤프지수값이 미래에도 그대로 펼쳐지지는 않을 것이라 생각합니다.

인간의 행동 편향을 하루아침에 바꾸기는 힘듭니다. 따라서 아무리 대중화된 팩터라고 해도 초과수익은 쉽게 사라지지 않습니다. 어려운 구간을 만나면 포기하지 않고 꾸준히 전략을 따르라고 많은 전문가가 조언하는 이유입니다. 저 역시 그렇게 조언합니다. '몇 년 정도 수익이 안 난다고 포기할 것이라면 아예 처음부터 시작하지 말라'고 합니다. 포기하지 않는다면 어려운 기간이 지나고 다시 좋은 수익률을 얻을 확률이 높습니다.

하지만 확실히 짚어야 할 것이 있습니다. 하루아침에 초과수익이 사라지는 일은 거의 없지만 시장이 효율적으로 변하면서 장기간 서서히 초과수익이 감소하는 일은 충분히 가능합니다. 실제로 한국에서 20년 동안 가치투자가 유행하면서 서서히 밸류 팩터의 초과수익이 감소하는 모습을 앞에서 살펴보았습니다. 즉, 밸류 팩터의 초과수익이 좋았다가도 안 좋아지는 현상이 반복됩니다. 일시적으로 안 좋다가 좋은 구간이 다시 나오기도 합니다. 하지만 그러면서도 장기적으로 유용성은 조금씩 감소하고 있는 모습을 확인할 수 있었습니다.

대중화된 팩터의 초과수익이 감소한다고 해서 퀀트투자가 완전히 끝난 것은 아닙니다. 초과수익은 어느 정도 감소할 수 있지만, 여전히 상당한 수준의 초과수익이 남아있을 것으로 예상됩니다. 또한 초과수익의 감소 여부를 지속적으로 모니터링하면 더 나은 성과를 달성할 수 있습니다. 시장에서 유행하는 팩터를 사용하면 일시적으로 초과수익이 감소할 수 있다는 점을 고려하면서 투자할 필요가 있습니다.

이미 시장에 알려진 팩터가 알려지기 전과 같은 높은 수준의 수익률을 영원히 얻을 수 있다면 고민할 것이 없겠죠. 새로운 팩터에 대한 연구도 필요치 않습니다. 이미 알려진 팩터의 초과수익률만으로도 엄청나기 때문입니다. 그렇다면 누구나 다 수천억 원은 벌 수 있을 것입니다. 하지만 '알려진 팩터의 초과수익이 영원할 것'이라는 생각에는 무리가 있습니다. 그렇기 때문에 시장에 알려지지 않은 팩터를 찾기 위한 노력을 게을리해서는 안 됩니다. 만약 알려지지 않은 훌륭한 팩터를 이미 찾았다면 축하드립니다. 누구에게도 알려주지 말고 혼자 부자 되세요. 팩터가 공개될 경우 초과수익이 감소할 것이 우려되기 때문입니다. 물론 저에게만 조용히 알려주는 것은 환영합니다.

백테스트 소프트웨어의 발전으로 누구나 쉽게 백테스트 결과를 얻을 수 있게 되었습니다. 편리해진 만큼 전략의 과적합 가능성은 더 높아졌습니다. 많은 백테스트를 통해 최적화하여 전략을 만든 것이라면 간단한 전략도 과적합 전략일 수 있습니다. 완벽하지는 않지만 과적합을 피할 수 있는 가장 훌륭한 방법이 바로 아웃 오브 샘플 테스트입니다. 우리는 Chapter 5에서 가상의 투자자인 영희와 철수로 하여금 투자하도록 하고 그들의 계좌를 분석하는 방법으로 아웃 오브 샘플 테스트를 하였습니다. 그러나 아웃 오브 샘플 테스트를 진행할 때에도 주의할 사항이 있습니다. 아웃 오브 샘플 기간의 데이터까지 과적합시키려는 유혹을 피해야 합니다. 아웃 오브 샘플 기간의 수익률이 원하는 대로 나오지 않는다고 해서 원래 데이터로 돌아가 전략을 개발하고 다시 아웃 오브 샘플 테스트를 진행하는 반복적인 과정은 아웃 오브 샘플을 오염시킵니다. 이러한 주의 사항을 준수하여 전략을 개발하는 습관을 갖는다면 더욱 신뢰성 있는 퀀트전략을 만들 수 있을 것입니다.

이 책을 끝까지 읽어주셔서 감사합니다. 원고를 마무리하고 보니 퀀트투자 시 주의할 점에 대해서 너무 강조한 것이 아닌가 해서 걱정이 됩니다. 기존에 출간된 퀀트 책들이 퀀트투자의 주의할 점에 대해서는 거의 다루지 않는다는 것이 제가 이 책을 쓰게 된 이유이기도 합니다. 이 책을 통해 새로운 투자 방법을 알고 과적합을 피할 수 있게 되었다면 더없이 기쁘겠습니다. 모두 최종 목표를 이루기를 기원하면서 책을 마칩니다.

MEMO

1 미국 배당주 투자

버핏타로 지음 | 하루타케 메구미 그림 | 김정환 옮김 | 236쪽 | 17,000원

일본에서 출간 즉시 분야 베스트셀러에 올라 현재까지 20만 부 이상 판매된 서적이다. 일본인이 쓴 미국 주식 관련서 중 가장 많이 팔린 책이기도 하다. 저자는 이와 관련한 노하우와 더불어 초보 배당 투자자를 위한 황금 종목 30선, 추천 서적, 배당수익률 상위 50개 종목 그리고 50년 이상 연속 배당한 기업과 매달 배당하는 기업 정보를 수록했다.

2 이동 평균선 투자법

고지로 강사 지음 | 김정환 옮김 | 208쪽 | 17,000원

이동 평균선으로 '에지가 있는 상태'를 찾아내서 투자 수익을 내는 방법이 담긴 책이다. 에지가 있는 상태란 가격이 끊임없이 변동하는 가운데, 사는 것이 유리하거나 파는 것이 유리한 국면을 뜻한다. 책은 이동 평균선의 아버지라 불리는 그랜빌의 법칙, 단기/중기/장기선 간의 관계와 조합에 따른 흐름 그리고 '이동 평균선 대순환 분석'까지 일목요연하게 보여 준다.

3 cis의 주식 투자 법칙

cis 지음 | 김정환 옮김 | 272쪽 | 18,500원

이 책의 저자인 cis는 BNF와 더불어 일본에서 가장 유명한 투자자 중 한 명으로, 21살에 자본금 3000만 원으로 시작해서 2018년 기준 2300억 원을 모은 사람이다. 책에는 cis 저자만의 팁이 그의 투자 이야기와 함께 무수히 많이 담겨 있다. 주식거래를 하는 데 있어서 그의 실전 노하우와 집중해야 할 것과 집중하지 말아야 할 것을 구분하는 지혜를 배울 수 있을 것이다.

4 돌파매매 전략

systrader79, 김대현(Nicholas Davars) 지음 | 292쪽 | 25,000원

니콜라스 다바스, 윌리엄 오닐, 마크 미너비니, 데이비드 라이언, 댄 쟁거 등 전설적인 트레이더들이 공통적으로 사용한 전략인 돌파매매 기법을 다룬 책이다. 돌파매매의 핵심 원리, 셋업, 매물대와 차트 패턴 분석, 종목 선정, 진입 시점, 손절매, 수익 쿠션 확보, 자금 관리 등 돌파매매에 필요한 기초 이론부터 실전 투자에 도움 되는 예시까지 상세하게 다루고 있다.

5 미국주식 처음공부

수미숲(상의민), 애나정 지음 | 412쪽 | 22,000원

월급만으로는 자산 증식을 꿈꾸기 어려운 시대, 미국주식에 투자하고 싶지만 무엇을 어떻게 시작해야 할지 막막한 초보자들이 믿고 따라할 수 있도록 2030의 눈높이 맞춘 책이다. 이 책의 저자들은 평범한 밀레니얼 세대 직장인으로서, 미국시장에 처음 뛰어들며 겪은 시행착오와 경험, 노하우 등의 소중한 정보를 꼼꼼하게 정리했다.

6 볼린저 밴드 투자기법

존 볼린저 지음 | 신가을 옮김 | 김정환 감수 | 352쪽 | 25,000원

'볼린저 밴드'의 창시자 존 볼린저가 직접 저술한 원작을 완역하여 펴낸 책이다. 볼린저 밴드를 알고자 하는 투자자라면 원작자의 볼린저 밴드 개발 아이디어부터 승률을 높이기 위한 최적의 설정 방법, 원작자로부터 지표 선택 방법을 직접 들을 수 있다.

7 초수익 성장주 투자

마크 미너비니 지음 | 김태훈 옮김 | 김대현 감수 | 400쪽 | 25,000원

'투자의 신'이라 불리는 마크 미너비니의 국내 첫 번역본이다. 마크 미너비니가 말하는 성장주는 재무제표 면에서 확실하게 성장하는 종목이다. 초수익은 운으로 만들어지지 않는다. 마크 미너비니가 공유한 투자법을 통해 모두 차세대 애플, 구글, 스타벅스를 찾길 바란다.

8 엘리어트 파동 이론

랄프 넬슨 엘리어트 지음 | Robin Chang, 윤지민 옮김 | 532쪽 | 22,000원

엘리어트의 주식시장에 관한 모든 저작물이 담겨 있는 전집이라 할 수 있다. 1부는 국내에 《파동 이론》으로 출간된 《The Wave Principle》의 번역본이 실려 있고, 2부에는 엘리어트가 〈파이낸셜 월드〉에 기고한 글을 모았다. 3부에는 《자연의 법칙(Nature's Law)》의 번역본이 실려 있으며, 4부에는 엘리어트가 투자자들에게 1938년부터 1946년까지 유료로 조언을 해주던 파동 해설 서신과 시장 예측 서신, 유인물 등을 모았다.

9 차트박사의 승률 80% 신 매매기법
성경호 지음 | 352쪽 | 35,000원

2005년 키움닷컴증권 주식영웅전 실전수익률게임 전체 1위 우승, 2006년 키움닷컴증권과 팍스넷 공동주최 실전수익률게임 주식제왕전 수익금 1위 우승에 빛나는 저자의 매매기법을 담은 책이다. 이 책은 저자가 7년간 주식투자를 하면서 실패를 거듭한 끝에 발견한 노하우와 신매매 기법들을 다루고 있다.

10 기업분석 처음공부
체리형부 지음 | 296쪽 | 21,000원

이 책은 초보자의 시선으로 기업분석의 단계들을 차근차근 밟아나가며, 투자자로 하여금 '잃지 않는 투자'를 하게 하는 데 목적이 있다. 28년간 정량적 분석과 재무제표 분석의 틀을 마련하며 이 분야에서 실력자로 자리매김한 체리형부 저자 역시 한때 IMF와 금융위기를 경험하며 기업분석의 필요성을 절실하게 느낀 바 있다. 그런 그의 경험과 당시의 심정 그리고 그에 따른 절박함이 이 책에 고스란히 담겨 있다.

11 와이코프 패턴
데이비드 와이스 지음 | 김태훈 옮김 | 316쪽 | 20,000원

기술적 분석의 선구자인 와이코프의 트레이딩법을 재해석한 책이다. 이 책은 바 차트와 파동 차트를 통해 매매 기회를 찾는 방법을 여러 사례와 더불어 알려 준다. 그 과정은 거래량과 상방 및 하방 진전 비교, 긴 바와 짧은 바를 통한 변동성 또는 부재 살피기, 바 차트의 종가 고찰, 상방 돌출 또는 하방 돌출의 단축 살피기 등으로 이뤄져 있다.

12 채권투자 처음공부
포프리라이프(석동민) 지음 | 300쪽 | 21,000원

막 채권에 입문했거나 입문하고 싶어 하는 개인투자자를 위해 쓰인 채권 책이다. 개인투자자가 쓴 개인투자자를 위한 입문서라는 점에서도 특별하다. 수많은 경제 변수에 따라 큰 위험이 동반하는 투자 수단들과 달리 채권투자는 배우기만 하면 누구나 쉽고 안전하게 효율적인 수익률을 거머쥘 수 있다.

13 실전투자의 비밀
김형준 지음 | 344쪽 | 22,000원

약 10만 명의 구독자를 보유한 '보컬경제TV'의 저자의 개정판이다. 장세에 흔들리지 않으며 지속적으로 수익을 낼 수 있는 저자만의 독창적인 시장관과 실전 수익률대회 우승에 실제 사용했던 매매 기법을 이 책에 자세히 소개했다. 특히 개정판에서는 새롭게 정리한 13가지 매매 기법을 볼 수 있다.

14 실전 매수매도 기법
김영옥 지음 | 376쪽 | 27,000원

이 책의 저자 데이짱은 25년간 전업투자자로 활동하며 단기 매매, 공매도로 큰 수익을 얻고, 본인의 수익 계좌를 공개하며 진짜 고수임을 인증하였다. 이 책에서는 매수와 매도 두 관점에서 데이짱이 시장에서 살아남을 수 있었던 기법을 소개하며, 매수매도 기법으로 압축하여 다룬다.

15 제시 리버모어의 주식투자 바이블
제시 리버모어 지음 | 이은주 옮김 | 340쪽 | 17,500원

이 책은 제시 리버모어 최고의 권위자라고 할 수 있는 리처드 스미튼이 현대에 맞게 그의 투자 철학과 기법을 재해석하고 있다. 리처드 스미튼은 개인 문서와 가족들로부터 입수한 자료를 통해 리버모어의 주식 매매기법에 관한 귀중한 자료를 제공함과 동시에 이러한 정보를 이용해 현대의 기술적 투자 기법에 접목하는 방법을 제시하고자 했다.

16 시장의 마법사들
잭 슈웨거 지음 | 임기홍 옮김 | 598쪽 | 26,000원

세계 최고의 트레이더 17인의 인터뷰집이다. 성공한 트레이더는 시장에서 어떤 방법을 사용하였는지, 어떻게 항상 시장에서 높은 수익을 올릴 수 있었는지, 어떤 매매원칙을 고수하였는지, 초기 매매경험은 어떠했는지, 다른 트레이더들에게 어떤 조언을 해주고 싶었는지를 밝힌다.

퀀트투자 처음공부

초판 1쇄 발행 2024년 7월 5일

지은이   홍용찬

펴낸곳   ㈜이레미디어

전　화   031-908-8516(편집부), 031-919-8511(주문 및 관리)
팩　스   0303-0515-8907
주　소   경기도 파주시 문예로 21, 2층
홈페이지 www.iremedia.co.kr
이메일   mango@mangou.co.kr
등　록   제396-2004-35호

편집 김은혜, 이병철 | **디자인** 유어텍스트 | **마케팅** 김하경
재무총괄 이종미 | **경영지원** 김지선

ISBN 979-11-93394-43-4 (04320)

ISBN 979-11-91328-05-9(세트)

- 가격은 뒤표지에 있습니다.
- 잘못된 책은 구입하신 서점에서 교환해드립니다.
- 이 책은 투자 참고용이며, 투자 손실에 대해서는 법적 책임을 지지 않습니다.